毕业就当系列丛书
· 施工员系列 ·

理论实际相联 · 快速适应职场的葵花宝典

理论+经验 → 基础+实务

以专家的高度 · 给您面对面的指导和帮助

毕业就当施工员
建筑工程

主编　上官子昌

哈尔滨工业大学出版社
HARBIN INSTITUTE OF TECHNOLOGY PRESS

内 容 简 介

本书依据最新建筑施工与质量验收规范编写,首先介绍了施工员应该掌握的基础知识,然后根据实际工作需要进行详细的讲解,介绍了施工方法与技巧。本书主要介绍了地基与基础、砌体工程、混凝土结构工程、钢结构工程、防水工程和装饰装修工程等方面的内容。

本书可供初涉建筑工程施工员岗位的人员,以及初涉建筑施工领域的大学毕业生使用。

图书在版编目(CIP)数据

毕业就当施工员:建筑工程/上官子昌主编.—哈尔滨:哈尔滨工业大学出版社,2011.5

(毕业就当系列丛书·施工员系列)

ISBN 978-7-5603-3262-8

Ⅰ.①毕… Ⅱ.①上… Ⅲ.①建筑工程-工程施工 Ⅳ.①TU74

中国版本图书馆 CIP 数据核字(2011)第 064710 号

责任编辑	郝庆多
封面设计	刘长友
出版发行	哈尔滨工业大学出版社
社　　址	哈尔滨市南岗区复华四道街10号　邮编150006
传　　真	0451-86414749
网　　址	http://hitpress.hit.edu.cn
印　　刷	哈尔滨市石桥印务有限公司
开　　本	787mm×1092mm　1/16　印张18.5　字数440千字
版　　次	2011年5月第1版　2011年5月第1次印刷
书　　号	ISBN 978-7-5603-3262-8
定　　价	36.00元

(如因印装质量问题影响阅读,我社负责调换)

编委会

主　编　上官子昌

编　委　于　涛　白雅君　卢　玲　吕文静
　　　　　吕克顺　孙　元　李冬云　张晓霞
　　　　　张　敏　高少霞　隋红军　曹启坤
　　　　　董文晖　解　华　戴成元

前 言

随着科学技术迅猛发展,新技术、新材料、新工艺、新规范的更新换代越来越快,迫切要求提高从业人员的素质。基层施工人员素质的高低将直接影响到整个工程的质量。虽然高等教育机构每年向社会输送大量的毕业生,但大学毕业生就业后都不能够很好地胜任工作。究其原因,大学生对实际建筑工程缺乏经验,对实际工作没有深入的了解。因此,为了提高初涉施工员岗位人员的专业知识和业务能力,我们依据最新建筑施工与质量验收规范,组织编写了本书,旨在帮助广大初涉建筑施工领域的人员掌握建筑工程施工知识,提高工程质量管理水平。

本书共分为七章,包括概述、地基与基础、砌体工程、混凝土结构工程、钢结构工程、防水工程和装饰装修工程等方面的内容。

本书可供初涉建筑工程施工员岗位的人员,以及初涉建筑施工领域的大学毕业生使用。

由于作者水平有限,加之时间仓促,虽然在编写过程中反复推敲核实,但仍不免有疏漏之处,恳请广大读者热心指点,以便作进一步修改和完善。

编 者
2011.3

目 录

第1章 概 述 ... 1
1.1 施工员的地位及特征 ... 1
1.2 施工员应具备的条件 ... 2
1.3 施工员的主要任务 ... 3
1.4 施工员的职责、权利与义务 ... 5

第2章 地基与基础 ... 7
2.1 土方开挖 ... 7
2.2 土方回填 ... 13
2.3 地基处理 ... 18
2.4 桩基础 ... 37

第3章 砌体工程 ... 52
3.1 砌筑砂浆 ... 52
3.2 砖砌体工程 ... 56
3.3 石砌体工程 ... 69
3.4 配筋砌体工程 ... 76
3.5 混凝土小型砌体工程 ... 82
3.6 加气混凝土砌块砌体工程 ... 89

第4章 混凝土结构工程 ... 95
4.1 模板工程 ... 95
4.2 钢筋工程 ... 108
4.3 混凝土工程 ... 133
4.4 预应力混凝土工程 ... 141

第5章 钢结构工程 ... 155
5.1 钢结构构件的加工制作 ... 155
5.2 钢结构连接施工 ... 167
5.3 钢结构安装工程 ... 175
5.4 钢结构涂装工程 ... 199

第6章 防水工程 ... 208
6.1 卷材防水屋面 ... 208
6.2 刚性防水屋面 ... 215
6.3 涂膜防水屋面 ... 221
6.4 地下防水工程 ... 228

第7章 装饰装修工程 ………………………………………………………… 238
　7.1 抹灰工程 ……………………………………………………………… 238
　7.2 门窗工程 ……………………………………………………………… 245
　7.3 饰面工程 ……………………………………………………………… 258
　7.4 吊顶工程 ……………………………………………………………… 262
　7.5 隔断工程 ……………………………………………………………… 272
　7.6 涂料工程 ……………………………………………………………… 276
　7.7 楼地面工程 …………………………………………………………… 282
参考文献 ………………………………………………………………………… 286

第1章 概 述

1.1 施工员的地位及特征

1. 施工员的地位

(1)施工员是完成建筑施工任务的最基层的技术和组织管理人员,是建筑施工企业各项组织管理工作在基层的具体实践者。

施工员是施工现场生产一线的组织者和管理者,在建筑施工过程中具有极其重要的地位,具体表现在下列几个方面:

1)施工员是协调施工现场基层专业管理人员、劳务人员等各方面关系的纽带,需要指挥和协调好预算员、安全员、材料员、质检员等基层专业管理人员相互之间的关系。

2)施工员是单位工程施工现场的管理中心,是施工现场动态管理的体现者,是单位工程生产要素合理投入和优化组合的组织者,对单位工程项目的施工负有直接责任。

3)施工员对分管工程施工生产和进度等进行控制,是单位施工现场的信息集散中心。

4)施工员是分管工程施工现场对外联系的枢纽。

(2)施工员的独特地位决定了他与相关部门之间存在着密切的关系,主要表现在下列几个方面:

1)施工员与设计单位。施工单位与设计单位之间存在着工作关系,设计单位应积极配合施工,负责交代设计意图,解释设计文件,及时解决设计文件在施工中出现的问题,负责设计变更和修改预算,并参加工程竣工验收。同时,施工员在施工过程中发现了尚未预料到的新情况,使工程或其中的任何部位在质量、数量和形式上发生了变化,应及时向上级反映,由设计单位、建设单位和施工单位三方协商解决,办理设计变更与洽商。

2)施工员与工程建设监理单位。监理单位与施工单位存在着监理与被监理的关系,因此施工员应积极配合现场监理人员在施工进度控制、施工质量控制和工程投资控制三方面所做的各种工作和检查,全面履行工程承包合同。

3)施工员与劳务关系。施工员是施工现场劳动力动态管理的直接责任者,负责按计划要求向劳务管理部门或项目经理申请派遣劳务人员,并签订劳务合同;按计划分配劳务人员,并下达承包任务书或施工任务单;在施工中不断进行劳动力平衡、调整,并按合同支付劳务报酬。

2. 施工员的特征

建筑施工的特性决定了施工员具有下列特征:

(1)施工员的工作场所在工地,工作的对象是单位工程或分部分项工程。

(2)施工员从事的是基层专业管理工作,负责技术管理和施工组织与管理工作,具有很强的技术性和专业性。

(3)施工员的工作繁杂,在基层中需要管理很多工作,项目经理和项目经理部各部门及有关方面的组织管理意图都要通过基层施工员来实现。

(4)施工员的工作任务具有明确的期限和目标。

(5)施工员的工作条件艰苦,负担沉重,生活紧张。

1.2 施工员应具备的条件

1. 施工员应具备的职业道德

加强建筑行业职工道德建设,对于提高行业的质量和效益,树立行业新风,培养"有理想、有道德、有文化、有纪律"的建筑队伍,建设社会主义精神文明具有重要意义。

施工员作为建筑施工现场管理人员,应具备的职业道德可归纳为以下几点:

(1)施工员应以高度的责任感,根据技术人员的交底对工程建设的各个环节做出细致、周密的安排,并合理组织好劳动力,精心实施作业程序,使施工有条不紊地进行,防止盲目施工和窝工。

(2)以对国家财产和人民生命安全极端负责的态度,时刻不忘安全和质量,严格监督和检查,把好关口。

(3)不违章指挥,不玩忽职守,施工做到安全、优质、低耗,对已竣工的工程要主动回访保修,坚持良好的施工后服务,信守合同,维护企业的信誉。

(4)施工员应严格按图施工,规范作业。不使用没有合格证的产品和未经抽样检验的产品,不偷工减料,不在钢材用量、结构尺寸、混凝土配合比等方面做手脚,牟取非法利益。

(5)在施工过程中,时时处处要精打细算,降低原材料和能源的消耗,合理调度材料和劳动力,准确申报建筑材料的使用时间、型号、规格、数量,既保证及时供料,又不浪费材料。

(6)施工员应以实事求是、认真负责的态度准确签证,不多签或少签工程量和材料数量,不虚报冒领,不拖拖拉拉,完工即签证,并做好资料的收集和整理归档工作。

(7)做到施工不扰民,严格控制粉尘、噪声和施工垃圾对环境的污染,做到文明施工。

2. 施工员应具备的专业知识

施工员应具备的专业知识具体应包括以下几个方面:

(1)掌握建筑制图原理、识图方法及常用的建设工程测量方法。

(2)掌握常用建筑材料(包括钢材、木材、水泥、砂石等)的性能和质量标准。

(3)掌握一般建筑结构的基本构造、建筑力学和简单施工计算方法。

(4)掌握地基处理、基础施工的一般原理和方法。

(5)掌握一般工业与民用建筑施工的规范、标准和施工技术。

(6)掌握一定的经济与经营管理知识,能编制施工预算,能进行工程统计和现场经济活动分析。

(7)掌握一定的质量管理知识。

(8)掌握一定的施工组织和科学的施工现场管理方法。

(9)了解一般房屋中水、暖、电、卫设备和设施的基本知识。

(10)了解一定的建筑机械知识和电工知识。

3. 施工员应具备的工作能力

在实际工作中,施工员应具备的工作能力如下:

(1)能有效地组织、指挥人力、物力和财力进行科学施工,取得最佳的经济效益。

(2)能够鉴别施工中的稳定性问题,初步分析安全质量事故。

(3)能比较熟练地承担施工现场的测量、图样会审和向工人交底的工作。

(4)能在不同地质条件下正确确定土方开挖、回填夯实、降水、排水等措施。

(5)能正确地按照国家施工规范进行施工,掌握施工计划的关键线路,保证施工进度。

(6)能根据施工要求,合理选用和管理建筑机具,具有一定的电工知识,科学管理施工用电。

(7)能根据工程的需要,协调各工种、人员、上下级之间的关系,正确处理施工现场的各种社会关系,保证施工能按计划高效、有序地进行。

(8)能运用质量管理方法指导施工,控制施工质量。

(9)能编制施工预算、进行工程统计、劳务管理、现场经济活动分析,有效管理施工现场。

4. 施工员应具备的身体素质

施工员长期工作在施工现场第一线,工作强度相当大,而且工作条件与生活条件也很艰苦,因此,施工员必须具有强健的体格与充沛的精力,才能胜任其工作。

1.3 施工员的主要任务

在施工全过程中,施工员的主要任务是:结合多变的现场施工条件,将参与施工的劳动力、机具、构配件、材料和采用的施工方法等,科学、有序地协调组织起来,在时间和空间上取得最佳组合,取得最好的经济效果,保质、保量、保工期地完成任务。

1. 做好施工准备工作

施工员在施工现场应做好的施工准备工作主要的内容如下:

(1)现场准备。

1)现场"四通一平"(即水、电供应、道路、通讯通畅,场地平整)的检验和试用。

2)进行现场抄平、测量放线工作并进行检验。

3)根据进度要求组织现场临时设施的搭建施工,安排好职工的食、住、行等后勤保障工作。

4)根据进行计划和施工平面图,合理组织材料、构件、机具、半成品陆续进场,进行检验和试运转。

5)安排做好施工现场的安全、防火、防汛措施。

(2) 技术准备。

1) 熟悉审查施工图样、有关技术规范和操作规程，了解设计要求及细部、节点做法，并放必要的大样，做配料单，弄清有关技术资料对工程质量的要求。

2) 调查收集必要的原始资料。

3) 熟悉或制定施工组织设计及有关技术经济文件对施工顺序、施工方法、施工进度、技术措施及现场施工总平面布置的要求，并清楚完成施工任务时的关键工序和薄弱环节。

4) 熟悉有关合同、招标资料及有关现行消耗定额等，计算工程量，弄清人、财、物在施工中的需求消耗情况，了解和制定现场工资分配和奖励制度，签发工程任务单、限额领料单等。

(3) 组织准备。

1) 根据施工进度计划和劳力需要量计划安排，分期分批组织劳动力的进场教育和各工种技术工人的配备等。

2) 确定各工种工序在各施工段的搭接、流水、交叉作业的开工和完工时间。

3) 全面安排好施工现场的一、二线，前、后台，施工生产和辅助作业，现场施工和场外协作之间的协调配合。

2. 进行工程施工技术交底

(1) 施工任务交底。向工人班组重点交代清楚工期要求、任务大小、关键工序、交叉配合关系等。

(2) 施工技术措施和操作要领交底。交代清楚与工程有关的技术规范、操作规程和重点施工部位、节点、细部的做法及质量要求和技术措施。

(3) 施工消耗定额和经济分配方式的交底。交代清楚各施工项目劳动工日、机械台班数量、材料消耗、经济分配和奖罚制度等。

(4) 安全和文明施工交底。提出有关的防护措施和要求，明确责任。

3. 进行有目标的组织协调控制

在施工过程中，依照施工组织设计和有关技术、经济文件及当地的实际情况，围绕着工期、质量、成本等既定施工目标，在每一阶段、每一工序实施综合平衡、协调控制，使施工中的各项资源和各种关系能够配合最佳，以确保工程的顺利进行。因此，要抓好下面几个环节：

(1) 检查班组作业前的各项准备工作。

(2) 检查外部供应、专业施工等协作条件是否满足需要，检查进场材料和构件质量。

(3) 检查工人班组的施工方法、施工质量、施工操作、施工进度及节约、安全情况，发现问题，应立即纠正或采取补救措施解决。

(4) 做好现场施工调度，解决现场劳动力、原材料、半成品、周转材料、工具、机械设备、运输车辆、施工水电、安全设施、季节施工、施工工艺技术及现场生活设施等出现的供需矛盾。

(5) 监督施工中的自检、互检、交接检制度和工程隐检、预检的执行情况，督促做好分部分项工程的质量评定工作。

4. 技术资料的记录和积累

在工程施工过程中,施工员应做好每项技术的记录和积累,主要包括的内容如下:

(1)做好施工日志,隐蔽工程记录,填报工程完成量,办理预算外工料的签订。

(2)做好质量事故处理记录。

(3)做好混凝土砂浆试块试验结果,质量"三检"情况记录的积累工作,以便工程交工验收、决算和质量评定的进行。

1.4 施工员的职责、权利与义务

1. 施工员的职责

在工程施工阶段,施工员代表施工单位与业主、分包单位联系、协商问题,协调施工现场的施工、设计、工程预算、材料供应等各方面的工作。施工员对项目经理负责,负责对工程项目的全面管理,保证工程的顺利完成。施工员的主要职责如下:

(1)在项目经理领导下,深入施工现场,协助搞好施工监理,与施工班组一起复核工程量,提高工程量正确性。

(2)负责本工程项目的施工质量、工程技术质量及安全工作。

(3)熟悉施工图样,了解工程概况,绘制现场平面布置图,搞好现场布局。对质量要求、设计要求、具体做法要清楚了解,组织班组认真按图施工。

(4)全面负责本工程施工项目的施工现场勘察、测量、施工组织和现场交通安全防护设置等具体工作,组织班组努力完成开路口、路面破复、临时道路修筑等工程任务,及时解决施工中的有关问题,向上级报告并保证施工进度。

(5)参加图样会审,审理和解决图样中的疑难问题,碰到大的技术问题应与业主和设计部门联系,妥善解决。坚持按图施工,分项工程施工前,应写出书面技术交底。

(6)参与班组技术交底、工程质量、安全生产交底、操作方法交底。严守施工操作规程,严抓质量,确保安全,负责对新工人上岗前培训,教育监督工人不违章作业。

(7)编制单位工程生产计划。填写施工日志和隐蔽工程的验收记录,配合质检员整理技术资料和施工质量管理。

(8)按照安全操作规程规定和质量验收标准要求,组织班组开展质量、安全自检与互检,努力提高工人技术素质和自我保护能力。对施工现场设置的交通安全设施和机械设备等安全防护装置经组织验收合格后方可进行工程项目的施工。

(9)对原材料、设备、成品或半成品、安全防护用品等质量低劣或不符合施工规范规定和设计要求的,有权禁止使用。

(10)认真做好隐蔽工程分部、分项及单位工程竣工验收签证工作,收集、整理、保存技术的原始资料,办理工程变更手续,负责工程竣工后的决算上报。

(11)协助项目经理做好工程资料的收集、保管和归档工作。

2. 施工员的权利

施工员应具备的权利如下:

(1)在分部分项、单位工程施工中,在行政管理上(如对人员调动、劳动人员组合、规章制度等)有权处理和决定,如果发现问题,应及时请示和报告有关部门。

(2)根据施工要求,对劳动力、材料和施工机具等,有权合理使用和调配。

(3)对上级已批准的施工组织设计、施工方案和技术安全措施等文件,要求施工班组认真贯彻执行,未经有关人员同意,不得随意变动。

(4)发现不按施工程序施工,不能保证工程质量和安全生产的现象,有权加以制止,并提出改进意见和措施。

(5)对不服从领导和指挥、违反劳动纪律和违反操作规程的人员,经多次说服教育不改者,有权停止其工作,并做出严肃处理。

(6)督促检查施工班组做好考勤日报,检查验收施工班组的施工任务书,及时发现问题并进行处理。

3. 施工员的义务

施工员应具备的义务如下:

(1)努力学习和认真贯彻建筑施工方针政策和有关部门规定,学习好有关部门的施工规范、技术标准、操作规程和先进单位的施工经验,不断提高施工技术和施工管理水平。

(2)牢固树立"百年大计,质量第一"的思想,以为用户服务和对国家、对人民负责的态度,坚持工程回访和质量回访制度,虚心听取用户的意见和建议。

(3)对上级下达的各项经济技术指标,应积极、主动地组织施工人员完成任务。

(4)正确树立经济效益和社会效益、环境效益统一的思想。

(5)信守合同、协议,做到文明施工,保证工期,信誉第一,不留尾巴,工完场清。

(6)主动、积极做好施工班组的思想政治工作,关心职工生活。

第2章 地基与基础

2.1 土方开挖

【基 础】

◆ **土方工程**

土方工程是建筑工程基础施工的主要施工过程,它包括土方的开挖、回填、夯实、运输等主要施工过程,以及排水、降水、土壁支持等辅助工作。

◆ **土方工程的施工过程**

土方工程的施工过程主要包括土方开挖、运输、填筑与压实等,为了加快施工速度,应尽可能采用机械施工。

◆ **常用的施工机械**

常用的施工机械有:装载机、推土机、铲运机、单斗挖土机等。

◆ **施工前准备工作**

土方工程施工前通常需完成的准备工作包括施工现场准备、土方工程的测量放线和编制施工组织设计等,有时还需完成如基坑、沟槽的边坡保护、土壁的支撑、降低地下水位等辅助工作。

◆ **塌方及边坡塌方**

塌方是建筑物、山体、矿井、路面在自然力非人为的情况下,出现塌陷下坠的自然现象。

土方开挖过程中及开挖完毕后,基坑(槽)边坡土体由于自重产生的下滑力在土体中产生剪应力,该剪应力主要靠土体的内摩阻力和内聚力平衡,一旦土体中力的体系失去平衡,边坡就会塌方。

◆ **土壁支撑**

土壁支撑是土方施工中的重要工作,应根据地质条件、工程特点、现有的施工技术水平、施工机械设备等合理选择支护方案,保证施工质量和安全,土壁支撑有很多方式。

1. 横撑式支撑

当开挖较窄的沟槽时多采用横撑式支撑,即采用横竖挡土板、横竖楞木、工具式横撑等直接进行支撑,可分为水平挡土板和垂直挡土板两种,如图 2.1 所示。这种支撑形式施工比较方便,但支撑深度不宜太大。

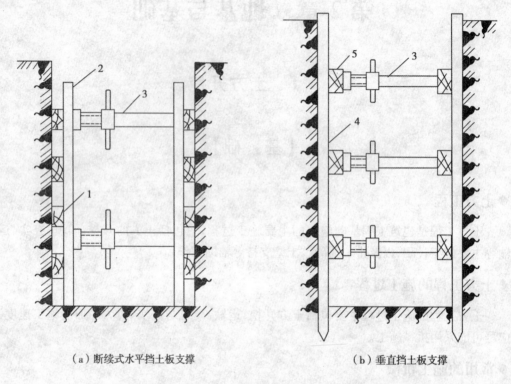

(a)断续式水平挡土板支撑　　　　　　(b)垂直挡土板支撑

1—水平挡土板;2—竖楞木;3—工具式横撑;4—竖直挡土板;5—横楞木

图 2.1　横撑式支撑

采用横撑式支撑时,应随挖随撑,支撑牢固。施工中应经常检查,如果有松动、变形等现象时,应及时加固或更换。支撑的拆除应按回填顺序依次进行,多层支撑应自下而上逐层拆除,随拆随填。拆除支撑时,应防止附近建筑物和构筑物等产生下沉和破坏,必要时应采取妥善的保护措施。

2. 桩墙式支撑

桩墙式支撑中有许多的支撑方式,如钢板桩、预制钢筋混凝土板桩等连续式排桩,预制钢筋混凝土、钻孔灌注桩、沉管灌注桩、人工挖孔灌注桩、工字型钢桩、H 型钢桩等分离式排桩,地下连续墙、有加劲钢筋的水泥土支护墙等。

3. 重力式支撑

通过加固基坑周边的土形成一定厚度的重力式墙,达到挡土的目的。如水泥粉喷桩、高压旋喷帷幕墙、化学注浆防渗挡土墙、深层搅拌水泥支护结构等。

4. 土钉、喷锚支护

土钉、喷锚支护是一种利用加固后的原位土体来维护基坑边坡稳定的支护方法。一般由土钉(锚杆)、钢丝网喷射混凝土面板和加固后的原位土体三部分组成。

【实 务】

◆土方边坡

为了保证土壁稳定,根据不同土质的物理性能、开挖深度、土的含水率,在基础土方开挖时将坑、槽挖成上口大、下口小的形状,依靠土的自稳性能保持土壁的相对稳定。

土方边坡用边坡坡度和边坡系数表示,两者互为倒数,工程中常以 $1:m$ 表示放坡。边坡坡度是以土方挖土深度 H 与边坡底宽 B 之比表示,如图 2.2 所示。即

$$土方边坡坡度 = \frac{H}{B} = \frac{1}{m} \tag{2.1}$$

式中:$m = \frac{B}{H}$ 称为边坡系数。

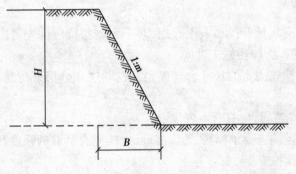

图 2.2 边坡坡度示意图

土方边坡的大小主要与土质、开挖深度、开挖方法、边坡留置时间的长短、降排水情况、坡顶荷载状况及气候条件等有关。根据各层土质及土体所受到的压力,边坡可做成直线形、折线形或阶梯形,以减少土方量。当湿度正常、土质均匀,地下水位低于基坑(槽)或管沟底面标高,且敞露时间不长时,挖方边坡可做成直立壁不加支撑,但深度不宜超过下列规定:

(1)密实、中密的砂土和碎石类土(充填物为砂土)1.0 m。
(2)硬塑、可塑的粉土及粉质黏土 1.25 m。
(3)硬塑、可塑的黏土和碎石类土(充填物为黏性土)1.5 m。
(4)坚硬的黏土 2 m。

挖方深度超过上述规定时,应考虑放坡或做成直立壁加支撑。

当土的湿度、土质及其他地质条件较好且地下水位低于基坑(槽)或管沟底面标高时,挖方深度在 5 m 以内可放坡开挖不加支撑,其边坡的最陡坡度经验值应符合表 2.1 的规定。

表2.1 挖方深度在5 m以内不加支撑的边坡的最陡坡度

土的类别	边坡坡度(高:宽)		
	坡顶无荷载	坡顶有静载	坡顶有动载
中密的砂土	1:1.00	1:1.25	1:1.50
中密的碎石类土(充填物为砂土)	1:0.75	1:1.00	1:1.25
硬塑的粉土	1:0.67	1:0.75	1:1.00
中密的碎石类土(充填物为黏土)	1:0.50	1:0.67	1:0.75
硬塑的粉质黏土、黏土	1:0.33	1:0.50	1:0.67
老黄土	1:0.1	1:0.25	1:0.33
软土(经井点降水后)	1:1.00	—	—

注:静载指堆土或材料等;动载指机械挖土或汽车运输作业等。静载或动载距挖方边缘的距离应保证边坡和直立壁的稳定;堆土或材料应距挖方边缘0.8 m以上,高度不超过1.5 m。

对永久性挖方的边坡坡度,应按设计要求放坡,一般在1:1~1:1.5之间。对使用时间较长的临时性挖方边坡,土质较好时,边坡可放宽一些。

◆基坑(槽)开挖

基坑(槽)开挖有机械开挖和人工开挖,对于大型基坑应优先考虑选用机械化施工,以减轻繁重的体力劳动,加快施工进度。

开挖基坑(槽)应按规定的尺寸合理确定开挖顺序和分层开挖深度,连续进行施工,尽快完成。

(1)开挖基坑(槽)时,应符合下列规定。

1)由于土方开挖施工要求标高、断面准确,土体应有足够的强度和稳定性,因此在开挖过程中要随时注意检查。

2)挖出的土除预留一部分用做回填外,不得任意堆放在场地内,应把多余的土运到弃土地区,以免妨碍施工。为防止坑壁滑坍,根据土质情况及坑(槽)深度,不得在坑顶两边一定距离(一般为0.8 m)内堆放弃土,在此距离外堆土高度不得超过1.5 m,否则,应验算边坡的稳定性,在柱基周围、墙基或围墙一侧,不得堆土过高。

3)在坑边放置有动载的机械设备时,也应根据验算结果,离开坑边较远距离,如果地质条件不好,还应采取加固措施。

为防止基底土(尤其是软土)受到浸水或其他原因的扰动,挖好基坑(槽)后,应立即做垫层或浇筑基础,否则,挖土时应在基底标高以上保留厚度为150~300 mm的土层,待基础施工时再行挖去。

4)如果用机械挖土,为防止扰动基底土,破坏结构,不应直接挖到坑(槽)底,应根据机械种类,在基底标高以上留出200~300 mm,待基础施工前用人工铲平修整。

挖土不得挖至基坑(槽)的设计标高以下,如果个别处超挖,应用与基土相同的土料填补,并夯实到要求的密实度。如果用当地土填补不能达到要求的密实度时,应用碎石类土填补,并仔细夯实到要求的密实度。如果在重要部位超挖时,可用低强度等级的混凝土填补。

(2)在软土地区开挖基坑(槽)或管沟时,尚应符合下列规定。

1)施工前必须做好地面排水和降低地下水位工作,地下水位应降低至基坑底以下0.5~1.0 m后,方可开挖,降水工作应持续到回填完毕。

2)施工机械行驶道路应填筑适当厚度的碎(砾)石,必要时应铺设工具式路基箱(板)或梢排等。

3)相邻基坑(槽)和管沟开挖时,应遵循先深后浅或同时进行的施工顺序,并应及时做好基础。

4)在密集群桩上开挖基坑时,应在打桩完成后间隔一段时间,再对称挖土。在密集群桩附近开挖基坑(槽)时,应采取措施防止桩基位移。

5)基坑(槽)开挖后,应尽量减少对基土的扰动。如基础不能及时施工时,可在基底标高以上留0.1~0.3 m的土层不挖,待做基础时挖除。

6)挖出的土不得堆放在坡顶上或建(构)筑物附近。

◆ 深基坑开挖

深基坑一般采用"分层开挖,先撑后挖"的开挖原则。基坑深度较大时,应分层开挖,防止开挖面的坡度过陡,引起土体位移、坑底面隆起、桩基侧移等异常现象发生。深基坑一般都采用支护结构以减小挖土面积,防止边坡塌方。

深基坑开挖注意事项如下:

(1)在挖土和支撑过程中,对支撑系统的稳定性要有专人检查、观测,并做好记录。发生异常,应立即查清原因,采取针对性技术措施。

(2)开挖过程中,应及时对支护墙体出现的水土流失现象进行封堵,同时留出泄水通道,严防发生地面大量沉陷、支护结构失稳等灾害性事故。

(3)开挖过程中,应定时检查井点降水深度。

(4)严格限制坑顶周围堆土等超载,适当限制与隔离坑顶周围振动荷载作用。

(5)应做好机械上下基坑坡道部位的支护。在挖土过程中,严禁碰撞支护结构体系和工程桩,严禁损坏防渗帷幕。基坑挖土时,综合考虑挖土机械、车辆的通道布置、挖土的顺序及周围堆土位置安排等一系列对周围环境的影响因素。

(6)深基坑开挖过程中,随着土的挖除,下层土由于逐渐卸载而有可能回弹,尤其在基坑挖至设计标高后,如果搁置时间过久,回弹更为显著。对深基坑开挖后的土体回弹,应有适当的估计,如在勘察阶段,土样的压缩试验中应补充卸荷弹性试验等。还可以采取结构措施,在基底设置桩基等,或事先对结构下部土质进行深层地基加固。施工中减少基坑弹性隆起的一个有效方法是把土体中有效应力的改变降低到最小。具体方法有加速建造主体结构,或采用逆筑法施工(先施工主体,再施工基础),或逐步利用基础的重量来代替被挖去土体的重量。

(7)基坑(槽)开挖后应及时组织地基验槽,并迅速进行垫层施工,防止曝晒和雨水浸刷,破坏基坑(槽)的原状结构。

◆质量检查

(1)土方开挖前应检查定位放线、排水和降低地下水位系统,合理安排土方运输车的行走路线及弃土场。

(2)施工过程中应检查平面位置、水平标高、边坡坡度、压实度、排水、降低地下水位系统,并随时观测周围的环境变化。

土方工程在施工中应检查平面位置、水平标高、边坡坡度、排水、降水系统及周围环境的影响,对回填土方还应检查回填土料、含水量、分层厚度、压实度,对分层挖方也应检查开挖深度等。

(3)临时性挖方的边坡值应符合表2.2的规定。

表2.2 临时性挖方的边坡值

土的类别		边坡值(高:宽)
砂土(不包括细砂、粉砂)		1:1.25 ~ 1:1.50
一般性黏土	硬	1:0.75 ~ 1:1.00
	硬、塑	1:1.00 ~ 1:1.25
	软	1:1.50 或更缓
碎石类土	充填坚硬、硬塑黏性土	1:0.50 ~ 1:1.00
	充填砂土	1:1.00 ~ 1:1.50

注:1. 设计有要求时,应符合设计标准。
　　2. 如采用降水或其他加固措施,可不受本表限制,但应计算复核。
　　3. 开挖深度,对软土不应超过4 m,对硬土不应超过8 m。

(4)土方开挖工程质量检验标准应符合表2.3的规定。

表2.3 土方开挖工程质量检验标准　　　　　单位:mm

项	序	项目	允许偏差或允许值					检验方法
			柱基基坑基槽	挖方场地平整		管沟	地(路)面基层	
				人工	机械			
主控项目	1	标高	-50	±30	±50	-50	-50	水准仪
	2	长度、宽度(由设计中心线向两边量)	+200 -50	+300 -100	+500 -150	+100	—	经纬仪,用钢尺量
	3	边坡	设计要求					观察或用坡度尺检查
一般项目	1	表面平整度	20	20	50	20	20	用2 m靠尺和楔形塞尺检查
	2	基底土性	设计要求					观察或土样分析

注:地(路)面基层的偏差只适用于直接在挖、填方上做地(路)面的基层。

2.2 土方回填

【基　础】

◆ **对回填土料的选择**

选择回填土料应符合设计要求。如设计无要求时,应符合下列规定:
(1)碎石类土、砂土和爆破石碴(粒径不大于每层铺填厚度的2/3),可用做表层以下的填料。
(2)含水量符合压实要求的黏性土,可用做各层填料。
(3)碎块草皮和有机质含量大于8%的土,仅用于无压实要求的填方。
(4)淤泥和淤泥质土一般不能用做填料,但在软土或沼泽地区,经过处理含水量符合压实要求后,可用于填方中的次要部位。
(5)含盐量符合规定的盐渍土,一般可以使用。但填料中不准含有盐晶、盐粒或含盐植物的根茎。
(6)填方土料为黏性土时,填土前应检查其含水量,含水量高的黏土不宜作为回填土使用。淤泥、冻土、膨胀性土及硫酸盐含量大于5%的土及有机物质含量大于8%的土不能作为回填土料使用。

◆ **对回填基底的处理**

对回填基底的处理,应符合设计要求。设计无要求时,应符合下列规定:
(1)基底上的树墩及主根应拔除,坑穴应清除积水、淤泥和杂物等,并分层回填夯实。
(2)在建筑物和构筑物地面下的填方或厚度小于0.5 m的填方,应清除基底上的草皮和垃圾。
(3)在土质较好的平坦地上(地面坡度不陡于1/10)填方时,可不清除基底上的草皮,但应割除长草。
(4)在稳定山坡上填方:当山坡坡度为1/10~1/5时,应清除基底上的草皮;坡度陡于1/5时,应将基底挖成阶梯形,阶宽不小于1 m。
(5)当填方基底为耕植土或松土时,应将基底碾压密实。
(6)在水田、沟渠或池塘上填方前,应根据实际情况采用排水疏干、挖除淤泥或抛填块石、砂砾、矿渣等方法处理后,再进行填土。

◆ **填土压实的影响因素**

填土压实质量与许多因素有关,其中主要影响因素包括压实功、土的含水量及每层铺土厚度。

1. 压实功的影响

填土压实后的干密度与压实机械在其上所施加的功有一定的关系。土的密度与所耗的功的关系如图 2.3 所示。当土的含水量一定,在开始压实时,土的密度急剧增加,待到接近土的最大干密度时,压实功虽然增加许多,而土的干密度则几乎没有变化。因此,在实际施工中,对不同的土应根据选择的压实机械和密实度要求选择合理的压实遍数,如对于砂土只需碾压或夯击 2~3 遍,对于粉土只需 3~4 遍,对于黏土或粉质黏土只需 5~6 遍。此外,松土不宜用重型碾压机械直接滚压,否则土层有强烈起伏现象,效率不高。如果先用轻碾压实,再用重碾压实就会取得较好效果。

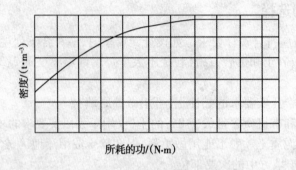

图 2.3 土的密度与压实功的关系示意图

2. 含水量的影响

在同一压实功条件下,填土的含水量对压实质量有直接影响。较为干燥的土,由于土颗粒之间的摩阻力较大,因而不易压实。当含水量超过一定限度时,土颗粒之间孔隙由水填充而呈饱和状态,也不能压实。当土具有适当含水量时,水起了润滑作用,土颗粒之间的摩阻力减少,从而易压实。各种土壤都有其最佳含水量,土在这种含水量的条件下,使用同样的压实功进行压实,可得到的最大干密度,如图 2.4 所示。各种土的最佳含水量和所获得的最大干密度可参考表 2.4。

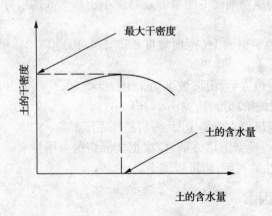

图 2.4 土的干密度与含水量的关系示意图

表2.4 土的最佳含水量和最大干密度参考表

土的种类	变动范围	
	最佳含水量(重量比)/%	最大干密度/(g·cm^{-3})
砂土	8~12	1.80~1.88
黏土	19~23	1.58~1.70
粉质黏土	12~15	1.85~1.95
粉土	16~22	1.61~1.80

注:1.表中土的最大干密度应根据现场实际达到的数字为准。
　　2.一般性的回填可不做此项测定。

工地简单检验黏性土含水量的方法一般是以手握成团落地开花适宜。在压实过程中为了保证填土处于最佳含水量状态,当土过湿时应予翻松晾干,也可掺入同类干土或吸水性土料;当土过干时,则应预先洒水润湿。

3.铺土厚度的影响

土在压实功的作用下,土壤内的压应力随深度增加而逐渐减小,如图2.5所示,其影响深度与压实机械、土的性质和含水量等有关。铺土厚度应小于压实机械压土时的作用深度,但其中还有最优土层厚度问题。铺得过厚,要压很多遍才能达到规定的密实度;铺得过薄,则也要增加机械的总压实遍数,恰当的铺土厚度应能使土方压实而机械的功耗费最少。

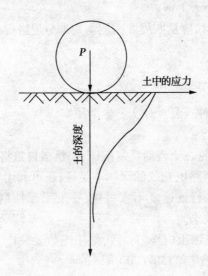

图2.5 压实作用沿深度的变化示意图

【实 务】

◆土方回填施工要求

(1)土方回填前,应根据工程特点、填料种类、施工条件、设计压实系数等合理选择压实机具,并确定填料含水量控制范围、压实遍数和铺土厚度等参数。对于重要的土方回填工程或采用新型压实机具时,上述参数应通过填土压实试验确定。

(2)填土密实度以设计规定的压实系数作为检查标准。压实系数是指土的实际干密度与最大干密度之比。土的实际干密度在现场采用环刀法、灌砂法或灌水法实测而得;土的最大干密度一般在试验室由击实试验确定。

(3)填土应尽可能采用同类土填筑。如果采用不同填料分层填筑时,为防止填方内形成水囊,上层宜填筑透水性较小的填料,下层宜填筑透水性较大的填料,填方基底表面应做成适当的排水坡度,边坡不得用透水性较小的填料封闭。由于施工条件限制,上层必须填筑透水性较大的填料时,应将下层透水性较小的土层表面做成适当的排水坡度或设置盲沟。

(4)土方回填施工应接近水平分层填土和夯实,在测定压实后土的干密度、检验其压实系数和压实范围均符合设计要求后,方可填筑上层土方。填土压实的质量要求和取样数量应符合规范的规定。

(5)分段填筑时,每层接缝处应做成斜坡形,碾压重叠宽度为0.5~1.0 m。上下层接缝应错开,错开宽度不应小于1 m。

(6)回填基坑和管沟时,应从四周或两侧均匀地分层进行,防止在土压力作用下基础和管道产生偏移或变形。

◆填土压实的方法

填土压实的方法有三种:碾压、夯实和振动压实。

1.碾压法

碾压法是靠机械的滚轮在土表面反复滚压,靠机械自重将土压实。

碾压机械有光面碾(压路机)、气胎碾和羊足碾,还可利用运土机械进行碾压。

碾压机械压实填方时,行驶速度不宜过快,一般平碾控制在2 km/h,羊足碾控制在3 km/h,否则会影响压实效果。

用碾压法压实填土时,铺土应均匀一致,碾压遍数要一样,碾压方向应从填土区的两边逐渐压向中心,每次碾压应有150~200 mm的重叠。

2.夯实法

夯实法是利用夯锤的冲击来达到使基土密实的目的。

夯实法分机械夯实和人工夯实两种。夯实机械有夯锤、蛙式打夯机和内燃夯土机;人工夯土用的工具有石夯、木夯等。

夯实法的优点是可以夯实较厚的土层。采用重型夯土机(如1 t以上的重锤)时,其夯实厚度可达 1~1.5 m。但对石夯、木夯或蛙式打夯机等夯土工具,其夯实厚度则较小,一般均在 200 mm 以内。

3. 振动压实法

振动压实法是将重锤放在土层的表面或内部,借助于振动设备来振动重锤,土壤颗粒即发生相对位移达到紧密状态,此法用于振实非黏性土效果较好。

◆质量检查

(1)土方回填前应清除基底的垃圾、树根等杂物,抽除坑穴积水、淤泥,验收基底标高。如在耕植土或松土上填方,应在基底压实后再进行。

(2)对填方土料应按设计要求验收后方可填入。

(3)填方施工过程中应检查排水措施,每层填筑厚度、含水量控制、压实程度、填筑厚度及压实遍数应根据土质、压实系数及所用机具确定。如无试验依据,应符合表 2.5 的规定。

表 2.5 填方每层的铺土厚度和压实遍数参考表

压实机具	分层厚度/mm	每层压实遍数
平碾	250~300	6~8
振动压实机	250~350	3~4
柴油打夯机	200~250	3~4
人工打夯	<200	3~4

填方工程的施工参数,如每层填筑厚度、压实遍数及压实系数,对重要工程均应做现场试验后确定,或由设计提供。

(4)填方施工结束后,应检查标高、边坡坡度、压实程度等,检验标准应符合表 2.6 的规定。

表 2.6 填土工程质量检验标准   单位:mm

| 项 | 序 | 项目 | 允许偏差或允许值 | | | | | 检验方法 |
| | | | 桩基基坑基槽 | 场地平整 | | 管沟 | 地(路)面基础层 | |
				人工	机械			
主控项目	1	标高	-50	±30	±50	-50	-50	水准仪
	2	分层压实系数	设计要求					按规定方法
一般项目	1	回填土料	设计要求					取样检查或直观鉴别
	2	分层厚度及含水量	设计要求					水准仪及抽样检查
	3	表面平整度	20	20	30	20	20	用靠尺或水准仪

2.3 地基处理

【基 础】

◆地基的分类

地基分为两类:天然地基和人工加固处理地基。天然地基是指未经加固处理直接支撑建筑物的地基;人工加固处理地基是指采用人工加固达到设计要求承载能力的地基。

◆地基处理

结构物的地基失效可概括为以下几类:

强度及稳定性不足问题;地下水流失及潜蚀和管涌问题;塌陷、胀缩及不均匀沉降问题;动力荷载作用下的液化、震陷和失稳问题。

当结构物的天然地基可能发生上述情况之一或其中几个时,则必须采用适当的地基处理方法,以确保结构的安全与正常使用。

地基处理就是按照上部结构对地基的要求,对地基进行必要的加固或改良,提高地基土的承载力,减少房屋的沉降或不均匀沉降,消除湿陷性黄土的湿陷性,提高抗液化能力,保证地基稳定等。

◆换土垫层法

当建筑物基础下的持力层比较软弱,不能满足上部荷载对地基的要求时,常采用换土垫层法来处理软弱地基。施工时挖去地表浅层软弱土层或不均匀土层,回填坚硬、较粗粒径的材料,并夯压密实,形成垫层的地基处理方法。换土垫层按其回填的材料可分为灰土垫层、砂垫层和碎(砂)石垫层等。

1. 灰土垫层

灰土垫层是挖去基础底面下要求范围内的软弱土层,用一定比例的石灰和黏性土,在最优含水量情况下,充分拌和,分层回填夯实或压实而成。该法适合于地下水位较低,基槽经常处于较干燥状态下的一般黏性土地基的加固。该垫层具有一定的强度、抗渗性和水稳定性,施工工艺简单,取材容易,费用较低。适用于加固深 1~4 m 厚的软弱土层、杂填土、湿陷性黄土等,还可用作结构的辅助防渗层。

2. 砂垫层和砂石垫层

砂垫层和砂石垫层是挖除基础下面一定厚度的软弱土层,然后用强度较大的砂或碎石等回填,并经分层夯实至密实,作为地基的持力层,以起到提高地基承载力,减少沉降,加速软弱土层排水固结,消除膨胀土的胀缩和防止冻胀等作用。该垫层具有施工工艺简单、造价低、工期短等优点。该法适用于处理透水性强的软弱黏性土地基,但不宜用于不透水的黏性土地基和湿陷性黄土地基的加固,以免引起地基大量下沉,降低其承载力。

◆ 强夯法

强夯是法国人 L. 梅纳(Menard)于 1969 年首创的一种地基加固的方法,即利用起重设备将重锤(一般为 8~40 t)提升到较大高度(一般为 10~40 m)后,使其自由落下,将产生的巨大冲击能量和振动能量作用于地基,从而在一定范围内提高地基的强度,降低压缩性,是改善地基抵抗振动液化的能力、消除湿陷性黄土的湿陷性的一种有效的地基加固方法。

强夯法适用于碎石土、砂土、低饱和度的粉土与黏性土、湿陷性黄土、素填土及杂填土等各类地基的处理。具有速度快、效果好、节省材料、施工简便,但施工时振动和噪声大等特点。地基经强夯加固后,承载能力提高 2~5 倍,压缩性可降低 2~10 倍,其影响深度在 10 m 以上。这种施工方法是我国目前最经济和最为常用的深层地基处理方法之一。但强夯所产生的振动和噪声很大,对邻近建筑物的安全和居民的正常生活有一定影响,所以在城市市区或居民密集的地段不宜采用,必要时应采取挖防振沟(沟深要超过建筑物基础深)等防振、隔振措施。

◆ 重锤夯实法

重锤夯实是用起重机械将夯锤提升到一定高度,然后自由下落,利用冲击能重复夯打击实基土表面,使其形成一层比较密实的硬壳层,从而使地基得到加固。该法施工简便,费用较低;但布点较密,夯击遍数多,施工工期相对较长,同时夯击能量小,孔隙水难以消散,加固深度有限。当黏性土的含水量较高时,易夯成橡皮土,处理比较困难。该法适用于地下水距地表面 0.8 m 以上稍湿的砂土、黏性土、杂填土和分层填土,以提高其强度,减少其压缩性和不均匀性;也可用于消除湿陷性黄土的表层湿陷性。但当夯击振动对邻近建筑物或设备产生不利影响时,或当有效夯实深度内存在软弱土,及当地下水位高于有效夯实深度时,不得采用重锤夯实法。

◆ 灰土挤密桩

灰土挤密桩是利用横向挤压成孔设备成孔,使桩间土得以挤密,用灰土填入桩孔内分层夯实形成灰土桩,并与桩间土组成复合地基的地基处理方法。该法适用于处理地下水位以上、厚度为 5~15 m、天然含水量为 12%~25% 的湿陷性黄土、素填土、杂填土及含水率较大的软弱地基等,将土挤密或消除湿陷性,其效果是显著的,处理后可以提高一倍以上的地基承载力,同时具有节省大量土方、降低造价 70%~80%、施工简便等优点。

◆ 砂石桩

碎石桩、砂桩和砂石桩总称为砂石桩,是采用振动、冲击或水冲等方式在地基中成孔后,再将碎石、砂或砂石挤压入已成的孔中,形成砂石所构成的密实桩体,并和原桩周土组成复合地基的地基处理方法。该法适用于挤密松散砂土、粉土、黏性土、素填土、杂填土等地基。对饱和黏土地基上对变形控制要求不严的工程也可采用砂桩置换处理。砂石桩法也可用于处理可液化的地基。在用于饱和黏土的处理时,最好是通过现场试验后再确定是否采用。

◆水泥粉煤灰碎石桩

水泥粉煤灰碎石桩(Cement Fly Ash Gravel Pile)简称CFG桩,是近年发展起来的处理软弱地基的一种新方法。即由水泥、粉煤灰、碎石、石屑或砂等混合料加水拌和形成高黏结强度桩,并由桩、桩间土和褥垫层一起组成复合地基的地基处理方法。其集料仍为碎石,用掺入石屑来改善颗粒级配;掺入粉煤灰来改善混合料的和易性,并利用其活性减少水泥用量;掺入少量水泥使其具有一定黏结强度。它是一种低强度混凝土桩,可充分利用桩间土的承载力,并可传递荷载到深层地基中去,具有较好的技术性能和经济效果。

CFG桩的特点是:改变桩径、桩长、桩距等设计参数,可使承载力在较大范围内调整;有较高的承载力,承载力提高幅度在250%~300%,对软土地基承载力提高更大;沉降量小,变形稳定快;工艺性好,灌注方便,易于控制施工质量;可节约大量钢材、水泥,利用工业废料,消耗大量粉煤灰,降低工程造价,与预制钢筋混凝土桩加固相比,可节省投资30%~40%。适用于处理黏性土、粉土、砂土和已自重固结的素填土等地基。对淤泥质土应按地区经验或通过现场试验确定其适用性。

◆振冲法

振冲法,又称振动水冲法,是在振冲器水平振动和高压水的共同作用下,使松砂土层振密,或在软弱土层中成孔,然后回填碎石等粗粒料形成桩柱,并和原地基土组成复合地基的地基处理方法,以提高地基的承载力和改善土体的排水降压通道,并对可能发生液化的砂土产生预振效应,防止液化,减少地基的沉降和沉降差。

振冲桩加固地基可节省水泥、钢材和木材,且施工简单,加固期短,可因地制宜,就地取材,用碎石、卵石和砂、矿渣等填料,费用低廉,是一种快速、经济、有效的加固地基的方法。

振冲桩适用于处理砂土、粉土、粉质黏土、素填土和杂填土等地基。对于处理不排水、抗剪强度不小于20 kPa的饱和黏性土和饱和黄土地基,应在施工前通过现场试验确定其适用性。不加填料振冲加密适用于处理黏粒含量不大于10%的中砂、粗砂地区。

◆深层搅拌法

深层搅拌法,简称湿法,是利用水泥浆作为固化剂,通过特制的深层搅拌机械,在地基深处就地将软土和固化剂(浆液)强制搅拌,利用软土和固化剂之间所产生的一系列物理、化学反应,使之凝结成具有水稳性、整体性好和较高强度的水泥加固体,与天然地基形成复合地基。

深层搅拌法加固工艺合理,技术可靠,施工中无噪声、无振动,对土壤无侧向挤压,对邻近建筑影响很小,对环境无污染,同时施工工期较短,造价较低,效益显著。

深层搅拌法适用于处理淤泥、淤泥质土、粉土和含水量较高且地基承载力标准值不大于120 kPa的黏性土地基,对超软土效果更为显著。多用于墙下条形基础、大面积堆料厂房或地块的地基;在深基坑开挖时用于坑壁及边坡支护、坑底抗隆起加固或作止水帷幕墙等。

◆ 预压法

砂井堆载预压系在软弱地基中用钢管打孔、灌砂,设置砂井作为竖向排水通道,并在砂井顶部设置砂垫层作为水平排水通道,在砂垫层上部压载以增加土中附加应力,使土体中孔隙水较快地通过砂井、砂垫层排出,从而加速土体固结,使地基得到加固。其特点是:可加速饱和软黏土的排水固结,使沉降及早完成和稳定(下沉速度可加快 2~2.5 倍),同时可提高地基的抗剪强度和承载力,防止基土滑动破坏;施工机具、工艺简单,不用三材,可缩短施工期限,降低造价。适用于透水性低的饱和软弱黏性土的地基加固;用于机场跑道、冷藏库、油罐、水池、水工结构、道路、堤坝、路堤、岸坡、码头等工程地基处理,对于泥炭等有机沉积地基则不适用。

【实　务】

◆ 灰土垫层的施工要点及质量检查

1. 施工要点

(1)施工前应验槽,将淤泥、积水清除干净,夯实两遍,待干燥后再铺灰土。

(2)灰土施工时,应适当控制其含水量,以用手紧握土料成团,两指轻捏即碎为宜。如果土料水分不足或过多时可以洒水润湿或晾干。灰土应拌和均匀,颜色一致,拌好后应及时铺好夯实,要求随拌随用。

(3)铺土应分层进行,每层铺土厚度可参照表 2.7 确定。厚度由槽(坑)壁上预设标志控制。每层灰土的夯打遍数,应根据设计要求的干密度在现场试验确定,一般夯打(或碾压)不少于 4 遍。

表 2.7　灰土最大虚铺厚度

序	夯实机具	质量/t	厚度/mm	备注
1	石夯、木夯	0.04~0.08	200~250	人力送夯,落距 400~500 mm,每夯搭接半夯
2	轻型夯实机械	—	200~250	蛙式或柴油打夯机
3	压路机	机重 6~10	200~300	双轮

(4)灰土分段施工时,不得在墙角、柱基及承重窗间墙下接缝,上下两层灰土的接缝距离不得小于 500 mm,接缝处应切成直槎,并夯压密实。当灰土地基标高不同时,应做成阶梯形,每阶宽度不小于 500 mm。

(5)在地下水位以下的基(坑)槽内施工时,应采取降、排水措施,使其在无水状态下施工。铺填完的灰土,不得隔日夯打,夯实后的灰土 3 d 内不得受水浸泡。

(6)灰土夯打完后,应及时进行基础施工,并及时回填土,否则要做临时遮盖,防止日晒雨淋。刚夯打完毕或尚未夯实的灰土,如遭受雨淋浸泡,则应将积水及松软灰土除去并补填夯实。受浸湿的灰土,应晾干后再夯打密实。

(7)冬期施工,灰土必须在基层不冻的状态下进行,土料不得含有冻块,并应覆盖保温;已熟化的石灰应在次日用完,以充分利用石灰熟化时的热量。当日拌和的灰土,应当日铺完夯实,夯完的灰土表面应用塑料薄膜和草袋覆盖保温。

2. 质量检查

(1)灰土土料、石灰或水泥(当水泥替代灰土中的石灰时)等材料及配合比应符合设计要求,灰土应搅拌均匀。

灰土的土料宜用黏土、粉质黏土,严禁采用冻土、膨胀土和盐渍土等活动性较强的土料。

(2)施工过程中应检查分层铺设的厚度、分段施工时上下两层的搭接长度、夯实时加水量、夯压遍数、压实系数。

验槽发现有软弱土层或孔穴时,应挖除并用素土或灰土分层填实,最优含水量可通过击实试验确定。

(3)施工结束后,应检验灰土地基的承载力。

(4)灰土地基的质量验收标准应符合表 2.8 规定。

表 2.8 灰土地基质量检验标准

项	序	检查项目	允许偏差或允许值		检查方法
			单位	数值	
主控项目	1	地基承载力	设计要求		按规定方法
	2	配合比	设计要求		按拌和时的体积比
	3	压实系数	设计要求		现场实测
一般项目	1	石灰粒径	mm	≤5	筛分法
	2	土料有机质含量	%	≤5	试验室焙烧法
	3	土颗粒粒径	mm	≤15	筛分法
	4	含水量(与要求的最优含水量比较)	%	±2	烘干法
	5	分层厚度偏差(与设计要求比较)	mm	±50	水准仪

◆砂垫层和砂石垫层的施工要点及质量检查

1. 施工要点

(1)施工前应验槽,先将基底淤泥、浮土、杂物清除干净,基槽(坑)的边坡必须稳定,以免塌方。槽底和两侧如果有孔洞、井、沟和墓穴等,应在施工前加以处理。

(2)砂垫层和砂石垫层的底面宜铺设在同一标高上,如果深度不同时,应按先深后浅的程序进行施工。土面应挖成台阶或斜坡搭接,搭接处应注意捣实。

(3)人工级配的砂、石材料,应按级配拌和均匀,再行铺填捣实。

(4)分层分段铺设时,接头处应做成斜坡或阶梯形搭接,每层错开 0.5 ~ 1.0 m,并注意充分捣实。

(5)采用碎石换填时,为防止基坑底面的表层软土发生局部破坏,应在基坑底部及四侧先铺一层砂,然后再铺一层碎石垫层。

(6)换填应分层铺设,分层夯(压)实,每层的铺设厚度不宜超过表2.9规定数值。分层厚度可用样桩控制。垫层的捣实方法可根据施工条件按表2.9选用。捣实砂垫层应注意不要扰动基坑底部和四侧的土,以免降低和影响地基强度。每铺好一层垫层,经密实度检验合格后才能进行上一层施工。

表2.9 砂垫层和砂石垫层每层铺设厚度及最优含水量

序	压实方法	每层铺设厚度/mm	施工时的最优含水量/%	施工说明	备注
1	平振法	200~250	15~20	用平板式振捣器往复振捣	不宜使用于细砂或含泥量较大的砂所铺筑的砂垫层
2	插振法	振捣器插入深度	饱和	1)用插入式振捣器 2)插入点间距可根据机械振幅大小决定 3)不应插至下卧黏性土层 4)插入振捣完毕后,所留的孔洞,应用砂填实	不宜使用于细砂或含泥量较大的砂所铺筑的砂垫层
3	水撼法	250	饱和	1)注水高度应超过每次铺筑面层 2)用钢叉摇撼捣实插入点间距为100 mm 3)钢叉分四齿,齿的间距80 mm,长300 mm,木柄长90 mm	
4	夯实法	150~200	8~12	1)用木夯或机械夯 2)木夯重40 kg,落距400~500 mm 3)一夯压半夯全面夯实	
5	碾压法	250~350	8~12	6~12 t压路机往复碾压	适用于大面积施工的砂垫层和砂石垫层

注:在地下水位以下的垫层其最下层的铺筑厚度可比上表增加50 mm。

(7)在地下水位高于基坑(槽)底面施工时,应采取降低地下水位或排水的措施,使基坑(槽)保持无积水状态。

(8)冬期施工时,不得采用夹有冰块的砂石做垫层,并应采取措施防止砂石内水分冻结。

2. 质量检查

(1)砂、石等原材料质量、配合比应符合设计要求,砂、石应搅拌均匀。

原材料宜用中砂、粗砂、砾砂、碎石(卵石)、石屑,细砂应同时掺入25%~35%碎石或卵石。

(2)施工过程中必须检查分层厚度、分段施工时搭接部分的压实情况、加水量、压实遍数、压实系数。

(3)施工结束后,应检验砂石地基的承载力。

(4)砂和砂石地基的质量验收标准见表2.10。

表2.10 砂和砂石地基的质量检验标准

项	序	检查项目	允许偏差或允许值		检查方法
			单位	数值	
主控项目	1	地基承载力	设计要求		按规定的方法
	2	配合比	设计要求		检查拌和时的体积比或重量比
	3	压实系数	设计要求		现场实测
一般项目	1	砂石料有机质含量	%	≤5	焙烧法
	2	砂石料含泥量	%	≤5	水洗法
	3	石料粒径	mm	≤100	筛分法
	4	含水量(与最优含水量比较)	%	±2	烘干法
	5	分层厚度(与设计要求比较)	mm	±50	水准仪

◆强夯法的施工要点及质量检查

1. 施工要点

(1)正式施工前应做强夯试验(试夯)。根据勘察资料、建筑场地的复杂程度、建筑类型和建筑规模,在拟建场地选取一个或几个有代表性的区段作为试夯区。试夯结束待孔隙水压力消散后进行测试,对比分析夯前、夯后的试验结果,确定强夯施工的各项参数,并以此指导施工。

(2)强夯前应平整场地,周围做好排水沟,按夯点布置测量放线确定夯位。当地下水位较高时,宜采取人工降水使地下水位低于坑底面以下2 m;或在地表铺一定厚度的碎石、砂砾石、矿渣等粗颗粒垫层,其目的是在地表形成硬层,支承起重设备,确保机械设备通行和施工,同时还可加大地表面和地下水的距离,防止夯击时夯坑积水。

(3)强夯前应查明场地范围内的地下构筑物和各种地下管线的位置及标高等,并采取必要的措施,防止由于强夯施工而造成破坏。当强夯产生的振动对设备或邻近建筑物有影响时,应设置监测点,并应采取挖隔振沟等隔振或防振措施。

(4)强夯施工应按设计和控制标准及试夯的夯击次数进行。落锤应保持平稳,夯位应准确,如果发现由于坑底倾斜而导致夯锤歪斜时,应及时整平坑底。

(5)每夯击一遍后,用推土机填平夯坑,并测量场地平均下沉量,停歇规定的间歇时间,待土中超静孔隙水压力消散后,进行下一遍夯击。强夯的顺序是:先深后浅,即先加固深层土,再加固中层土,最后加固表层土。完成全部夯击遍数后,再以低能量满夯一遍,将场地表层松土夯实,并测量夯实后场地高程,场地平均下沉量必须符合要求。

(6)强夯施工过程中应有专人负责监测工作,并做好详细现场记录,如夯击次数、夯坑深度、每击夯沉量、开口大小、填料量、孔隙水压力增长与消散、地面隆起与下沉、附近建筑物的变形等,并注意夯锤、吊车附近人员的安全。

2. 质量检查

(1)施工前应检查夯锤重量、尺寸、落锤控制手段、排水设施及被夯地基的土质。为避免强夯振动对周边设施的影响,施工前必须对附近建筑物进行调查,必要时采取相应的防振或隔振措施,影响范围约 10～15 m,施工时应由邻近建筑物开始夯击逐渐向远处移动。

(2)施工中应检查落距、夯击遍数、夯点位置、夯击范围。如无经验,宜先试夯取得各类施工参数后再正式施工。对透水性差、含水量高的土层,前后两遍夯击应有一定间歇期,一般 2～4 周。夯点超出需加固的范围为加固深度的 1/2～1/3,且不小于 3 m。施工时要有排水措施。

(3)施工结束后,检查被夯地基的强度或进行荷载试验。

(4)强夯地基质量检验标准见表 2.11。

表 2.11 强夯地基的质量标准与检查方法

项目	序号	检查项目	允许偏差或允许值		检查方法
			单位	数量	
主控项目	1	地基强度	设计要求		按规定方法
	2	地基承载力	设计要求		按规定方法
一般项目	1	夯锤落距	mm	±300	钢索设标志
	2	锤重	kg	±100	称重
	3	夯击遍数及顺序	设计要求		计数法
	4	夯点间距	mm	±500	用钢尺量
	5	夯击范围(超出基础范围距离)	设计要求		用钢尺量
	6	前后两遍间歇时间	设计要求		

质量检验应在夯后一定的间歇期之后进行,一般为两星期。

◆重锤夯实法的施工要点及质量检查

1. 施工要点

(1)重锤夯实的效果与锤重、锤底直径、落距、夯击遍数、夯实土的种类和含水量有密切关系。施工前应在现场进行试夯,选定夯锤重量、底面直径和落距,以便确定最后下沉量及相应的夯击遍数和总下沉量。最后下沉量是指最后两击的平均下沉量,对砂土取 5～10 mm,对黏性土和湿陷性黄土取 10～20 mm。通过试夯可确定夯实遍数,一般试夯约 6～10 遍,施工时可适当增加 1～2 遍,落距一般为 4.0～6.0 m。

(2)采用重锤夯实分层填土地基时,每层的虚铺厚度以相当于锤底直径为宜,夯击遍数由试夯确定,夯实层数不宜少于两层。

(3)在条形基槽或大面积基坑内夯击时,第一循环应按一夯挨一夯顺序进行。第二循环宜在前一循环的空隙点夯击,如此反复进行,最后两遍应一夯搭接半夯进行,落锤应平稳,夯位应准确。在独立柱基基坑内夯击时,可采用先周边后中间或先外后里的跳夯法进行。

（4）基坑（槽）底面的标高不同时，应按先深后浅的顺序逐层夯实。夯实前坑（槽）底面应高出设计标高，预留土层的厚度可为试夯时的总下沉量再加 50 ~ 100 mm。基坑（槽）的夯实范围应大于基础底面，每边应比设计宽度加宽 0.3 m 以上，以便于底面边角夯打密实，基坑（槽）边坡应适当放缓。

（5）试夯及夯实时地基土的含水量应控制在最优含水量范围以内，才能获得最好的夯实效果。如果土的表层含水量过低，应适当洒水，待水全部渗入土中一昼夜后方可夯击；如果土的表层含水量过大，可采用铺撒吸水材料（如碎砖、干土、生石灰等）或换土等措施。

（6）夯实后，应将基坑（槽）表面修整至设计标高。冬期施工时，必须保证地基在不冻的状态下进行夯击。否则，应将土层融化或将冻土层挖去。如果基坑挖好后不能立即夯实，应采取防冻措施。

2. 质量检查

重锤夯实地基的质量控制可参考强夯法。

◆灰土挤密桩的施工要点及质量检查

1. 施工要点

（1）施工前应在现场进行成孔、夯填工艺和挤密效果试验，以确定分层填料厚度、夯击次数和夯实后干密度等要求。

（2）灰土的土料和石灰质量要求及配制工艺要求同灰土垫层。填料的含水量超过最佳值 ±3% 时，应进行晾干或洒水润湿等处理。

（3）桩施工一般采取先挖好基坑，预留 20 ~ 30 cm 土层，然后在坑内施工灰土桩，基础施工前再挖去已搅动的土层。桩的成孔方法可根据现有机具条件选用沉管（锤击或振动）法、冲击法、爆扩法或洛阳铲成孔法等。

（4）桩的施工顺序应先外排后里排，同排内应间隔 1 ~ 2 孔跳打；对大型工程可采取分段施工，以免由于振动挤压造成相邻孔产生缩孔或塌孔。成孔达到要求深度后，应立即夯填灰土，填孔前应先清底夯实、夯平，夯实次数不少于 8 次，并立即分层下填料分层夯实。

（5）每层填料厚度为 250 ~ 400 mm，以量斗计量下料，用夯实机夯实时一般落锤高度不小于 2 m，每层夯实不少于 10 锤。当工程量不大时，也可采用人工夯实。人工夯实采用 25 kg 带长柄的混凝土锤，填料厚度适当减小。桩顶应高出设计标高约 150 mm，挖土时将高出部分铲除。

（6）如果孔底出现饱和软弱土层时，可采取加大成孔间距，以防由于振动而导致已打好的桩孔内挤塞；当孔底有地下水流入时，可采用井点降水后再回填灰土或向桩孔内填入一定数量的石灰和干砖渣，经夯实后再分层填入灰土。

2. 质量检查

（1）施工前应对土及灰土的质量、桩孔位置做检查。

（2）施工中应对桩孔直径、桩孔深度、夯击次数、填料的含水量等做检查。

（3）施工结束后应对成桩的质量做检查。

(4)灰土挤密桩地基质量检验标准见表2.12。

表2.12 灰土挤密桩地基质量检验标准

项	序	检查项目	允许偏差或允许值		检查方法
			单位	数值	
主控项目	1	桩体及桩间土干密度		设计要求	现场取样检查
	2	桩长	mm	+500	测桩管长度或垂球测孔深
	3	地基承载力		设计要求	按规定方法
	4	桩径	mm	-20	用钢尺量
一般项目	1	土料有机质含量	%	≤5	试验室焙烧法
	2	石灰粒径	mm	≤5	筛分法
	3	桩位偏差		满堂布桩≤0.40 D 条基布桩≤0.25 D	用钢尺量,D 为桩径
	4	垂直度	%	≤1.5	用经纬仪测桩管
	5	桩径	mm	-20	用钢尺量

注:桩径允许偏差负值是指个别断面。

◆砂石桩的施工要点及质量检查

1. 施工要点

(1)打砂石桩时地基表面会产生松动或隆起,在基底标高以上宜预留1.0~2.0 m的土层,待砂石桩施工完后再将预留土层挖至设计标高,以消除表面松土。如果基坑底仍不够密实,可再辅以人工夯实或机械碾压。

(2)砂石桩的施工顺序,对砂土地基应从外围或两侧向中间进行;对黏性土地基宜从中间向外围或隔排施工,以挤密作用为主的砂石桩同一排应间隔跳打。在已有建(构)筑物邻近施工时,应背离建(构)筑物方向进行。

(3)砂石桩的施工可采用振动成桩法(简称振动法)或锤击成桩法(简称锤击法)两种施工方法。施工前,应进行成桩挤密试验,桩数宜为7~9根。如果发现质量不能满足设计要求,应调整桩间距、填砂量等有关参数,重新试验或设计。

(4)灌砂石时含水量应加以控制,对饱和土层,砂石可采用饱和状态,对非饱和土、杂填土或能形成直立的桩孔孔壁的土层,含水量可采用7%~9%。

(5)砂石桩应控制填砂量。砂石桩的灌砂石量通常按桩孔的体积和砂石在中密状态时的干密度计算(一般取2倍桩管入土体积)。砂石桩实际灌砂石量(不包括水重),不得少于设计值的95%。如果发现砂石量不够或砂石桩中断等情况,可在原位复打灌砂石。

2. 质量检查

(1)施工前应检查砂料的含泥量及有机质含量、样桩的位置等。

(2)施工中检查每根砂桩的桩位、灌砂石量、标高、垂直度等。

(3)施工结束后,检查被加固地基的强度或承载力。砂桩施工间歇期为7 d,在间歇期后才能进行质量检验。

(4)砂桩地基的质量检验标准见表2.13。

表2.13 砂桩地基的质量检查标准

项	序	检查项目	允许偏差或允许值		检查方法
			单位	数值	
主控项目	1	灌砂量	%	≥95	实际用砂量与计算体积比
	2	地基强度	设计要求		按规定方法
	3	地基承载力	设计要求		按规定方法
一般项目	1	砂料的含泥量	%	≤3	试验室测定
	2	砂料的有机质含量	%	≤5	焙烧法
	3	桩位	mm	≤50	用钢尺测量
	4	砂桩标高	mm	±150	水准仪
	5	垂直度	%	≤1.5	经纬仪检查桩管垂直度

◆水泥粉煤灰碎石桩的施工要点及质量控制

1.施工要点

(1)水泥粉煤灰碎石桩施工工艺如图2.6所示。施工程序为:桩机就位→沉管至设计标高→停振下料→振动捣实后拔管→留振10 s→振动拔管、复打,打桩顺序宜采用隔排隔桩跳打,间隔时间不应少于7 d。

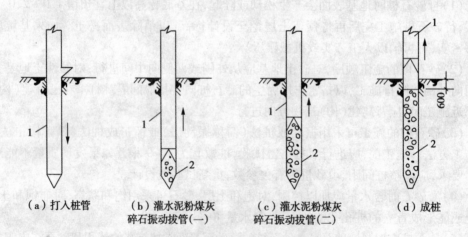

(a)打入桩管　(b)灌水泥粉煤灰碎石振动拔管(一)　(c)灌水泥粉煤灰碎石振动拔管(二)　(d)成桩

1—桩管;2—水泥粉煤灰碎石桩
图2.6 水泥粉煤灰碎石桩工艺流程

(2)桩机就位必须平整、稳固,沉管与地面保持垂直,垂直偏差不大于1%;如果采用混凝土桩尖,需埋入地面以下300 mm。

(3)在沉管过程中用料斗在管顶投料口向桩管内投料,待沉管至设计标高后须尽快投料,以保证成桩标高、密实度要求。混合料配制按经试配符合设计要求的配合比进行配料,用混凝土搅拌机加水搅拌,搅拌时间不少于 2 min,加水量由混合料坍落度控制,一般坍落度为 30～50 mm,成桩后桩顶浮浆厚度一般不超过 200 mm。

（4）当混合料加至与钢管投料口齐平后,沉管在原地留振 10 s 左右,即可边振动边拔管,拔管速度控制在 1.2～1.5 m/min 左右,每提升 1.5～2.0 m,留振 20 s。桩管拔出地面并确认成桩质量符合设计要求后,用粒状材料或黏土封顶。

（5）桩体应经成桩 7 d 达到一定强度后,方可进行基槽开挖。如果桩顶距离地面在 1.5 m 以内,宜用人工开挖;如大于 1.5 m,上部土方采用机械开挖时,下部 700 mm 也宜用人工开挖,以避免损坏桩头部分。为使桩与桩间土更好地共同工作,在基础下宜铺一层厚度为 150～300 mm 的碎石或灰土垫层。

2. 质量检查

（1）水泥、粉煤灰、砂石碎石等原材料应符合设计要求。

（2）施工中应检查桩身混合料的配合比、坍落度和提拔钻杆速度（或提拔套管速度）、成孔深度、混合料灌入量等。

提拔钻杆（或套管）的速度必须与泵入混合料的速度相配,否则容易产生缩颈或断桩,而且不同土层中提拔的速度不一样,砂性土、砂质黏土、黏土中提拔的速度为 1.2～1.5 m/min,在淤泥质土中应当放慢。桩顶标高应高出设计标高 0.5 m。由沉管方法成孔时,应注意新施工桩对已成桩的影响,避免挤桩。

（3）施工结束后,应对桩顶标高、桩位、桩体质量、地基承载力以及褥垫层的质量做检查,复合地基检验应在桩体强度符合试验荷载条件时进行,一般宜在施工结束后 2～4 周后进行。

（4）水泥粉煤灰碎石桩复合地基的质量检验标准应符合表 2.14 的规定。

表 2.14 水泥粉煤灰碎石桩复合地基质量检验标准

项	序	检查项目	允许偏差或允许值		检查方法
			单位	数值	
主控项目	1	原材料	设计要求		查产品合格证书或抽样送检
	2	桩径	mm	-20	用钢尺量或计算填料量
	3	桩身强度	设计要求		查 28 d 试块强度
	4	地基承载力	设计要求		按规定方法
一般项目	1	桩身完整性	按桩基检测技术规范		按桩基检测技术规范
	2	桩位偏差	满堂布桩≤0.40 D 条基布桩≤0.25 D D 为桩径		用钢尺测量
	3	桩垂直度	%	≤1.5	用经纬仪测桩管
	4	桩长	mm	+100	测桩管长度或垂球测孔深
	5	褥垫层夯填度	≤0.9		用钢尺测量

注:1. 夯填度指夯实后的褥垫层厚度与虚体厚度的比值。
2. 桩径允许偏差负值是指个别断面。

◆振冲法的施工要点及质量控制

1.施工要点

(1)施工前,应先进行振冲试验,以确定其成孔施工合适的水量、水压、成孔速度及填料方法,达到土体密实度时的密实电流值、填料量和留振时间等参数。

(2)振冲挤密或振冲置换桩的施工过程包括定位、成孔、清孔和填料振密等,如图2.7所示。

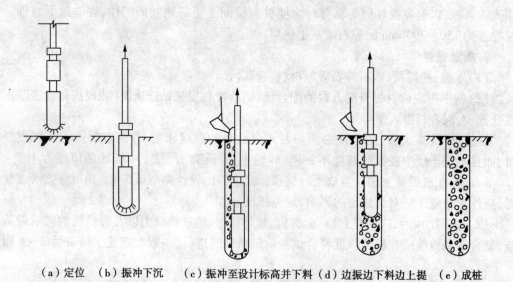

　　(a)定位　(b)振冲下沉　(c)振冲至设计标高并下料　(d)边振边下料边上提　(e)成桩

图2.7　振冲碎石桩施工工艺

1)定位。振冲前,应按设计图定出冲孔中心位置并编号。

2)成孔。振冲器用履带式起重机或卷扬机悬吊,对准桩位,打开下喷水口,启动水泵和振冲器。水压可用0.4～0.6 MPa(对于较硬土层应取上限,对于软土取下限),水量可用200～400 L/min。此时,振冲器以其自身重力和在振动喷水作用下,以1～2 m/min的速度徐徐沉入土中,每沉入0.5 m,宜留振5～10 s进行扩孔,待孔内泥浆溢出时再继续沉入。

3)清孔。当下沉达到设计深度时,振冲器应在孔底适当留振并关闭下喷水口,打开上喷水口减小射水压力(一般保持0.1 MPa),以便排除泥浆进行清孔。

4)填料振密。振冲器提出孔口,向孔内加入填料约1 m高,将振冲器下降至填料中进行振密,待密实电流达到规定的数值后将振冲器提升0.5 m,再从孔口往下填料,每次加料的高度为0.5～0.8 m。如此自下而上反复进行直至孔口,成桩操作即告完成。在砂性土中制桩时,也可采用边振边加料的方法。

(3)振冲成孔方法可根据桩的布置间距和土层情况按表2.15选用。

表2.15　振冲成孔方法的选择

成孔方法	步骤	优缺点
排孔法	由一端开始,依次逐步成孔到另一端结束	易于施工,且不易漏掉孔位。但当孔位较密时,后打的桩易发生倾斜和位移
跳打法	同一排孔采取隔一孔成一孔	先后成孔影响小,易保证桩的垂直度,但应注意防止漏掉孔位,并应注意桩位准确
帷幕法	先成外围2~3圈孔,然后成内圈,采用隔圈成一圈或依次向中心区成孔	能减少振冲能量的扩散,振密效果好,可节约桩数10%~15%,大面积施工常用此法,但施工时应注意防止漏掉孔位和保证其位置准确

(4)在振密过程中宜小水量喷水补给,以降低孔内泥浆密度,有利于填料下沉,便于振捣密实。

(5)加固区的振冲桩施工完毕,在振冲最上1 m左右时,由于覆土压力小,桩的密实度难以保证,应予以挖除,另做垫层,或另用振动碾压机进行碾压密实。

(6)冬期施工应采取防冻技术措施,每作业班施工完毕后应及时将供水管和振冲器水管内积水排净,以免冻结,影响施工作业。

2. 质量检查

(1)施工前应检查振冲的性能,电流表、电压表的准确度及填料的性能,为确切掌握好填料量、密实电流和留振时间,使各段桩体都符合规定的要求,应通过现场试成桩确定这些施工参数。填料应选择不溶于地下水,或不受侵蚀影响且本身无侵蚀性和性能稳定的硬粒料。对粒径控制的目的,确保振冲效果及效率。粒径过大,在边振边填过程中难以落入孔内;粒径过细小,在孔中沉入速度太慢,不易振密。

(2)施工中应检查密度电流、供水压力、供水量、填料量、孔底留振时间、振冲点位置、振冲器施工参数等。(施工参数由振冲试验或设计确定)

振冲置换造孔的方法有:排孔法,即由一端开始到另一端结束;跳打法,即每排孔施工时隔一孔造一孔,反复进行;帷幕法,即先造外围2~3圈孔,再造内圈孔,此时可隔一圈造一圈或依次向中心区推进。振冲施工必须防止漏孔,因此要做好孔位编号和施工复查工作。

(3)施工结束后,应在有代表性的地段做地基强度或地基承载力检验。振冲施工对原土结构造成扰动,强度降低。因此,质量检验应在施工结束后间隔一定时间,对砂土地基间隔2~3周。桩顶部位由于周围约束力小,密实度较难达到要求,检验取样应考虑此因素。对振冲密实法加固的砂土地基,如不加填料,质量检验主要是地基的密实度,宜由设计、施工、监理(或业主方)共同确定位置后,再进行检验。

(4)振冲地基质量检验标准应符合表2.16的规定。

表2.16 振冲地基质量检验标准

项	序	检查项目	允许偏差或允许值		检查方法
			单位	数值	
主控项目	1	填料粒径	设计要求		抽样检查
	2	密实电流(黏性土)	A	50~55	电流表读数
		密实电流(砂性土或粉土)(以上为功率30 kW振冲器)	A	40~50	
		密实电流(其他类型振冲器)	A_0	1.5~2.0	电流表读数,A_0为空振电流
	3	地基承载力	设计要求		按规定方法
一般项目	1	填料含泥量	%	<5	抽样检查
	2	振冲器喷水中心与孔径中心偏差	mm	≤50	用钢尺量
	3	成孔中心与设计孔位中心偏差	mm	≤100	用钢尺量
	4	桩体直径	mm	<50	用钢尺量
	5	孔深	mm	±200	量钻杆或重锤测

◆深层搅拌法的施工要点及质量控制

1. 施工要点

深层搅拌法的施工工艺流程如图2.8所示。施工程序为:深层搅拌机定位→预搅下沉→制配水泥浆→喷浆搅拌提升→重复上、下搅拌→关闭搅拌机、清洗→移至下一根桩位,重复以上工序。

(1)施工时,先将深层搅拌机用钢丝绳吊挂在起重机上,用输浆胶管将储料罐砂浆泵与深层搅拌机接通,开通电动机,搅拌机叶片相向而转,借设备自重,以0.38~0.75 m/min的速度沉至要求的加固深度;再以0.3~0.5 m/min的均匀速度提起搅拌机,与此同时开动砂浆泵,将砂浆从深层搅拌机中心管不断压入土中,由搅拌叶片将水泥浆与深层处的软土搅拌,边搅拌边喷浆直到提至地面,即完成一次搅拌过程。用同种方法再一次重复搅拌下沉和重复搅拌喷浆上升,即完成一根柱状加固体,外形呈8字形(轮廓尺寸:横向最大为0.8 m,纵向最大为1.3 m),一根接一根搭接,相搭接宽度宜大于100 mm,以增强其整体性,即成壁状加固,几个壁状加固体连成一片,即成块状。

(2)搅拌桩的桩身垂直偏差不得超过1.5%,桩位的偏差不得大于50 mm,成桩直径和桩长不得小于设计值。当桩身强度及尺寸无法达到设计要求时,可采用复喷的方法。搅拌次数以一次喷浆、一次搅拌或二次喷浆、三次搅拌为宜,且最后一次提升搅拌宜采用慢速提升。

(3)水泥土搅拌桩施工工艺由于干法(喷粉,又称粉喷桩)和湿法(喷浆)的施工设备不同而略有差异。

1)干法作业。

①喷粉施工前应仔细检查搅拌机械、供粉泵、送气(粉)管路、阀门和接头的密封性、可靠性,送气(粉)管路的长度不宜大于60 m。

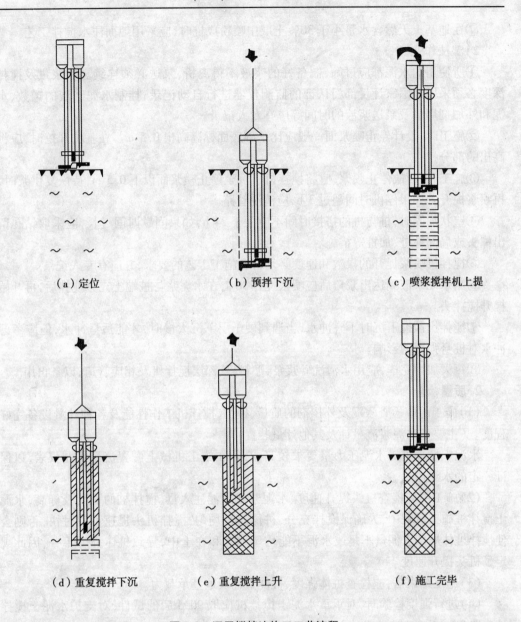

图 2.8 深层搅拌法施工工艺流程

②水泥土搅拌法(干法)喷粉施工机械必须配置经国家计量部门确认的具有能瞬时检测并记录出粉量的粉体计量装置及搅拌深度自动记录仪。

③搅拌头的直径应定期复核检查,其磨耗量不得大于 10 mm。

④搅拌头每旋转一周,其提升高度不得超过 16 mm。

⑤当搅拌头到达设计桩底以上 1.5 m 时,应即开启喷粉机提前进行喷粉作业。当搅拌头提升至地面下 500 mm 时,喷粉机应停止喷粉。

⑥成桩过程中因故停止喷粉,应将搅拌头下沉至停灰面以下 1 m 处,待恢复喷粉时再喷粉搅拌提升。

⑦在地基土天然含水量小于30%土层中喷粉成桩时,应采用地面注水搅拌工艺。

2)湿法作业。

①所使用的水泥都应过筛,制备好的浆液不得离析,泵送必须连续。喷浆量及搅拌深度必须采用经国家计量部门认证的监测仪器进行自动记录;拌制水泥浆液的罐数、水泥和外加剂用量及泵送浆液的时间等应有专人记录。

②施工时,设计停止喷浆面一般应比基础底面标高高出0.5 m。在基坑开挖时,应将高出的部分挖去。

③施工时,因故停止喷浆,宜将搅拌机下沉至停止喷浆面以下0.5 m,待恢复供浆时,再喷浆提升。如果停机时间超过3 h,应清洗管路。

④壁状加固时,桩与桩的搭接时间不应大于24 h,如果间歇时间过长,应采取钻孔留出榫头或局部补桩、加桩等措施。

⑤搅拌机喷浆提升的次数和速度必须符合施工工艺的要求,并应有专人记录。

⑥当水泥浆液到达出浆口后应喷浆搅拌30 s,在水泥浆与桩端土充分搅拌后,再开始提升搅拌头。

⑦搅拌机预搅下沉时不宜冲水,当遇到硬土层下沉太慢时,才能适量冲水,但应考虑冲水对桩身强度的影响。

⑧每天加固完毕,应用水清洗砂浆泵、贮料罐、深层搅拌机及相应管道,以备再用。

2. 质量检查

(1)施工前应检查水泥及外掺剂的质量、桩位、搅拌机工作性能及各种计量设备完好程度。(主要是水泥浆流量计及其他计量装置)

水泥土搅拌桩对水泥压力量要求较高,必须在施工机械上配置流量控制仪表,以保证一定的水泥用量。

(2)施工中应检查机头提升速度、水泥浆或水泥注入量、搅拌桩的长度及标高,水泥土搅拌桩施工过程中,为确保搅拌充分、桩体质量均匀,搅拌机头提速不宜过快,否则会使搅拌桩体局部水泥量不足或水泥不能均匀地拌和在土中,导致桩体强度不一,因此规定了机头提升速度。

(3)施工结束后,应检查桩体强度、桩体直径及地基承载力。

(4)进行强度检验时,对承重水泥土搅拌桩应取90 d后的试件;对支护水泥土搅拌桩应取28 d后的试件。

(5)水泥土搅拌桩地基质量检验标准应符合表2.17的规定。

表2.17 水泥土搅拌桩地基质量检验标准

项	序	检查项目	允许偏差或允许值		检查方法
			单位	数值	
主控项目	1	水泥及外掺剂质量	设计要求		查产品合格证书或抽样送检
	2	水泥用量	参数指标		查看流量计
	3	桩体强度	设计要求		按规定方法
	4	地基承载力	设计要求		按规定方法

续表 2.17

项	序	检查项目	允许偏差或允许值		检查方法
			单位	数值	
一般项目	1	机头提升速度	m/min	≤0.5	量机头上升距离及时间
	2	桩底标高	mm	±200	测机头深度
	3	桩顶标高	mm	+100 −50	水准仪（最上部 500 mm 不计入）
	4	桩位偏差	mm	<50	用钢尺测量
	5	桩径		≤0.04 D（D 为桩径）	用钢尺测量
	6	垂直度	%	≤1.5	经纬仪
	7	搭接	mm	>200	用钢尺测量

◆预压法的施工要点及质量控制

1. 施工要点

（1）砂井施工机具、方法与打砂桩相同。打砂井的顺序应从外围或两侧向中间进行，如果砂井的间距较大，也可逐排进行。砂井施工完毕后，基坑表层会产生松动隆起，应进行压实。

（2）当使用普通砂井成形困难，软土层上难以使用大型机械施工，勿需大截面砂井时可采用袋装砂井，砂袋应选用韧性强、透水性好的玻璃丝纤维布、再生布、聚丙烯编织布等制作，当桩管沉到预定深度后插入袋，将袋子的上口固定到装砂用的漏斗上，通过振动将砂子填入袋中并密实；待砂装满后，卸下砂袋扎紧袋口，拧紧套管上盖，提出套管，此时袋口应高出孔口 500 mm。如果砂袋露出过多，说明砂袋已被套管带起来，应重新施工。反之，如果砂袋没有露出这么长，说明袋中还没有装满砂子，则要拔出重新施工。

（3）砂井预压加载物一般采用土、石、砂或水，加荷方式有两种：一是在建筑物正式施工前，在建筑物范围内堆载，待沉降基本完成后卸走堆载，再进行上部结构施工；二是利用建筑物自身的重量，更加直接、简便、经济，不用卸载，每平方米所加荷量宜接近设计荷载。也可用设计标准荷载的 120% 为预压荷载，以加速排水固结。

（4）地基预压前，应设置水平位移观测桩、垂直沉降观测点、孔隙水压计及测斜仪。

（5）预压加载应分期、分级进行。加荷时应严格控制加荷速度。控制方法是每天测定边桩的垂直升降与水平位移和孔隙水压力等。地面沉降速率不宜超过 10 mm/d，边桩垂直上升不宜超过 2 mm/d，边桩水平位移宜控制在 3~5 mm/d。如果超过上述规定数值，应停止减荷或加荷，待稳定后再加荷。

（6）加荷预压时间由设计规定，一般为 6 个月，但不宜少于 3 个月。同时，待地基平均沉降速率减小到不大于 2 mm/d，才能开始分期、分级卸荷，但应继续观测地基沉降和回弹情况。

2. 质量检查

(1)施工前应检查施工监测措施,沉降、孔隙水压力等原始数据,排水设施,砂井(包括袋装砂井)等位置。

软土的固结系数较小,当土层较厚时,达到工作要求的固结度需时较长,为此,对软土预压应设置排水通道,其长度及间距宜通过试压确定。

(2)堆载施工应检查堆载高度、沉降速率,真空预压施工应检查密封膜的密封性能、真空表读数等。

堆载预压必须分级堆载,以确保预压效果并避免坍滑事故。一般每天沉降速率控制在10~15 mm,边桩位移速率控制在4~7 mm。孔隙水压力增量不超过预压荷载增量60%,以这些参考指标控制堆载速率。

真空预压的真空度可一次抽气至最大,当连续5 d实测沉降小于每天2 mm或固结度≥80%,或符合设计要求时,可停止抽气,降水预压可参考本条。

(3)施工结束后,应检查地基土的强度及要求达到的其他物理力学指标,重要建筑物地基应做承载力检验。

一般工程在预压结束后,做十字板剪切强度或标贯、静力触探试验即可,但重要建筑物地基就应做承载力检验,如设计有明确规定应按设计要求进行检验。

(4)预压地基质量检验标准应符合表2.18的规定。

表2.18 预压地基和塑料排水带质量检验标准

项目	序	检查项目	允许偏差或允许值		检查方法
			单位	数值	
主控项目	1	预压载荷	%	≤2	水准仪
	2	固结度(与设计要求比)	%	≤2	根据设计要求采用不同的方法
	3	承载力或其他性能指标	设计要求		按规定方法
一般项目	1	沉降速率(与控制值比)	%	±10	水准仪
	2	砂井或塑料排水带位置	mm	±100	用钢尺测量
	3	砂井或塑料排水带插入深度	mm	±200	插入时用经纬仪检查
	4	插入塑料排水带时回带长度	mm	≤500	用钢尺测量
	5	塑料排水带或砂井高出砂垫层距离	mm	≥200	用钢尺测量
	6	插入塑料排水带的回带根数	根	<5	目测

注:如真空预压,主控项目中预压载荷的检查为真空度降低值<2%。

2.4 桩基础

【基 础】

◆**桩基础**

当采用天然地基上的浅基础不能满足地基基础设计的承载力和变形要求时,也可采用桩基础将荷载传至深部土层,其中以桩基础的应用最为广泛。

桩基础简称桩基,它是由基桩和连接于基桩桩顶的承台共同组成,承台之间一般用承台梁相互连接,如图 2.9 所示。如果桩身全部埋于土中,承台底面与土体接触,则称为低承台桩基;如果桩身上部露出地面而承台底面位于地面以上,则称为高承台桩基。如果承台底下只用一根桩(通常为大直径桩)以承受和传递上部结构(通常为柱)荷载的独立基础,称为单桩基础;承台下如果有两根及两根以上基桩,这样的桩基础称为群桩基础。

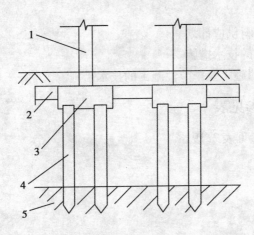

1—柱;2—承台梁;3—承台;4—基桩;5—桩基持力层
图 2.9 桩基础组成

桩基可分为木桩、钢桩、混凝土桩和组合材料桩等类型,混凝土桩应用比较广泛,又可分为混凝土预制桩和混凝土灌注桩等。

◆**混凝土预制桩**

混凝土预制桩为工程上应用最多的一种桩型。它系先在工厂或现场进行预制,然后用打(沉)桩机械,在现场就地打(沉)入到设计位置和深度。这种桩的特点是:桩单方承载力高,桩预先制作,不占工期,打设方便,施工准备周期短,施工质量易于控制,成桩不受地下水影响,生产效率高,施工速度快,工期短,无泥浆排放问题等。但打(沉)桩震动大,噪声高,挤土效应显著,造价高。适用于一般黏性土、粉土、砂土、湿陷性黄土、淤泥、淤泥质土及填土,中间夹砂层或砾石层不厚或较弱的土层;地下水位高的地区和对噪声、挤土影响无严格限制的地区,持力层变化不大且埋深不深的地区。

◆混凝土灌注桩的分类

根据成孔方法不同,灌注桩可分为钻孔灌注桩、爆扩成孔灌注桩、套管成孔灌注桩及人工挖孔灌注桩等。

◆桩基工程施工组织设计

桩基工程施工组织设计包括下列内容:

(1)施工平面图。标明桩位、编号、施工顺序、水电线路及临时设施的位置,泥浆制备设施及其循环系统的位置;施工场地有硬地时应标明所涉及的范围及泥浆槽的位置安排。

(2)成孔机械及配套设备的相关资料。

(3)主要施工工艺,包括施工测量、定位放线、泥浆制备、成孔、钢筋笼制备和下沉、水下混凝土浇筑等。

(4)施工进度计划。

(5)机械设备和材料供应计划。

(6)有关质量保证的技术措施。

(7)安全措施、文明施工及季节性施工的技术措施。

◆不同桩型的选择参见表

不同桩型的选择参见表2.19。

表 2.19 成桩工艺选择参考表

桩类		桩径 桩身/mm	桩径 扩大端/mm	桩长/m	穿越土层 一般黏性土及填土	淤泥和淤泥质土	粉土	碎石土	季节性冻土膨胀土	黄土 非自重湿陷性黄土	自重湿陷性黄土	中间有硬夹层	中间有砂夹层	中间有砾石夹层	桩端进入持力层 硬黏性土	密实砂土	碎石土	软质岩石和风化岩石	地下水位以上	地下水位以下	对环境影响 振动和噪声	排浆	孔底有无挤密
非挤土成桩法	干作业法 长螺旋钻孔灌注桩	300~600	—	≤12	O	×	△	×	O	O	△	×	△	×	O	O	×	×	O	×	无	无	无
	短螺旋钻孔灌注桩	300~800	—	≤8	O	×	△	×	O	O	△	×	△	×	O	O	×	×	O	×	无	无	无
	钻孔扩底灌注桩	300~400	800~1200	≤5	O	×	△	×	O	O	△	×	△	×	O	O	×	×	O	×	无	无	无
	机动洛阳铲成孔灌注桩	300~500	—	≤20	O	△	△	×	O	O	△	×	△	×	O	O	×	×	O	×	无	无	无
	人工挖孔扩底灌注桩	1000~2000	1600~3000	≤30	O	×	O	△	O	O	△	△	△	△	O	O	O	O	O	△	无	无	无
	泥浆护壁法 潜水钻成孔灌注桩	500~800	—	≤50	O	O	O	×	△	△	×	×	△	×	O	O	×	×	O	O	无	无	无
	反循环钻成孔灌注桩	600~1200	—	≤50	O	O	O	△	△	△	×	×	△	△	O	O	△	△	O	O	无	无	无
	回旋钻成孔灌注桩	600~1200	—	≤50	O	O	O	△	△	△	×	×	△	△	O	O	△	△	O	O	无	无	无
	机挖异型灌注桩	400~600	—	≤12	O	×	O	×	O	O	△	×	△	×	O	×	×	×	O	O	无	无	无
	钻孔扩底灌注桩	600~1200	1000~1600	≤20	O	△	O	△	△	△	×	×	△	△	O	O	◇	△	O	O	无	无	无
	套管护壁法 贝诺托灌注桩	800~1600	—	≤50	O	O	O	O	△	△	×	△	△	△	O	O	O	△	O	O	无	无	无
	短螺旋钻孔灌注桩	300~800	—	≤12	O	△	O	×	O	O	△	×	△	×	O	O	×	×	O	O	无	无	无
部分挤土成桩法	冲击成孔灌注桩	600~1200	—	≤50	O	△	O	△	△	△	×	×	△	△	O	O	×	△	O	O	无	无	无
	钻孔压注成型灌注桩	300~1000	—	≤30	O	△	O	△	△	△	×	×	△	△	O	O	△	△	O	O	无	无	无
	组合桩	≤500	—	≤30	O	△	△	△	△	△	×	×	△	△	O	O	△	△	O	O	无	无	无
	预钻孔钉入式预制桩	≤50	—	≤30	O	O	△	×	△	△	△	×	△	△	O	O	△	△	O	O	无	无	无

续表 2.19

桩类		桩径		桩长/m	穿越土层											桩端进入持力层				地下水位以上以下	对环境影响			孔底有无挤密
		桩身/mm	扩大端/mm		一般黏性土及填土	淤泥和淤泥质土	粉土	碎土	碎石土	季节性冻土膨胀土	非自重湿陷性黄土	自重湿陷性黄土	中间有硬夹层	中间有砂夹层	中间有碎石夹层	硬黏性土	密实砂土	碎石土	软质岩石和风化岩石		振动和噪声	排浆		
部分挤土成桩法	混凝土(预应力混凝土)管桩	≤600	—	≤50	○	○	○	△	×	△	○	△	△	△	△	○	○	○	△	○	有	无		有
	H型钢桩	规格	—	≤50	○	○	○	△	×	△	×	×	△	△	△	○	△	△	△	○	有	无		有
	敞口钢管桩	600~900	—	≤50	○	○	○	△	×	△	○	○	△	△	△	○	○	○	△	○	有	无		有
	振动沉管灌注桩	270~400	—	≤20	○	○	○	△	×	△	○	○	△	△	△	○	○	×	×	○	有	无		有
	锤击沉管灌注桩	300~500	—	≤24	○	○	△	△	×	△	○	○	△	△	△	○	△	△	×	○	有	无		有
	锤击振动沉管灌注桩	270~400	—	≤20	○	○	△	△	×	△	○	○	△	△	△	○	△	○	×	○	有	无		有
挤土灌注法	平底大头灌注桩	350~400	450×450~500~500	≤15	○	○	○	△	×	△	○	○	△	△	△	○	△	×	×	○	有	无		有
	沉管灌注同步桩	≤400	—	≤20	○	×	△	△	×	△	○	○	△	△	△	○	△	×	×	○	有	无		有
	夯压成型灌注桩	325,377	460~700	≤20	○	○	○	△	×	△	○	○	△	△	△	○	○	△	×	○	有	无		有
	干振灌注桩	350	—	≤10	○	×	○	×	×	△	○	○	△	△	△	○	△	×	×	×	无	无		无
	爆扩灌注桩	≤350	≤1 000	≤12	○	×	○	△	×	△	○	○	△	△	△	○	○	△	×	×	有	无		有
	弗兰克桩	≤600	≤1 000	≤20	○	○	○	△	×	△	○	○	△	△	△	○	○	△	×	○	有	无		有
挤土预制桩	打入实心混凝土预制桩、口钢管桩、混凝土管桩闭	≤500×500	—	≤50	○	○	○	△	×	×	○	△	△	△	△	○	○	○	×	○	有	无		有
	静压桩	100×100	—	≤40	○	○	○	△	×	△	○	○	△	△	△	○	○	○	×	○	无	无		有

注:表中符号○表示比较合适;△表示有可能采用;×表示不宜采用。

【实　务】

◆混凝土预制桩

1. 吊定桩位

桩的吊点定位,一般利用桩架附设的起重钩借桩机上卷扬机吊桩就位,或配一台起重机送桩就位。

2. 打(沉)桩顺序

根据土质情况,桩基平面布置、尺寸密集程度、深度、方便桩机移动等因素确定打桩顺序,图2.10为几种打桩顺序和土体挤密情况。当基坑不大时,打桩应从中间开始分头向两边或四周进行;当基坑较大时,应将基坑分为数段,而后在各段范围内分别进行。打桩避免自外向内或从周边向中间进行,以避免中间土体被挤密,桩难打入,或虽勉强打入,但使邻桩侧移或上冒。对基础标高不一致的桩,宜先深后浅;对不同规格的桩,宜先大后小,先长后短,可使土层挤密均匀,防止位移或偏斜。在黏土及粉质黏土地区,应避免按照一个方向进行,使土向一边挤压,造成入土深度不一,土体挤实程度不均,导致不均匀沉降。如果桩距不小于4倍桩直径,则与打桩顺序无关。

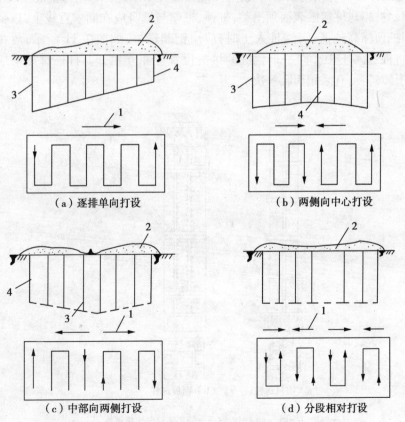

图 2.10　打桩顺序和土体精密情况

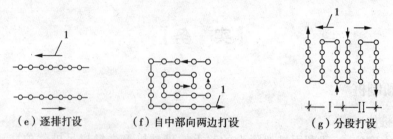

1—打设方向;2—土层挤密情况;3—沉降量小;4—沉降量大

续图2.10 打桩顺序和土体精密情况

3. 打(沉)桩方法

有振动法、锤击法及静力压桩法等,以锤击法应用最普遍。

打桩时,应用导板夹具或桩箍将桩嵌固在桩架两导柱中,桩位置及垂直度经校正后,才能将锤连同桩帽压在桩顶,开始沉桩。桩锤、桩帽与桩身中心线要一致,桩顶不平,应用环氧树脂砂浆补抹平整或用厚纸板垫平。

开始沉桩应起锤轻压并轻击数锤,观察桩锤、桩架、桩身等垂直一致,方可转入正常施打。桩插入时的垂直度偏差不得超过0.5%,打桩应用适合桩头尺寸的桩帽和弹性垫层,以缓和打桩的冲击。桩帽用钢板制成,并用绳垫或硬木承托。桩帽与桩周围应有5~10 mm的间隙。桩帽与桩接触表面须平整,桩锤、桩帽与桩身应在同一直线上,以免沉桩产生偏移。当桩顶标高较低,需送桩入土时,应用钢制送桩,如图2.11所示,放在桩头上,锤击送桩将桩送入土中。同一承台桩的接头位置应相互错开。打桩时如果遇到块石、条石等地下障碍物,宜采用引孔解决。

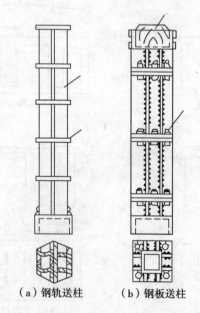

1—钢轨;2—15 mm厚钢板箍;3—硬木垫;4—连接螺栓

图2.11 钢送桩构造

振动沉桩与锤击沉桩法基本相同,是用振动箱代替桩锤,使桩头套入振动箱连固桩帽或液压夹桩器夹紧,便可按照锤击法,启动振动箱进行沉桩至设计要求深度。

4. 质量控制

桩至接近设计深度,应进行观测,一般以设计要求最后3次10锤的平均贯入度或入土标高为控制,如果桩尖土为坚硬和硬塑的碎石土、黏性土、中密状态以上的砂类土或风化岩层时,以贯入度控制为主,桩尖进入持力层或桩尖设计标高作为参考;如果桩尖土为其他较软土层时,以标高控制为主,贯入度作为参考。

振动法沉桩是以振动箱代替桩锤,其质量控制是以最后3次振动(加压),每次5 min或10 min,测出每分钟的平均贯入度,以不大于设计规定的数值为合格;而摩擦桩则以沉到设计要求的深度为合格。

5. 拔桩方法

需拔桩时,长桩可用拔桩机,一般桩可用卷扬机、人字架或用钢丝绳捆紧,借横梁用两台千斤顶抬起。采用汽锤打桩,可直接用蒸汽锤拔桩,将汽锤倒连在桩上,当锤的动程向上,桩受到一个向上的力,即可将桩拔出。

6. 质量要求

(1)桩在现场预制时,应对原材料、钢筋骨架(见表2.20)、混凝土强度进行检查。采用工厂生产的成品桩时,桩进场后应进行外观及尺寸检查。

表2.20 预制桩钢筋骨架质量检验标准　　　　　　　　　　　单位:mm

项	序	检查项目	允许偏差或允许值	检查方法
主控项目	1	主筋距桩顶距离	±5	用钢尺测量
	2	多节桩锚固钢筋位置	5	用钢尺测量
	3	多节桩预埋铁件	±3	用钢尺测量
	4	主筋保护层厚度	±5	用钢尺测量
一般项目	1	主筋间距	±5	用钢尺测量
	2	桩尖中心线	10	用钢尺测量
	3	箍筋间距	±20	用钢尺测量
	4	桩顶钢筋网片	±10	用钢尺测量
	5	多节桩锚固钢筋长度	±10	用钢尺测量

混凝土预制桩可在工厂生产,也可在现场支模预制。对工厂的成品桩虽有产品合格证书,但在运输过程中容易碰坏,为此,进场后应再做检查。

(2)施工中应对桩体垂直度、沉桩情况、桩顶完整状况、接桩质量等进行检查,对电焊接桩,重要工程应做10%的焊缝探伤检查。

经常发生接桩时电焊质量较差,从而接头在锤击过程中断开的现象,尤其接头对接的两端面不平整,电焊更不容易保证质量,对重要工程做X射线拍片检查是完全必要的。

(3)施工结束后,应对承载力及桩体质量做检验。

(4)对长桩或总锤击数超过500击的锤击桩,应符合桩体强度及28 d龄期的两项条件才能锤击。

混凝土桩的龄期对抗裂性有影响,这是经过长期试验得出的结果。不到龄期的桩有先天不足的弊端,经长时期锤击或锤击拉应力稍大一些便会产生裂缝,故有强度龄期双控的要求。但对短桩,锤击数又不多,满足强度要求一项应是可行的。有些工程进度较急,桩又不是长桩,可以采用蒸养以求短期内达到强度,即可开始沉桩。

(5)钢筋混凝土预制桩的质量检验标准应符合表2.21的规定。

表2.21 钢筋混凝土预制桩的质量检验标准

项	序	检查项目		允许偏差或允许值		检查方法
				单位	数值	
主控项目	1	桩体质量检验		按基桩检测技术规范		按基桩检测技术规范
	2	桩位偏差		见表2.22		用钢尺测量
	3	承载力		按基桩检测技术规范		按基桩检测技术规范
一般项目	1	砂、石、水泥、钢材等原材料(现场预制时)		符合设计要求		查出厂质保文件或抽样送检
	2	混凝土配合比及强度(现场预制时)		符合设计要求		检查称量及查试块记录
	3	成品桩外形		表面平整,颜色均匀,掉角深度<10 mm,蜂窝面积小于总面积的0.5%		直观
	4	成品桩裂缝(收缩裂缝或起吊、装运、堆放引起的裂缝)		深度<20 mm,宽度<0.25 mm,横向裂缝不超过边长的一半		裂缝测定仪,该项在地下水有侵蚀地区及锤击数超过500击的长桩不适用
	5	成品桩尺寸	横截面边长	mm	±5	用钢尺测量
			桩顶对角线差	mm	<10	用钢尺测量
			桩尖中心线	mm	<10	用钢尺测量
			桩身弯曲矢高	<1/1000 l		用钢尺测量,l 为桩长
			桩顶平整度	mm	<2	用水平尺测量
	6	电焊接桩	焊缝质量	见表2.23		见表2.23
			电焊结束后停歇时间	min	>1.0	秒表测定
			上下节平面偏差	mm	<10	用钢尺测量
			节点弯曲矢高	<1/1 000 l		用钢尺测量,l 为两节桩长
	7	硫磺胶泥接桩	胶泥浇注时间	min	<2	秒表测定
			浇注后停歇时间	min	>7	秒表测定
	8	停锤标准		设计要求		现场实测或查沉桩记录
	9	桩顶标高		mm	±50	水准仪

第2章 地基与基础

表2.22 预制桩(钢桩)桩位的允许偏差　　　　　　　　　　　　　单位:mm

项	项目	允许偏差
1	盖有基础梁的桩: 1)垂直基础梁的中性线 2)沿基础梁的中心线	$100+0.01H$ $150+0.01H$
2	桩数为1~3根桩基中的桩	100
3	桩数为4~16根桩基中的桩	1/2桩径或边长
4	桩数大于16根桩基中的桩: 1)最外边的桩 2)中间桩	1/3桩径或边长 1/2桩径或边长

注:H为施工现场地面标高与桩顶设计标高的距离。

表2.23 钢桩施工质量检验标准

项	序	检查项目		允许偏差或允许值		检查方法
				单位	数值	
主控项目	1	桩位偏差		见表2.22		用钢尺测量
	2	承载力		按基桩检测技术规范		按基桩检测技术规范
一般项目	1	电焊接桩焊缝	上下节端部错口 钢管桩外径≥700 mm	mm	≤3	用钢尺测量
			上下节端部错口 钢管桩外径<700 mm	mm	≤2	用钢尺测量
			焊缝咬边深度	mm	≤0.5	焊缝检查仪
			焊缝加强层高度	mm	2	焊缝检查仪
			焊缝加强层宽度	mm	2	焊缝检查仪
			焊缝电焊质量外观	无气孔、无焊瘤、无裂缝		直观
			焊缝探伤检验	满足设计要求		按设计要求
	2	电焊结束后的停歇时间		min	>1	秒表测定
	3	节点弯曲矢高		<1/1 000 l		用钢尺测量,l为两节桩长
	4	停锤标准		设计要求		用钢尺量或沉桩记录
	5	桩顶标高		mm	±50	水准仪

◆钻孔灌注桩

钻孔灌注桩是利用钻孔机械钻出桩孔,并在其内放置钢筋笼、灌注混凝土而做成的桩。根据钻孔机械的钻头是否在土壤的含水层中施工,又分为干作业成孔和泥浆护壁成孔两种施工方法。

1.干作业成孔灌注桩

干作业成孔灌注桩是先用钻机在桩位上成孔,然后在孔中吊放钢筋笼,再浇筑混凝土的成桩工艺。干作业成孔适用于地下水位较低、在成孔深度内无地下水的土质,不需护壁可直接取土成孔,目前常用的钻孔机械是螺旋钻机。

螺旋钻成孔灌注桩施工流程如下:

钻机就位→钻孔→检查成孔质量→孔底清理→盖好孔口盖板→移桩机至下一桩位→移走盖口板→复测桩孔深度及垂直度→安放钢筋笼→放混凝土串筒→浇灌混凝土→插桩顶钢筋

钻机就位后,用吊线、水平尺等检查导杆,校正位置,使钻杆垂直对准桩位中心。钻孔时放下钻机,使钻杆向下移动至钻头触及土面时,才开始转轴旋动钻杆,先慢后快,避免钻杆摇晃,并随时检查钻孔偏移。一节钻杆钻入后,应停机接上第二节,继续钻到要求深度。施工中应注意钻头在穿过软硬土层交界处时,应保持钻杆垂直,缓慢进尺。在含砖头、瓦块的杂填土或含水量较大的软塑黏性土层中钻进时,应尽可能减小钻杆的晃动,以免增加孔底虚土及扩大孔径。钻进速度应根据电流变化及时调整。钻进过程中应随时清理孔口积土。如果出现机架摇晃、钻杆跳动、钻不进或钻头发出响声等异常现象时,应立即停钻检查、处理,遇到地下水、塌孔、缩孔等异常现象,应会同有关单位研究处理。

钻孔至要求深度后,可用钻机在原处空转清土,然后停转,提升钻杆卸土。如果孔底虚土超过容许厚度,可用辅助掏土工具或二次投钻清底。清孔完毕后应用盖板盖好孔口。清孔后应及时吊放钢筋笼,浇筑混凝土。浇筑混凝土前,必须复查孔径、孔深、孔壁垂直度、孔底虚土厚度,不合格时应及时处理。从成孔至混凝土浇筑的时间间隔,不得超过24 h。灌注桩的混凝土强度等级不得低于C15,坍落度一般采用80～100 mm,混凝土应分层浇筑,振捣密实,连续进行,随浇随振,每层的高度不得大于1.50 m。当混凝土浇筑到桩顶时,应适当超过桩顶标高,以保证在凿除浮浆层后,使桩顶标高和质量能符合设计要求。

2. 泥浆护壁成孔灌注桩

泥浆护壁成孔是利用泥浆保护孔壁,钻孔时通过循环泥浆将钻头切削下的土渣排出孔外而成孔,而后吊放钢筋笼,水下灌注混凝土而成桩。泥浆在成孔过程中所起的作用是护壁、携砂排土、切土润滑、冷却钻头等,其中最重要的作用还是护壁。

泥浆护壁成孔灌注桩的施工工艺流程如下:

测定桩位→埋设护筒→桩机就位→制备泥浆→成孔→清孔→安放钢筋笼→浇筑水下混凝土

(1)定桩位、埋设护筒。根据建筑的轴线控制桩定出桩基础的每个桩位,可用小木桩标记。桩位放线允许偏差20 mm。灌注混凝土之前,应对桩基轴线和桩位复查一次,以免木桩标记变动而影响施工。护筒一般由4～8 mm钢板制成的圆筒,其内径应比钻头直径大100～200 mm,顶面高出地面0.4～0.6 m,上部宜开设1～2个溢浆孔。护筒的埋设深度:在黏性土中不宜小于1.0 m;砂土中不宜小于1.5 m。其高度要满足孔内泥浆液面高度的要求,孔内泥浆面应保持高出地下水位1 m以上。

(2)制备泥浆。制备泥浆的方法根据土质条件确定:在黏土和粉质黏土中成孔时可在孔中注入清水,钻机旋转时,切削土屑与水旋拌,用原土造浆;在其他土中成孔时,泥浆应选用高塑性黏土或膨润土制备。

(3)成孔。桩架就位后,钻机进行钻孔。钻孔时应在孔中注入泥浆,并始终保持泥浆液面比地下水位高1.0 m以上,以起护壁、携砂排土、降低钻头发热、润滑钻头、减少钻进阻力等作用。

钻孔进尺速度应根据土层类别、孔径大小、供水量和钻孔深度确定。对于淤泥和淤泥质土不宜大于 1 m/min,风化岩或其他硬土层以钻机不产生跳动为准,其他土层以钻机不超负荷为准。

(4) 清孔。当钻孔达到设计要求深度并检查合格后,应立即进行验孔和清孔,目的是清除孔底沉渣和淤泥以减少桩基的沉降量,提高其承载能力,确保桩基质量。对于不易塌孔的桩孔,可用空气吸泥机清孔,对于稳定性差的孔壁应用泥浆(正、反)循环法或抽渣筒排渣。清孔时,保持孔内泥浆面高出地下水位 1.0 m 以上,在受水位涨落影响时,泥浆面要高出最高水位 1.5 m 以上。

(5) 浇筑水下混凝土。泥浆护壁成孔灌注桩混凝土的浇筑是在水中或泥浆中进行的,因此属于水下浇筑混凝土。水下混凝土浇筑的方法很多,最常用的是导管法。导管法是将密封连接的钢管作为水下混凝土的灌注通道,混凝土倾落时沿竖向导管下落至孔底,置换泥浆而成桩。导管的作用是隔离环境水,使其不与混凝土接触。

◆沉管灌注桩

沉管灌注桩,又称套管成孔灌注桩、打拔管灌注桩,施工时利用锤击打桩设备或振动沉桩设备,将带有钢筋混凝土的桩尖(或钢板靴)或带有活瓣式桩靴的钢管沉入土中(钢管直径应与桩的设计尺寸一致),造成桩孔,然后放入钢筋骨架并浇筑混凝土,随之拔出套管,利用拔管时的振动将混凝土捣实,便形成所需要的灌注桩。它包括振动沉管灌注桩、锤击沉管灌注桩、夯压成型沉管灌注桩等。

1. 振动沉管灌注桩

根据工作原理可分为振动冲击施工法和振动沉管施工法两种。振动冲击施工法是利用振动冲击锤在冲击和振动的共同作用下,桩尖对四周的土层进行挤压,改变土体结构排列,使周围土层挤密,桩管迅速沉入土中,在达到设计标高后,边拔管、边振动、边灌注混凝土、边成桩;振动沉管施工法,是在振动锤竖直方向往复振动作用下,桩管也以一定的频率和振幅产生竖向往复振动,减少桩管与周围土体间的摩阻力,当强迫振动频率与土体的自振频率相同时,土体结构由于共振而破坏,与此同时,桩管受着加压作用而沉入土中,在达到设计要求深度后,边拔管、边振动、边灌注混凝土、边成桩。

(1) 施工顺序。振动沉管灌注桩施工流程:桩机就位→振动沉管→浇筑混凝土→边拔管边振动→安放钢筋笼或插筋,如图 2.12 所示。

(2) 施工方法。振动沉管施工法一般有单打法、复打法、反插法等。应根据土质情况和荷载要求分别选用。单打法适用于含水量较小的土层,且宜采用预制桩尖;复打法及反插法适用于软弱饱和土层。

1) 单打法,即一次拔管法。拔管时,先振动 5~10 s,再开始拔桩管,应边振边拔,每提升 0.5 m 停拔;振 5~10 s 后再拔管 0.5 m;再振 5~10 s,如此反复进行,直至全部拔出为止。一般情况下振动沉管灌注桩均采用此法。

2) 复打法。在同一桩孔内进行两次单打,或根据需要进行局部复打。成桩后的桩身混凝土标高应不低于设计标高 500 mm。全长复打桩的入土深度宜接近原桩长,局部复打应超过断桩或缩颈区 1 m 以上。

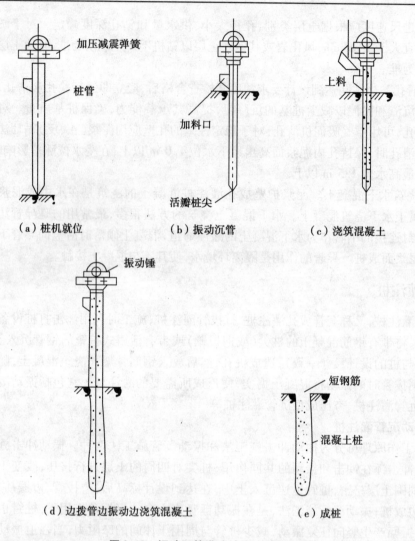

图 2.12 振动沉管灌注桩施工工艺流程

3)反插法。先振动再拔管,每提升 0.5~1.0 m,再把桩管下沉 0.3~0.5 m(且不宜大于活瓣桩尖长度的 2/3),在拔管过程中分段添加混凝土,使管内混凝土面始终不低于地表面,或高于地下水位 1.0~1.5 m 以上,如此反复进行直至地面。此法也可扩大桩径,提高桩的承载力。

2. 锤击沉管灌注桩

锤击沉管灌注桩是采用落锤、蒸汽锤或柴油锤将钢套管沉入土中成孔,然后灌注混凝土或钢筋混凝土,抽出钢管而成。锤击沉管灌注桩宜用于一般黏性土、淤泥、淤泥质土、稍密的砂土和人工填土地基。与振动沉管灌注桩一样,锤击沉管灌注桩也可根据土质情况和荷载要求,分别选用单打法、复打法、反插法。

锤击沉管灌注桩施工顺序:桩机就位→锤击沉管→首次浇注混凝土→边拔管边锤击→放钢筋笼浇注成桩

3. 夯压成型沉管灌注桩

夯压成型沉管灌注桩是利用锤击或静压法将内外钢管沉入土层中,由内夯管夯扩端部混凝土,使桩端形成扩大头,再灌注桩身混凝土,用桩锤和内夯管顶压在管内混凝土面形成桩身混凝土。夯压桩桩身直径一般为 400~500 mm,扩大头直径一般可达 450~700 mm,桩身可达 20 m,适用于中低压缩性黏土、砂土、粉土、碎石土、强风化岩等土层。

◆ 爆扩成孔灌注桩

爆扩成孔灌注桩是用钻孔爆扩成孔,孔底放入炸药,再灌入适量的混凝土,然后引爆,使孔底形成扩大头,此时,孔内混凝土落入孔底空腔内,再放置钢筋笼,浇筑桩身混凝土制成灌注桩。爆扩成孔灌注桩的施工顺序如下:成孔→检查修理桩孔→安放炸药包→注入压爆混凝土→引爆→检查扩大头→安放钢筋笼→浇筑桩身混凝土→成桩养护

1. 成孔

成孔方法有:人工成孔法、爆扩成孔法和机钻成孔法。机钻成孔所用设备和钻孔方法相同,下面只介绍爆扩成孔法。

爆扩成孔法是先用小直径(如 50 mm)洛阳铲或手提麻花钻等钻出导孔,然后根据不同土质放入不同直径的炸药条,经爆扩后形成桩孔,其施工工艺流程如图 2.13 所示。

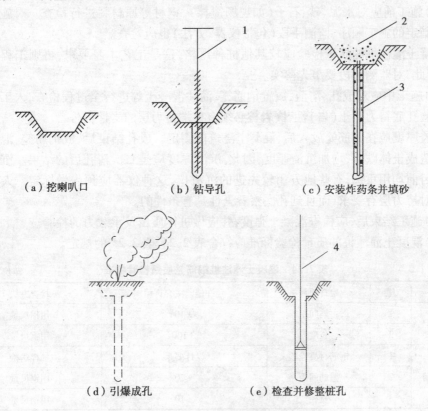

1—手提钻;2—砂;3—炸药条;4—洛阳铲

图 2.13 爆扩成孔工艺流程图

2. 爆扩大头

扩大头的爆扩,宜采用电雷管和硝铵炸药进行,且同一工程中宜采用同一种类的雷管和炸药。炸药用量应根据设计所要求的扩大头直径,由现场试验确定。药包必须用塑料薄膜等防水材料紧密包扎,并用防水材料封闭使其能防潮防水。药包宜包扎成扁圆球形使炸出的扩大头面积较大。每个药包内放两个电雷管,用并联方法与引爆线连接,以保证顺利引爆。药包用绳子吊放于孔底中心,如果孔中有水,可加压重物以免浮起,药包放正后上面覆盖厚度为150~200 mm 的砂子固定,以稳住药包位置,保证药包不受混凝土冲击砸破。随着从桩孔中灌入一定量的混凝土后,即进行扩大头的引爆。

3. 浇筑混凝土

首先,钢筋笼应细心轻放,不可将孔壁和孔口的泥土带入孔内。灌注混凝土时,应随时注意钢筋笼位置,防止偏向一侧。所用混凝土的坍落度要合适,一般黏性土5~7 cm,黄土6~9 cm,砂类土7~9 cm。混凝土集料最大粒径不得超过25 mm,扩大头和桩柱混凝土要连续浇筑完毕,不留施工缝。混凝土浇筑完毕后,根据气温情况,可用草袋覆盖,浇水养护,在干燥的砂类土地区,桩周围还需浇水养护。

◆ 混凝土灌注桩的质量要求

(1)施工前应对水泥、砂、石子(如现场搅拌)、钢材等原材料进行检查。对施工组织设计中制定的施工顺序、监测手段(包括仪器、方法)也应检查。

混凝土灌注桩的质量检验应较其他桩种严格,这是工艺本身要求,再则工程事故也较多,因此,对监测手段要事先落实。

(2)施工中应对成孔、清渣、放置钢筋笼、灌注混凝土等进行全过程检查,人工挖孔桩尚应复验孔底持力层土(岩)性,嵌岩桩必须有桩端持力层的岩性报告。

沉渣厚度应在钢筋笼放入后、混凝土浇筑前测定。成孔结束后,放钢筋笼、混凝土导管都会造成土体跌落,增加沉渣厚度,因此,沉渣厚度应是二次清孔后的结果。沉渣厚度的检查目前均用重锤,有些地方用较先进的沉渣仪,这种仪器应预先做标定。人工挖孔桩一般对持力层有要求,而且到孔底察看土性是有条件的。

(3)施工结束后,应检查混凝土强度,并应做桩体质量及承载力的检验。

(4)混凝土灌注桩的质量检验标准应符合表2.24、表2.25 的规定。

表2.24 混凝土灌注桩钢筋笼质量检验标准　　　　　　　　单位:mm

项	序	检查项目	允许偏差或允许值	检查方法
主控项目	1	主筋间距	±10	用钢尺量
	2	长度	±100	用钢尺量
一般项目	1	钢筋材质检验	设计要求	抽样送检
	2	箍筋间距	±20	用钢尺量
	3	直径	±10	用钢尺量

表 2.25 混凝土灌注桩质量检验标准

项	序	检查项目	允许偏差或允许值		检查方法
			单位	数值	
主控项目	1	桩位		见表 2.26	基坑开挖前量护筒,开挖后量桩中心
	2	孔深	mm	+300	只深不浅,用重锤测,可测钻杆、套管长度,嵌岩桩应确保进入设计要求的嵌岩深度
	3	桩体质量检验	按基桩检测技术规范。如钻芯取样,大直径嵌岩桩应钻至桩尖下 50 cm		按基桩检测技术规范
	4	混凝土强度	设计要求		试件报告或钻芯取样送检
	5	承载力	按基桩检测技术规范		按基桩检测技术规范
一般项目	1	垂直度		见表 2.26	测套管或钻杆,或用超声波探测,干施工时吊垂球
	2	桩径		见表 2.26	井径仪或超声波检测,干施工时用钢尺量,人工挖孔桩不包括内衬厚度
	3	泥浆密度(黏土或砂性土中)	1.15 ~ 1.20		用比重计测,清孔后在距孔底 50 cm 处取样
	4	泥浆面标高(高于地下水位)	m	0.5 ~ 1.0	目测
	5	沉渣厚度:端承桩 摩擦桩	mm	≤50 ≤150	用沉渣仪或重锤测量
	6	混凝土坍落度	mm	160 ~ 220	坍落度仪
	7	钢筋笼安装深度	mm	±100	用钢尺量
	8	混凝土充盈系数	>1		检查每根桩的实际灌注量
	9	桩顶标高	mm	+30, -50	水准仪,需扣除桩顶浮浆层及劣质桩体

表 2.26 灌注桩的平面位置和垂直度的允许偏差

序号	成孔方法		桩径允许偏差/mm	垂直度允许偏差/%	桩位允许偏差/mm	
					1~3 根、单排桩垂直于中心线方向和群桩基础的边桩	条形桩基沿中心线方向和群桩基础的中间桩
1	泥浆护壁钻孔桩	D≤1 000 mm	±50	<1	D/6,且不大于 100	D/4,且不大于 150
		D>1 000 mm	±50		100+0.01H	150+0.01H
2	套管成孔灌注桩	D≤500 mm	−20	<1	70	150
		D>500 mm			100	150
3	干成孔灌注桩		−20	<1	70	150
4	人工挖孔桩	混凝土护壁	+50	<0.5	50	150
		钢套管护壁	+50	<1	100	200

注:1. 桩径允许偏差的负值是指个别断面。
2. 采用复打、反插法施工的桩,其桩径允许偏差不受上表限制。
3. H 为施工现场地面标高与桩顶设计标高的距离,D 为设计桩径。

(5)人工挖孔桩、嵌岩桩的质量检验应按本部分执行。

第3章　砌体工程

3.1　砌筑砂浆

【基　础】

◆ **砌筑砂浆**

砂浆是由胶结料、细集料、掺加料和水配制而成的建筑工程材料,在建筑工程中起黏结、衬垫和传递应力的作用,将砖、石、砌块等黏结成为砌体的砂浆称为砌筑砂浆。

砌筑砂浆宜用水泥砂浆或水泥混合砂浆。水泥砂浆是由水泥、细集料和水配制成的砂浆。水泥混合砂浆是由水泥、细集料、掺加料和水配制成的砂浆。

◆ **材料要求**

1. 水泥

砌筑用水泥对品种、强度等级没有限制,但使用水泥时,应注意水泥的品种性能及适用范围。宜选用普通硅酸盐水泥或矿渣硅酸盐水泥,不宜选用强度等级太高的水泥,水泥砂浆采用的水泥,其强度等级不宜大于32.5级;水泥混合砂浆采用的水泥,其强度等级不宜大于42.5级。对不同厂家、品种、强度等级的水泥应分别贮存,不得混合使用。

水泥进入施工现场应有出厂质量保证书,且品种和强度等级应符合设计要求。对进场的水泥质量应按有关规定进行复检,经试验鉴定合格后方可使用,出厂日期超过三个月的水泥(快硬硅酸盐水泥超过一个月)时,应复查试验,并按其结果使用,复检达不到质量标准不得使用,严禁使用安定性不合格的水泥。

2. 砂

砖砌体、砌块砌体及料石砌体用的砂浆宜用中砂;毛石砌体用的砂浆宜用粗砂,并应过筛,不得含有草根、石块、土块等杂物;砂应进行抽样检验并符合现行国家标准的要求。采用细砂的地区,砂的允许含泥量可经试验后确定。

3. 石灰

(1)石灰岩经煅烧分解,放出二氧化碳气体,得到的产品即为生石灰。生石灰主要技术指标应符合表3.1的规定。

第3章 砌体工程

表3.1 生石灰的主要技术指标表

项目		钙质生石灰			镁质生石灰		
		优等品	一等品	合格品	优等品	一等品	合格品
($CaO + MgO$)含量/%	≥	90	85	80	85	80	75
未消化残渣含量 (5 mm圆孔筛筛余)/%	≤	5	10	15	5	10	15
CO_2/%	≤	5	7	9	6	8	10
产浆量/(L·kg^{-1})	≥	2.8	2.3	2.0	2.8	2.3	2.0

(2)熟化后的石灰称为熟石灰,其成分以氢氧化钙为主。根据加水量的不同,石灰可被熟化成粉状的消石灰、浆状的石灰膏和液体状态的石灰乳。消石灰粉的主要技术指标,应符合表3.2的规定。

表3.2 消石灰粉的主要技术指标表

项目			钙质消石灰粉			镁质消石灰粉			白云石消石灰粉		
			优等品	一等品	合格品	优等品	一等品	合格品	优等品	一等品	合格品
($CaO + MgO$)含量/%		≥	70	65	60	65	60	55	65	60	55
游离水/%			0.4~2	0.4~2	0.4~2	0.4~2	0.4~2	0.4~2	0.4~2	0.4~2	0.4~2
体积安定性			合格	合格	—	合格	合格	—	合格	合格	—
细度	0.9 mm 筛筛余/%	≤	0	0	0.5	0	0	0.5	0	0	0.5
	0.125 mm 筛筛余/%	≤	3	10	15	3	10	15	3	10	15

(3)生石灰熟化成石灰膏时,应用孔径不大于3 mm×3 mm的网过滤,熟化时间不得少于7 d;磨细生石灰粉的熟化时间不得少于2 d。沉淀池中贮存的石灰膏,应采取防止干燥、冻结和污染的措施,严禁使用脱水硬化的石灰膏。

4. 黏土膏

采用黏土或粉质黏土制备黏土膏时,宜用搅拌机加水搅拌,通过孔径不大于3 mm×3 mm的网过筛。用比色法鉴定黏土中的有机物含量时应浅于标准色。

5. 粉煤灰

粉煤灰品质等级用3级即可。砂浆中的粉煤灰取代石灰膏率不宜超过50%;砂浆中的粉煤灰取代水泥率不宜超过40%。

6. 有机塑化剂

有机塑化剂应符合相应的有关标准和产品说明书的要求。当对其质量有怀疑时,应经试验检验合格后,才能使用。

7. 外加剂

引气剂、缓凝剂、早强剂及防冻剂应符合国家质量标准或施工合同确定的标准,并应具有法定检测机构出具的该产品砌体强度型式检验报告,还应经砂浆性能试验合格后才能使用,其掺量应通过试验确定。

8. 水

拌制砂浆用水宜采用饮用水。当采用其他来源水时,水质必须符合国家现行标准《混凝土用水标准》(JGJ 63—2006)的规定。

◆砌筑砂浆强度增长

普通硅酸盐水泥拌制的砂浆的强度增长关系如表3.3所示。

表3.3　用32.5 MPa、42.5 MPa普通硅酸盐水泥拌制的砂浆强度增长

龄期/d	不同温度下的砂浆强度百分率(以在20 ℃时养护28 d的强度为100%)/%							
	1 ℃	5 ℃	10 ℃	15 ℃	20 ℃	25 ℃	30 ℃	35 ℃
1	4	6	8	11	15	19	23	25
3	18	25	30	36	43	48	54	60
7	38	46	54	62	69	73	78	82
10	46	55	64	71	78	84	88	92
14	50	61	71	78	85	90	94	98
21	55	67	76	85	93	96	102	104
28	59	71	81	92	100	104	—	—

矿渣硅酸盐水泥拌制的砂浆强度增长关系如表3.4及表3.5所示。

表3.4　用32.5 MPa矿渣硅酸盐水泥拌制的砂浆强度增长

龄期/d	不同温度下的砂浆强度百分率(以在20 ℃时养护28 d的强度为100%)/%							
	1 ℃	5 ℃	10 ℃	15 ℃	20 ℃	25 ℃	30 ℃	35 ℃
1	3	4	5	6	8	11	15	18
3	8	10	13	19	30	40	47	52
7	19	25	33	45	59	64	69	74
10	26	34	44	57	69	75	81	88
14	32	43	54	66	79	87	93	98
21	39	48	60	74	90	96	100	102
28	44	53	65	83	100	104	—	—

表3.5　用42.5 MPa矿渣硅酸盐水泥拌制的砂浆强度增长

龄期/d	不同温度下的砂浆强度百分率(以在20 ℃时养护28 d的强度为100%)/%							
	1 ℃	5 ℃	10 ℃	15 ℃	20 ℃	25 ℃	30 ℃	35 ℃
1	3	4	6	8	11	15	19	22
3	12	18	24	31	39	45	50	56
7	28	37	45	54	61	68	73	77
10	39	47	54	63	72	77	82	86
14	46	55	62	72	82	87	91	95
21	51	61	70	82	92	96	100	104
28	55	66	75	89	100	104	—	—

【实 务】

◆ 砂浆配料要求

（1）水泥、有机塑化剂和冬期施工中掺用的氯盐等的配料准确度应控制在±2%以内；砂、水及石灰膏、电石膏、黏土膏、粉煤灰、磨细生石灰粉等的配料准确度应控制在±5%以内。

（2）砂浆所用细集料主要为天然砂，它应符合混凝土用砂的技术要求。由于砂浆层较薄，对砂子最大粒径应有限制。用于毛石砌体砂浆，砂子最大粒径应小于砂浆层厚度的1/5～1/4；用于砖砌体的砂浆，宜用中砂，其最大粒径不大于2.5 mm；光滑表面的抹灰及勾缝砂浆，宜选用细砂，其最大粒径不宜大于1.2 mm。当砂浆强度等级为M5以下的砂浆，砂的含泥量不应超过10%；强度等级不小于M5时，砂的含泥量不应超过5%。如果用煤渣做集料，应选用燃烧完全且有害杂质含量少的煤渣，以免影响砂浆质量。

（3）石灰膏、黏土膏和电石膏的用量，宜按稠度为(120±5)mm计量。现场施工当石灰膏稠度与试配时不一致时，可按表3.6换算。

表3.6 石灰膏不同稠度时的换算系数

石灰膏稠度/mm	120	110	100	90	80	70	60	50	40	30
换算系数	1.00	0.99	0.97	0.95	0.93	0.92	0.90	0.88	0.87	0.86

（4）为使砂浆具有良好的保水性，应掺入无机或有机塑化剂，不应采取增加水泥用量的方法。

（5）水泥混合砂浆中掺入有机塑化剂时，无机掺加料的用量最多可减少一半。

（6）水泥砂浆中掺入有机塑化剂时，应考虑砌体抗压强度较水泥混合砂浆砌体降低10%的不利影响。

（7）水泥黏土砂浆中，不得掺入有机塑化剂。

（8）在冬季砌筑工程中使用氯化钠、氯化钙时，应先将氯化钠、氯化钙溶解于水中后投入搅拌。

◆ 砂浆拌制及使用

（1）砌筑砂浆应采用机械搅拌，自投料完算起，搅拌时间应符合下列规定。

1）水泥砂浆和水泥混合砂浆不得少于2 min。

2）水泥粉煤灰砂浆和掺用外加剂的砂浆不得少于3 min。

3）掺用有机塑化剂的砂浆，应为3～5 min。

（2）砂浆现场拌制时，各组分材料应采用重量计量。

（3）拌制水泥砂浆，应先将砂与水泥干拌均匀，再加水拌和均匀。

（4）拌制水泥混合砂浆，应先将砂与水泥干拌均匀，再加掺加料（石灰膏、黏土膏）和水拌和均匀。

(5)拌制水泥粉煤灰砂浆,应先将水泥、粉煤灰、砂干拌均匀,再加水拌和均匀。

(6)掺用外加剂时,应先将外加剂按规定浓度溶于水中,在拌和水投入时投入外加剂溶液,外加剂不得直接投入拌制的砂浆中。

(7)砂浆拌成后和使用时,均应盛入贮灰器中。如果砂浆出现泌水现象,应在砌筑前再次拌和。

(8)砂浆应随拌随用,水泥砂浆和水泥混合砂浆应分别在 3 h 和 4 h 内使用完毕;当施工期间最高气温超过 30 ℃时,应分别在拌成后 2 h 和 3 h 内使用完毕。对掺用缓凝剂的砂浆,其使用时间可根据具体情况延长。

3.2 砖砌体工程

【基础】

◆施工准备工作

(1)施工需用材料及施工工具,如淋黏土膏、淋石灰膏、筛砂、木砖或锚固件、支过梁模板、油毛毡、钢筋砖过梁及直槎所需的拉结钢筋等材料;运灰车、运砖车、大小灰槽、水桶、百格网、水平尺、靠尺、线坠、小白线等工具应在砌筑前准备好。

(2)砖要按规定及时进场,按砖的外观、几何尺寸、强度等级进行验收,并应检查出厂合格证。在常温情况下,黏土砖应在砌筑前 1~2 d 浇水湿润,以免在砌筑时由于砖吸收砂浆中的大量水分,使砂浆流动性降低,砌筑困难,影响砂浆的黏结强度。但也要注意不能将砖浇得过湿,以水浸入砖内深度 10~15 mm 为宜,过湿或者过干都会影响施工质量和施工速度。如果由于天气酷热,砖面水分蒸发过快,操作时揉压困难,也可在脚手架上进行二次浇水。

(3)砌筑房屋墙体时,应事先准备好皮数杆。皮数杆上应划出主要部位的标高,如:窗台、防潮层、门口过梁、凹凸线脚、梁垫、挑檐、楼板位置和预埋件以及砖的行数,砖的行数应按砖的实际厚度和水平灰缝的允许厚度来确定。水平灰缝和立缝一般为 10 mm,不应大于 12 mm,也不应小于 8 mm。

(4)墙体砌筑前将基础顶面的灰砂、泥土、杂物等清扫干净后,在皮数杆上拉线检查基础顶面标高。如果基础顶面高低不平,高低差大于 5 cm 时,应用强度等级在 C10 以上的细石混凝土找平;高低差小于 5 cm 时应打片砖铺 M10 水泥砂浆找平。然后按龙门板上给定的轴线及图纸上标注的墙体尺寸,在基础顶面上用墨线弹出墙的轴线和宽度线。

(5)砌筑前,必须按施工组织设计所确定的水平和垂直运输方案,组织机械进场和做好机械的架设工作。与此同时,还要准备好脚手工具,搭设好搅拌棚,安设好搅拌机等。

【实 务】

◆砌砖的技术要求

1. 砖基础

砌筑砖基础之前,应先检查垫层施工是否符合质量要求,然后将垫层表面的垃圾及浮土清除干净。砌基础时可依皮数杆先砌几皮转角及交接处部分的砖,然后在其间拉准线砌中间部分。如果砖基础不在同一深度,则应先由底往上砌筑。在砖基础高低台阶接头处,下台面台阶要砌一定长度(一般不小于500 mm)实砌体,砌到上面后和上面的砖一起退台,如图3.1所示。基础墙的防潮层,如果设计无具体要求,宜用1:2.5的水泥砂浆加适量的防水剂铺设,其厚度宜为20 mm。抗震设防地区的建筑物,不用油毡做基础墙的水平防潮层。

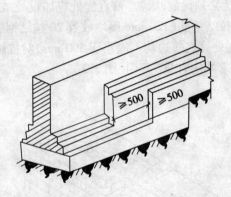

图3.1 砖基础高低接头处砌法

2. 砖墙

(1)全墙砌砖应平行砌起,砖层必须水平,除用皮数杆控制砖层正确位置外,每楼层砌完后必须校对一次水平、标高和轴线,在允许偏差范围内,其偏差值应在基础或楼板顶面调整。

(2)砖墙的水平灰缝应平直,灰缝厚度一般为10 mm,不宜大于12 mm,也不宜小于8 mm。竖向灰缝应垂直对齐,对不齐而错位,称为游丁走缝,影响墙体外观质量。为确保砖块均匀受力和使块体紧密结合,要求水平灰缝砂浆饱满,厚薄均匀。砂浆饱满度的程度以砂浆饱满度表示,砌体水平灰缝的饱满度不得小于80%(用百格网检查)。竖向灰缝应饱满,可避免透风漏雨,改善保温性能。

(3)砖墙的转角处和交接处应同时砌筑,严禁无可靠措施的内外墙分砌施工。对不能同时砌筑而又必须留置的临时间断处应砌成斜槎,斜槎水平投影长度不应小于高度的2/3,如图3.2所示。

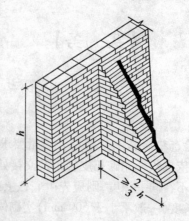

图 3.2 斜槎图

非抗震设防及抗震设防烈度为 6 度、7 度地区的临时间断处,当不能留斜槎时,除转角处外,可留直槎,但直槎必须做成凸槎。留直槎处应加设拉结钢筋,拉结钢筋的数量为每 120 mm 墙厚放置 1ϕ6 拉结钢筋(120 mm 厚墙放置 2ϕ6 拉结钢筋),间距沿墙高不应超过 500 mm;埋入长度从留槎处算起每边均不应小于 500 mm,对抗震设防烈度 6 度、7 度的地区,不应小于 1 000 mm;末端应有 90°弯钩(图 3.3)。

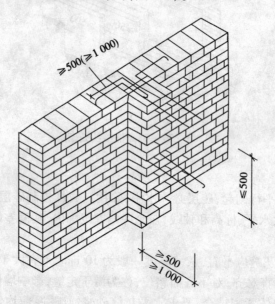

图 3.3 直槎

隔墙与墙或柱如果不同时砌筑而又不留成斜槎时,可于墙或柱中引出阳槎,或于墙或柱的灰缝中预埋拉结筋(其构造与上述相同,但每道不得少于 2 根)。抗震设防地区建筑物的隔墙,除应留阳槎外,并应设置拉结筋。

砖砌体接槎时,必须将接槎处的表面清理干净,浇水湿润,并应填实砂浆,保持灰缝平直。

(4)砖柱和宽度小于 1 m 的窗间墙,应选用整砖砌筑。半砖和破损的砖应分散使用在受力较小的砌体中和墙心。

(5)不得在下列墙体或部位设置脚手眼。

1)120 mm 厚墙、料石清水墙和独立柱。

2)过梁上与过梁成 60°角的三角形范围及过梁净跨度 1/2 的高度范围内。

3)宽度小于 1 m 的窗间墙。

4)砌体门窗洞口两侧 200 mm(石砌体为 300 mm)和转角处 450 mm(石砌体为 600 mm)的范围内。

5)梁或梁垫下及左右各 500 mm 的范围内。

6)设计不允许设置脚手眼的部位。

(6)在墙上留置临时施工洞口,其侧边离交接处墙面不应小于 500 mm,洞口净宽度不应超过 1 m。抗震设防烈度为 9 度的地区建筑物的临时施工洞口位置,应会同设计单位确定,临时施工洞口应做好补砌。

(7)240 mm 厚承重墙的每层墙的最上一皮砖,砖砌体的阶台水平面上及挑出层,应整砖丁砌;隔墙和填充墙的顶面与上部结构的接触处宜用侧砖或立砖斜砌挤紧。

(8)设有钢筋混凝土构造柱的抗震多层砖房,应先绑扎钢筋,而后砌砖墙,最后浇筑混凝土。墙与柱应沿高度方向每 500 mm 设 2ϕ6 钢筋(一砖墙),每边伸入墙内不应少于 1 m;构造柱应与圈梁连接;砖墙应砌成马牙槎,每一个马牙槎沿高度方向的尺寸不超过 300 mm 或五皮砖高,马牙槎从每层柱脚开始,应先退后进,进退相差 1/4 砖,如图 3.4 所示。该层构造柱混凝土浇完之后,方可进行上一层的施工。

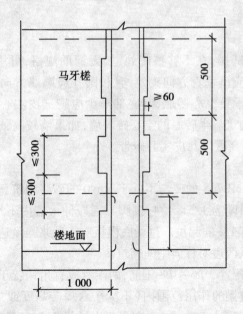

图 3.4 构造柱拉结钢筋布置及马牙槎示意图

(9)砌体相邻工作段的高度差,不得超过一个楼层的高度,也不宜大于 4 m。工作段的分段位置,宜设在伸缩缝、沉降缝、防震缝或门窗洞口处。砌体临时间断处的高度差,不得超过一步脚手架的高度。

(10)砖墙每天砌筑高度以不超过1.8 m为宜,雨天施工时,每天砌筑高度不宜超过1.2 m。

(11)尚未施工楼板或屋面的墙或柱,当可能遇到大风时,其允许自由高度不得超过表3.6的规定。如超过表中限值时,必须采用临时支撑等有效措施。

表3.6 墙、柱的允许自由高度   单位:m

墙(柱)厚/mm	砌体密度>1 600(kg·m^{-3})			砌体密度1 300~1 600(kg·m^{-3})		
	风载/(kN·m^{-2})			风载/(kN·m^{-2})		
	0.3(约7级风)	0.4(约8级风)	0.5(约9级风)	0.3(约7级风)	0.4(约8级风)	0.5(约9级风)
190	—	—	—	1.4	1.1	0.7
240	2.8	2.1	1.4	2.2	1.7	1.1
370	5.2	3.9	2.6	4.2	3.2	2.1
490	8.6	6.5	4.3	7.0	5.2	3.5
620	14.0	10.5	7.0	11.4	8.6	5.7

注:1.本表适用于施工处相对标高(H)在10 m范围内的情况。如10 m<H≤15 m,15 m<H≤20 m时,表中的允许自由高度应分别乘以系数0.9、0.8;如H>20 m时,应通过抗倾覆验算确定其允许自由高度。

2.当所砌筑的墙有横墙和其他结构与其连接,而且间距小于表列限值的2倍时,砌筑高度可不受本表规定的限制。

3.空心砖墙

空心砖墙砌筑前应试摆,在不够整砖处,如无辅助规格,可用模数相符的普通砖补砌。承重空心砖的孔洞应呈垂直方向砌筑,且长圆孔应顺墙方向;非承重空心砖的孔洞应呈水平方向砌筑。非承重空心砖墙,其底部至少应砌三皮实心砖,在门洞口两侧一砖范围内,应采用实心砖砌筑。半砖厚的空心砖隔墙,如果墙较高,应在墙的水平灰缝中加设2Φ8钢筋或每隔一定高度砌几皮实心砖带。

4.砖过梁

砖平拱应用不低于MU7.5的砖与不低于M5.0的砂浆砌筑。砌筑时,在拱脚两边的墙端砌成斜面,斜面的斜度为1/5~1/4,拱脚下面应伸入墙内不小于20 mm。在拱底处支设模板,模板中部应有1%的起拱。过梁底模板应待砂浆强度达到设计强度50%以上,方可拆除。砌筑时,应从两边对称向中间砌筑。

钢筋砖过梁其底部配置3Φ6~Φ8钢筋,两端弯成直角钩置于竖缝内,伸入墙内长度不应小于240 mm。在过梁的作用范围内(不少于六皮砖高度或过梁跨度的1/4高度范围内),应用M5.0砂浆砌筑。砌筑前,先在模板上铺设1:3水泥砂浆层,厚度为30 mm,将钢筋逐根埋入砂浆层中,均匀摆开,接着逐层平砌砖层,最下一皮应丁砌,如图3.5所示。

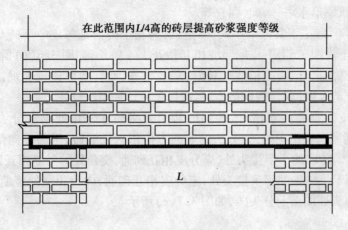

图 3.5　钢筋砖过梁

◆砖砌体的组砌形式

砖砌体的组砌要求:内外搭接,上下错缝,以保证砌体的整体性;同时组砌要有规律,少砍砖,节约材料,以提高砌筑效率。

1. 砖墙的组砌形式

(1)满顺满丁。满顺满丁砌法,是一皮中全部顺砖与一皮中全部丁砖相互间隔砌成,上下皮间的竖缝相互错开 1/4 砖长,如图 3.6(a)所示。这种砌体中没有任何通缝,而且丁砖数量较多,能增强横向拉结力且砌筑效率高,多用于一砖厚墙体的砌筑。但当砖的规格参差不齐时,砖的竖缝就难以整齐。

(2)三顺一丁。三顺一丁砌法是三皮中全部顺砖与一皮中全部丁砖间隔砌成。上下皮顺砖与丁砖间竖缝错开 1/4 砖长,上下皮顺砖间竖缝错开 1/2 砖长,如图 3.6(b)所示。这种砌筑方法由于顺砖较多,砌筑效率较高,便于高级工带低级工和充分将好砖用于外皮,该组砌法适用于砌一砖和一砖以上的墙体。

　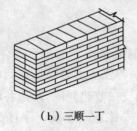　

(a)满顺满丁　　　　　　(b)三顺一丁　　　　　　(c)梅花丁

图 3.6　砖墙组砌形式

(3)顺砌法。各皮砖全部用顺砖砌筑,上下两皮间竖缝相互错开 1/2 砖长。此种方法只用于半砖隔断墙。

(4)丁砌法。各皮砖全部用丁砖砌筑,上下两皮间竖缝相互错开 1/4 砖长,这种砌法一般多用于砌筑原形水塔、烟囱、圆仓等。

(5)梅花丁。梅花丁又称十字式、砂包式,梅花丁砌法是每皮中丁砖与顺砖相隔,上皮丁砖中坐于下皮顺砖,上下皮间竖缝相互错开1/4砖长,如图3.6(c)所示。这种砌法内外竖缝每皮都能错开,因此整体性较好,灰缝整齐,而且墙面比较美观,但砌筑效率较低,宜用于砌筑清水墙,或当砖规格不一致时,采用这种砌法较好。

为了使各皮间竖缝相互错开,砖墙的转角处必须在外角处砌七分头砖(即3/4砖长)。当采用满顺满丁组砌时,七分头的顺面方向依次砌顺砖,丁面方向依次砌丁砖,如图3.7(a)所示。砖墙的十字接头处,应分皮相互砌通,交接处的竖缝相互错开1/4砖长,如图3.7(b)所示。砖墙的丁字接头处,应分皮相互砌通,内角相交处竖缝应错开1/4砖长,并在横墙端头处加砌七分头砖,如图3.7(c)所示。

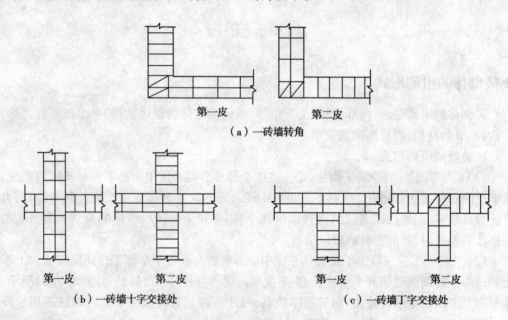

图3.7 砖墙交接处组砌(满顺满丁)

2.砖基础组砌

砖基础有带形基础和独立基础,基础下部扩大部分称为大放脚。大放脚有两种:等高式和不等高式,如图3.8所示。等高式大放脚是每两皮一收,两边各收进1/4砖长;而不等高式大放脚是一皮一收与两皮一收相间隔,两边各收进1/4砖长。大放脚一般采用满顺满丁砌法,竖缝要错开,而且要注意丁字及十字接头处砖块的搭接,在这些交接处,纵横墙要隔皮砌通。大放脚的最下一皮及每层的最上面一皮应以丁砌为主,大放脚的底宽应根据计算而定,各层大放脚的宽度应为半砖宽的整数倍。

3.砖柱组砌

砖柱组砌,应使柱面上下皮的竖缝相互错开1/4或1/2砖长,在柱心无通缝,少砍砖,并尽可能利用二分头砖(即1/4砖)。柱子每天砌筑高度不能超过2.4 m,太高了会由于砂浆受压缩后产生变形,可能使柱发生偏斜。严禁采用包心砌法,即先砌四周后填心的砌法,如图 3.9 所示。

(a) 等高式　　(b) 不等高式

图 3.8　基础大放脚形式

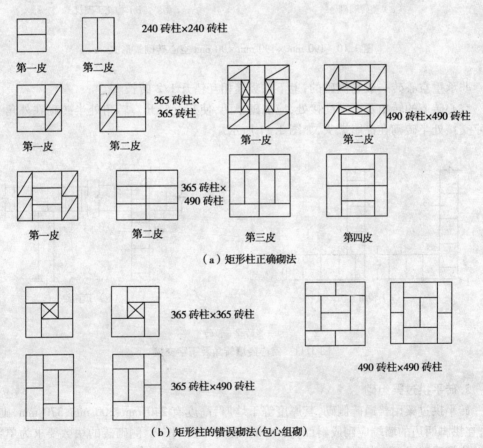

(a) 矩形柱正确砌法

(b) 矩形柱的错误砌法(包心组砌)

图 3.9　砖柱组砌

4. 空心砖墙组砌

空心砖墙规格为 190 mm × 190 mm × 90 mm 的承重空心砖(即烧结多孔砖),一般是整砖顺砌,其砖孔平行于墙面,上下皮竖缝相互错开 1/2 砖长(100 mm)。如果有半砖规格,也可采用每皮中半砖与整砖相隔的梅花丁砌筑形式,如图 3.10 所示。

规格为 240 mm×115 mm×90 mm 的承重空心砖,一般采用梅花丁或满顺满丁砌筑形式。

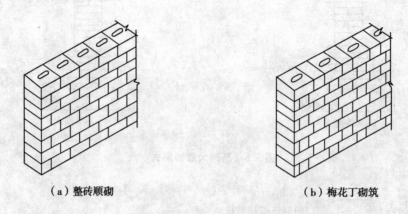

(a)整砖顺砌　　　　　　　　(b)梅花丁砌筑

图 3.10　190 mm×190 mm×90 mm 空心砖砌筑形式

非承重空心砖一般是侧砌的,上下皮竖缝相互错开 1/2 砖长。

空心砖墙的转角及丁字交接处,应加砌半砖,使灰缝错开。转角处半砖砌在外角上,丁字交接处半砖砌在横墙端头,如图 3.11 所示。

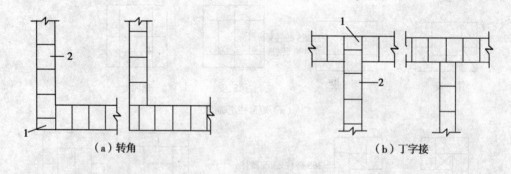

(a)转角　　　　　　　　(b)丁字接

1—半砖;2—整砖

图 3.11　空心砖墙转角及丁字交接

5.砖平拱过梁组砌

砖平拱过梁用普通砖侧砌,其厚度等于墙厚,高度有 240 mm、300 mm、370 mm,砌筑时,在拱脚两边的墙端应砌成斜面,斜面的斜度为 1/6 ~ 1/4。侧砌砖的块数要求为单数,灰缝为楔形缝,过梁顶面的灰缝宽度不应大于 15 mm,过梁底的灰缝宽度不应小于 5 mm,拱脚下面应伸入墙内 20 ~ 30 mm,如图 3.12 所示。

◆ **砖砌体的砌筑方法**

砖砌体的砌筑方法有四种:"三一"砌砖法、挤浆法、刮浆法和满口灰法。其中,最常用的是"三一"砌砖法和挤浆法。

"三一"砌砖法:即"一块砖、一铲灰、一揉压",并随手刮去挤出的砂浆。这种砌筑方法的优点是:随砌随铺,随即挤揉,黏结力好,灰缝容易饱满,同时在挤砌时随手刮去挤出墙面的砂浆,使墙面保持整洁。因此,砌筑实心砖砌体宜采用"三一"砌砖法。

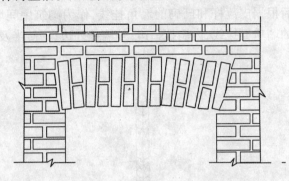

图 3.12 平拱式过梁

挤浆法:用大铲、灰勺或铺灰器在墙顶上铺一段砂浆,然后单手或双手拿砖,将砖挤入砂浆中一定厚度之后把砖放平,达到上齐线、下齐边、横平竖直的要求。这种砌筑方法的优点是:可以连续挤砌几块砖,减少重复动作,平推平挤效率高,可使灰缝饱满,保证砌筑质量。

◆ 砖砌体的施工工艺

砖砌体的施工过程有:抄平、放线、摆砖、立皮数杆和砌砖、清理等工序。

1. 抄平

砌墙前,应在基础防潮层或楼面上定出各层标高,并用细石混凝土或水泥砂浆找平,使各段砖墙底部标高符合设计要求。找平时,需使上下两层外墙之间不能出现明显的接缝。

2. 放线

根据龙门板上给定的轴线及图纸上标注的墙体尺寸,在基础顶面上用墨线弹出墙的轴线和墙的宽度线,并分出门洞口位置线。

3. 摆砖

摆砖又称摆底,是指在放线的基面上按选定的组砌方式用干砖试摆。一般在山墙方向摆丁砖,在房屋外纵墙方向摆顺砖,摆砖由一个大角摆到另一个大角,砖与砖间留10 mm缝隙。摆砖的目的是为了校对所放出的墨线在附墙垛、门窗洞口等处是否符合砖的模数,以尽可能减少砍砖,并使砌体灰缝均匀,组砌得当。

4. 立皮数杆和砌砖

皮数杆是指在其上划有每皮砖和砖缝厚度,及门窗洞口、楼板、过梁、预埋件等标高位置的一种木制标杆,如图3.13所示。它可以保证砌体的垂直度,同时还是砌筑时控制砌体竖向尺寸的标志。

皮数杆一般立于房屋的四大角、楼梯间、内外墙交接处及洞口多的地方,大约每隔10~15 m立一根。皮数杆的设立,应由两个方向斜撑或铆钉加以固定,以保证其垂直和牢固,一般每次开始砌砖前应检查一遍皮数杆的牢固程度和垂直度。

砌砖的操作方法很多,各地的习惯、使用工具也不尽相同,一般宜采用"三一砌砖法"。此法黏结力好、灰缝容易饱满,墙面整洁。砌砖时,应根据皮数杆先在墙角砌 4~5 皮砖,称为盘角,然后根据皮数杆和已砌的墙角挂线,作为砌筑中间墙体的依据,以保证墙面平整。一砖厚的墙单面挂线,内墙挂一边,外墙挂外边;一砖半及以上厚的墙都要双面挂线。

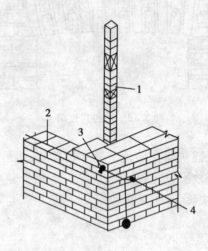

1—皮数杆;2—准线;3—竹片;4—圆铁钉
图 3.13 皮数杆示意图

5. 清理

当该层砖砌体砌筑完毕后,应进行柱面、墙面和落地灰的清理。

◆质量验收

1. 主控项目

砖砌体主控项目质量标准及检验方法应符合表 3.7 的规定。

表 3.7 砖砌体主控项目质量标准及检验方法

项目	质量标准	检验方法	检查数量
砖和砂浆强度等级	砖和砂浆的强度等级必须符合设计要求	查砖和砂浆试块试验报告	每一生产厂家的砖到现场后,按烧结砖15万块、多孔砖5万块、灰砂砖及粉煤灰砖10万块各为一验收批,抽检数量为1组。 砂浆试块:每一检验批且不超过 250 m³ 砌体的各种类型及强度等级的砌筑砂浆,每台搅拌机应至少抽检一次

续表 3.7

项目	质量标准	检验方法	检查数量
水平灰缝砂浆饱满度	砌体水平灰缝的砂浆饱满度不得小于80%	用百格网检查砖底面与砂浆的黏结痕迹面积。每处检测3块砖,取其平均值	每检验批抽查应不少于5处
斜槎留置	砖砌体的转角处和交接处应同时砌筑,严禁无可靠措施的内外墙分砌施工。对不能同时砌筑而又必须留置的临时间断处应砌成斜槎,斜槎水平投影长度应不小于高度的2/3	观察检查	每检验批抽20%接槎,且应不少于5处
直槎拉结筋及接槎处理	非抗震设防及抗震设防烈度为6度、7度地区的临时间断处,当不能留斜槎时,除转角处外,可留直槎,但直槎必须做成凸槎。留直槎处应加设拉结钢筋,拉结钢筋的数量为每120 mm墙厚放置1φ6拉结钢筋(120 mm),厚墙放置2φ6拉结钢筋,间距沿墙高不应超过500 mm;埋入长度从留槎处算起每边均应不小于500 mm,对抗震设防烈度为6度、7度的地区,应不小于1 000 mm;末端应有90°弯钩(图3.3) 合格标准:留槎正确,拉结钢筋设置数量、直径正确,竖向间距偏差不超过100 mm,留置长度基本符合规定	观察和尺量检查	每检验批抽20%接槎,且应不少于5处
砖砌体位置及垂直度允许偏差	砖砌体的位置及垂直度允许偏差应符合表3.8的规定	见表3.8	轴线查全部承重墙柱;外墙垂直度全高查阳角,应不少于4处,每层每20 m查一处;内墙按有代表性的自然间抽10%,但应不少于3间,每间应不少于2处,柱不少于5根

表 3.8 砖砌体的位置及垂直度允许偏差

项目			允许偏差/mm	检验方法
轴线位置偏移			10	用经纬仪和尺检查或用其他测量仪器检查
垂直度	每层		5	用2 m托线板检查
	全高	≤10 m	10	用经纬仪、吊线和尺检查,或用其他测量仪器检查
		>10 m	20	

2. 一般项目

砖砌体一般项目质量标准及检验方法应符合表3.9的规定。

表3.9 砖砌体一般项目质量标准及检验方法

项目	质量标准	检验方法	检查数量
组砌方法	砖砌体组砌方法应正确，上、下错缝，内外搭砌，砖柱不得采用包心砌法 合格标准：除符合本条要求外，清水墙、窗间墙无通缝；混水墙中长度大于或等于300 mm的通缝每间不超过3处，且不得位于同一面墙体上	观察检查	外墙每20 m抽查一处，每处3~5 m，且应不少于3处；内墙按有代表性的自然间抽10%，且应不少于3间
灰缝质量要求	砖砌体的灰缝应横平竖直，厚薄均匀。水平灰缝厚度宜为10 mm，但应不小于8 mm，也应不大于12 mm	用尺量10皮砖砌体高度折算	每步脚手架施工的砌体，每20 m抽查1处
砖砌体一般尺寸允许偏差	砖砌体的一般尺寸允许偏差应符合表3.10的规定	见表3.10	见表3.10

表3.10 砖砌体的一般尺寸允许偏差

项目		允许偏差/mm	检验方法	抽检数量
基础顶面和楼面标高		±15	用水平仪和尺检查	不应少于5处
表面平整度	清水墙、柱	5	用2 m靠尺和楔形塞尺检查	有代表性自然间10%，但不应少于3间，每间不应少于2处
	混水墙、柱	8		
门窗洞口高、宽（后塞口）		±5	用尺检查	检验批洞口的10%，且不应少于5处
外墙上下窗口偏移		20	以底层窗口为准，用经纬仪或吊线检查	检验批的10%，且不应少于5处
水平灰缝平直度	清水墙	7	拉10 m线和尺检查	有代表性自然间10%，但不应少于3间，每间不应少于2处
	混水墙	10		
清水墙游丁走缝		20	吊线和尺检查，以每层第一皮砖为准	有代表性自然间10%，但不应少于3间，每间不应少于2处

◆砌体冬期施工要求

1.砌体冬期施工对材料的要求

砌体冬期施工所用材料应符合下列规定。

（1）普通砖、空心砖、灰砂砖、混凝土小型空心砌块、加气混凝土砌块和石材在砌筑前，应清除表面污物、冰雪等，不得使用遭水浸和受冻后的砖或砌块。

（2）砂浆宜优先采用普通硅酸盐水泥拌制，冬期砌筑不得使用无水泥拌制的砂浆。

（3）石灰膏、黏土膏或电石膏等宜保温防冻，当遭冻结时，应经融化后方可使用。

（4）拌制砂浆所用的砂，不得含有直径大于1 cm的冻结块或冰块。

（5）拌和砂浆时，水的温度不得超过80 ℃，砂的温度不得超过40 ℃，砂浆稠度宜较常温适当增大。

（6）砂浆使用温度应符合下列规定。

1) 采用掺外加剂法时,不应低于 +5 ℃。
2) 采用氯盐砂浆法时,不应低于 +5 ℃。
3) 采用暖棚法时,不应低于 +5 ℃。
4) 采用冻结法时,当室外空气温度分别为 -10 ℃ ~0、-25 ℃ ~ -11、-25 ℃ 以下时,砂浆使用最低温度分别为 10 ℃、15 ℃、20 ℃。

2. 砌体冬期施工砌筑要求

(1) 普通砖、多孔砖和空心砖在气温高于 0 ℃ 条件下砌筑时,应浇水湿润;在气温低于、等于 0 ℃ 条件下砌筑时,可不浇水,但必须增大砂浆稠度。抗震设防烈度为 9° 的建筑物,普通砖、多孔砖和空心砖无法浇水湿润时,如无特殊措施,不得砌筑。

(2) 冬期施工的砖砌体,应按"三一"砌砖法施工,灰缝不应大于 1 cm。

(3) 冬期施工中,每日砌筑后,应及时在砌筑表面进行保护性覆盖,砌筑表面不得留有砂浆。在继续砌筑前,应扫净砌筑表面。

(4) 砂浆试块的留置,除应按常温规定要求外,尚应增留不少于 1 组与砌体同条件养护的试块,测试检验 28 d 强度。

(5) 基土无冻胀性时,基础可在冻结的地基上砌筑;基土有冻胀性时,应在未冻的地基上砌筑。在施工期间和回填土前,均应防止地基遭受冻结。

3.3 石砌体工程

【基 础】

◆ **石材的强度**

石材的强度等级包括 MU20、MU30、MU40、MU50、MU60、MU80 和 MU100,5 层及 5 层以上建筑的墙及受振动或层高大于 6 m 的墙、柱所用石材的最低强度等级为 MU30。

◆ **石材的材料要求**

石材按其加工后的外形规格程度,可分为料石和毛石。

料石分为细料石、粗料石和毛料石。

1. 细料石

通过细加工,外表规则,叠砌面凹入深度不应大于 10 mm,截面的宽度、高度不宜小于长度的 1/4,且不宜小于 200 mm。

2. 粗料石

规格尺寸同上,但叠砌面凹入深度不应大于 20 mm。

3. 毛料石

外形大致方正,一般不加工或只稍加修整,高度不应小于 200 mm,叠砌面凹入深度不应大于 25 mm。

毛石形状不规则,中部厚度不应小于 200 mm。

【实　务】

◆ 石砌体的施工要求

毛料石砌体是用平毛石、乱毛石砌成的砌体,平毛石是指形状不规则,但有两个平面大致平行的石块;乱毛石是指形状不规则的石块。

毛石砌体有毛石墙、毛石基础。

毛石墙的厚度不应小于 200 mm。

毛石基础可做成梯形或阶梯形。阶梯形毛石基础的上阶石块应至少压砌下阶石块的 1/2,相邻阶梯的毛石应相互错缝搭砌,砌法如图 3.14 所示。

图 3.14　毛石基础

毛石砌体宜分皮卧砌,各皮石块间应利用自然形状,经敲打修整使能与先砌石块基本吻合、搭砌紧密,上下错缝,内外搭砌,不得采用外面侧立石块,中间填心的砌筑方法,中间不得有铲口石(尖石倾斜向外的石块,如图 3.15a 所示),斧刃石(下尖上宽的三角形石块,如图 3.15b 所示)和过桥石(仅在两端搭砌的石块,如图 3.15c 所示)。

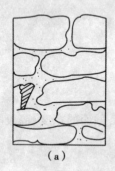　　

(a)　　　　　　　　　(b)　　　　　　　　　(c)

图 3.15　铲口石、斧刃石、过桥石

毛石砌体的灰缝厚度宜为 20～30 mm,石块间不得有相互接触现象。石块间较大的空隙应先填塞砂浆后用碎石块嵌实,不得采用干填碎石块或先摆碎石块后塞砂浆的做法。

砌筑毛石基础的第一皮应坐浆,并将大面向下。

毛石砌体的第一皮及转角处、交接处和洞口处,应用较大的平毛石砌筑。每个楼层(包括基础)砌体的最上一皮,宜选较大的毛石砌筑。

毛石砌体必须设置拉结石。拉结石应均匀分布,相互错开,一般每 $0.7 m^2$ 墙面至少设置一块,且同皮内的中距不大于 2 m。

拉结石的长度:如基础的宽度或墙厚不大于 400 mm,则拉结石的长度应与基础宽度或墙厚相等;如基础宽度或墙厚大于 400 mm,可用两块拉结石内外搭接,搭接长度不应小于 150 mm,且其中一块长度不应小于基础宽度或墙厚的 2/3。砌筑毛石挡土墙时,每砌 3~4 皮为一个分层高度,每个分层高度应找平一次;外露面的灰缝厚度不得大于 40 mm,两个分层高度间分层处的错缝不得小于 80 mm,砌法如图 3.16 所示。

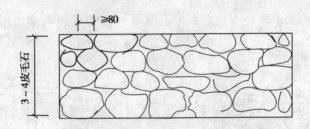

图 3.16　毛石挡土墙立面

在毛石和普通砖的组合墙中,毛石砌体与砖砌体应同时砌筑,并每隔 5~6 皮砖用 2~3 皮丁砖与毛石砌体拉结组合,砌合长度应不小于 120 mm,两种砌材间的空隙应用砂浆填满,砌法如图 3.17 所示。

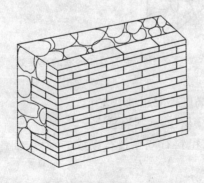

图 3.17　毛石和普通砖组合墙

毛石墙和砖墙相接的转角处及交接处应同时砌筑。

转角处应自纵墙(或横墙)每隔 4~6 皮砖高度引出不小于 120 mm 与横墙(或纵墙)相接,做法如图 3.18 所示。

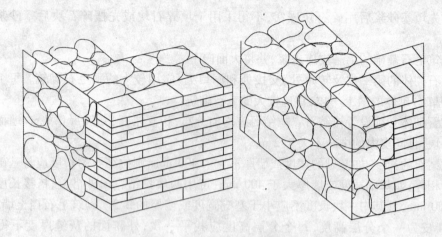

图 3.18　毛石墙和砖墙的转角处

交接处应自纵墙每隔 4~6 皮砖高度引出不小于 120 mm 与横墙相接,做法如图 3.19 所示。

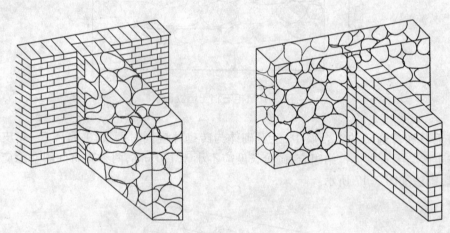

图 3.19　毛石墙和砖墙的交接处

毛石砌体每日的砌筑高度不应超过 1.2 m。

料石砌体有料石基础、料石墙和料石柱。

料石砌体是由细料石、粗料石或毛料石砌成的砌体,细料石可砌成墙和柱,粗料石、毛料石可砌成基础和墙。

料石基础可做成阶梯形,上阶料石应至少压砌下阶料石的 1/3。

料石墙的厚度不应小于 20 mm。

砌筑料石砌体时,料石应放置平稳,砂浆铺设厚度应略高于规定灰缝厚度,如果同皮内全部采用顺砌,每砌两皮后,应砌一皮丁砌层;如同皮内采用丁顺组砌,丁砌石应交错设置,其中心间距不应大于 2 m,砌筑料石基础的第一皮石块应用丁砌层坐浆砌筑。

料石挡土墙,当中间部分用毛石砌时,丁砌料石伸入毛石部分的长度不小于 200 mm。

料石砌体灰缝厚度:细料石砌体不宜大于 5 mm;毛料石和粗料石砌体不宜大于 20 mm。在料石和毛石或砖的组合墙中,料石砌体和毛石砌体或砖砌体应同时砌筑,并每隔 2~3 皮料石层用丁砌层与毛石砌体或砖砌体拉结砌合。丁砌料石的长度宜与组合墙厚度相同,砌法如图 3.20 所示。

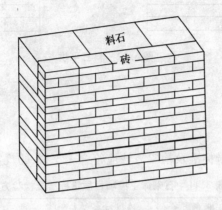

图 3.20　料石和砖组合墙

用料石做过梁,如设计无具体规定时,厚度应为 200~450 mm,净跨度不宜大于 1.2 m,两端各伸入墙内长度不应小于 250 mm,过梁宽度与墙厚相等,也可用双拼料石。过梁上续砌墙时,其正中石块不应小于过梁净跨度的 1/3,其两旁应砌不小于 2/3 过梁净跨度的料石,砌法如图 3.21 所示。

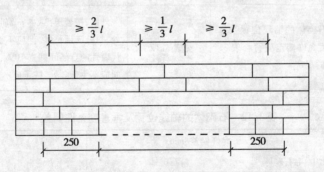

图 3.21　料石过梁

用料石做平拱,应按设计图要求加工。如设计无规定,则应加工成楔形(上宽下窄),斜度应预先设计,拱两端部的石块,在拱脚处坡度以 60° 为宜。平拱石块数应为单数,厚度与墙厚相等,高度为二皮料石高。拱脚处斜面应修整加工,使其与拱石相吻合。砌筑时,应先支设模板,并以两边对称地向中间砌筑,正中一块锁石要挤紧。所用砂浆不低于 M10,灰缝厚度宜为 5 mm。拆模时,砂浆强度必须大于设计强度的 70%,砌法如图 3.22 所示。

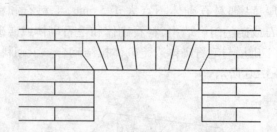

图 3.22 料石平拱

◆质量验收

1. 主控项目

石砌体主控项目质量标准及检验方法应符合表 3.11 的规定。

表 3.11 石砌体主控项目质量标准及检验方法

项目	质量标准	检验方法	检查数量
石材和砂浆强度等级	石材及砂浆强度等级必须符合设计要求	料石检查产品质量证明书,石材、砂浆检查试块试验报告	同一产地的石材至少应抽检一组 砂浆试块:每一检验批且不得超过 250 m^3 砌体的各种类型及强度等级的砌筑砂浆,每台搅拌机应至少抽检一次
砂浆饱满度	砂浆饱满度应不小于 80%	观察检查	每步架抽查应不少于 1 处
石砌体轴线位置及垂直度允许偏差	石砌体的轴线位置及垂直度允许偏差应符合表 3.12 的规定	见表 3.12	外墙,按楼层(或 4 m 高以内)每 20 m 抽查 1 处,每处 3 延长米,但应不少于 3 处;内墙,按有代表性的自然间抽查 10%,但应不少于 3 间,每间应不少于 2 处,柱子应不少于 5 根

表 3.12 石砌体的轴线位置及垂直度允许偏差

项目		允许偏差/mm						检验方法
		毛石砌体		料石砌体				
		基础	墙	毛料石		粗料石	细料石	
				基础	墙	基础	墙	墙、柱	
轴线位置		20	15	20	15	15	10	10	用经纬仪和尺检查,或用其他测量仪器检查
墙面垂直度	每层	—	20	—	20	—	10	7	用经纬仪、吊线和尺检查或用其他测量仪器检查
	全高	—	30	—	30	—	25	20	

2. 一般项目

石砌体一般项目质量标准及检验方法应符合表 3.13 的规定。

表3.13 石砌体一般项目质量标准及检验方法

项目	质量标准	检验方法	检查数量
石砌体一般尺寸允许偏差	石砌体的一般尺寸允许偏差应符合表3.14的规定	见表3.14	外墙,按楼层(或4m高以内)每20m抽查1处,每处3延长米,但应不少于3处;内墙,按有代表性的自然间抽查10%,但应不少于3间,每间应不少于2处,柱子应不少于5根
石砌体组砌	石砌体的组砌形式应符合下列规定: 1)内外搭砌,上下错缝,拉结石、丁砌石交错设置 2)毛石墙拉结石每0.7 m^2墙面应不少于1块	观察检查	外墙,按楼层(或4 m高以内)每20 m抽查1处,每处3延长米,但应不少于3处;内墙,按有代表性的自然间抽查10%,但应不少于3间

表3.14 石砌体的一般尺寸允许偏差

项目		允许偏差/mm						检验方法
		毛石砌体		料石砌体				
		基础	墙	基础	墙	基础	墙、柱	
基础和墙砌体顶面标高		±25	±15	±25	±15	±15	±10	用水准仪和尺检查
砌体厚度		+30	+20 −10	+30	+20 −10	+15	+10 −5	+10 −5	用尺检查
表面平整度	清水墙、柱	—	20	—	20	—	10	5	细料石用2 m靠尺和楔形塞尺检查,其他用两直尺垂直于灰缝拉2 m线和尺检查
	混水墙、柱	—	20	—	20	—	15	—	
清水墙水平灰缝平直度		—	—	—	—	—	10	5	拉10 m线和尺检查

◆ 砌体裂缝处理

1. 现象

施工过程中,砌体出现裂缝。

2. 措施

(1)温差裂缝。绝大多数不会影响结构的安全使用问题,一般裂缝可不做处理。当裂缝数量多、产生渗漏或影响到外观时,应做修补性处理并恢复原状。

(2)地基沉降裂缝。应区别情况处理,地基沉降差小且在短期内基本稳定,一般可不做处理,如果必须处理时只进行修补即可。当基础沉降严重且持续时间较长,将要危及结构安全时必须进行处理,一般先加固后修补处理。

(3)承载力不足的裂缝。当判定裂缝是由承载力不足造成时,应认真分析对待。

根据砌体实际强度和尺寸进行内力验算,当符合式(3.1)时应进行处理,符合式(3.2)时必须进行处理。

$$(R/r_0 S) < 0.92 \tag{3.1}$$

$$(R/r_0S) < 0.87 \tag{3.2}$$

式中：R——砌体承载力（kN）；

r_0——结构重要性系数，按规范规定取值；

S——结构内力（kN）。

必须重视受压砌体中与应力方向一致的裂缝，如柱的水平裂缝、梁或梁垫下的斜向或竖向裂缝等，这是结构出现危险的先兆。对于承载力不足的裂缝，一般先加固后修补或两者结合进行。

3. 对存在危险的裂缝必须处理

墙身或窗间墙出现的交叉裂缝、墙体失稳时的水平裂缝、柱产生的水平错位或断裂状的裂缝、缝长超过层高 1/2 且缝宽大于 20 mm 的竖向裂缝、缝长超过层高 1/3 的多条竖向裂缝也被认为是危险裂缝，应认真分析处理。

3.4 配筋砌体工程

【基　础】

◆ **网状配筋砖砌体**

网状配筋砖砌体是在砖砌体的水平缝中配置钢筋网，包括网状配筋柱、网状配筋墙等，如图 3.23 所示。

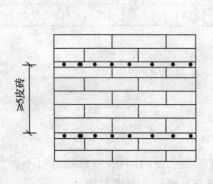
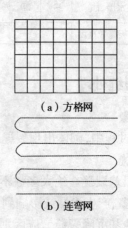

图 3.23　网状配筋砖砌体

钢筋网片有方格网和连弯网两种形式。方格网是将纵、横方向的钢筋点焊成钢筋网，网格为方形，钢筋的直径宜采用 3～4 mm；连弯网是将钢筋连弯成格栅形，分有横向连弯网和纵向连弯网，钢筋直径不应大于 8 mm。

钢筋网中钢筋的间距不应小于 30 mm，并不应大于 120 mm。

钢筋网的竖向间距，不应大于 4 皮砖，并不应大于 400 mm。连弯网的钢筋方向应相互垂直,沿砖柱高度交错设置,钢筋网的竖向间距取同一方向网的间距。

网状配筋砖砌体所用砂浆强度等级不应低于 M7.5。

网状配筋砖砌体的水平灰缝厚度应保证钢筋上下至少各有厚度为 2 mm 的砂浆层,竖向灰缝的宽度宜为 10 mm。

◆组合配筋砖砌体

砖砌体和钢筋混凝土或钢筋砂浆面层组合砌体是在砖砌体外侧设置钢筋混凝土面层或砂浆面层,包括组合砖柱、组合砖垛、组合砖墙等,如图 3.24 所示。

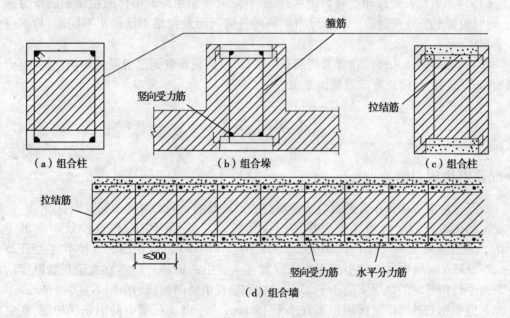

图 3.24 组合配筋砖砌体

(1)面层混凝土强度等级宜采用 C20。面层水泥砂浆强度等级不宜低于 M10,砌筑砂浆的强度等级不宜低于 M7.5。

(2)竖向受力钢筋的混凝土保护层厚度,不应小于表 3.15 的规定,竖向受力钢筋距砖砌体表面的距离不应小于 5 mm。

表 3.15 混凝土保护层最小厚度　　　　　　　　　　　单位:mm

环境条件 构造类别	室内正常环境	露天或室内潮湿环境
墙	15	25
柱	25	35

注:当面层为水泥砂浆时,对于柱,保护层厚度可减小 5 mm。

(3)砂浆面层的厚度,可采用 30~45 mm。当面层厚度大于 45 mm 时,其面层宜采用混凝土。

(4)竖向受力钢筋宜采用 HRB335 级钢筋,对于混凝土面层,亦可采用 HRB335 级钢筋。受压钢筋一侧的配筋率,对砂浆面层,不宜小于 0.1%,对混凝土面层,不宜小于 0.2%。受拉钢筋的配筋率,不应小于 0.1%。竖向受力钢筋的直径不应小于 8 mm,钢筋的净间距不应小于 30 mm。

(5)箍筋的直径不宜小于 4 mm 及 0.2 倍的受压钢筋直径,并不宜大于 6 mm。箍筋的间距不应大于 20 倍受压钢筋的直径及 500 mm,并不应小于 120 mm。

(6)当组合砖砌体构件一侧的竖向受力钢筋多于 4 根时,应设置附加箍筋或拉结钢筋。

(7)对于截面长短边相差较大的构件如墙体等,应采用穿通墙体的拉结钢筋作为箍筋,同时设置水平分布钢筋。水平分布钢筋的竖向间距及拉结钢筋的水平间距,均不应大于 500 mm。

(8)组合砖砌体构件的顶部及底部及牛腿部位,必须设置钢筋混凝土垫块,竖向受力钢筋伸入垫块的长度必须满足锚固要求。

【实 务】

◆配筋砌块剪力墙

配筋砌块剪力墙是在普通混凝土小型空心砌块墙的孔洞或灰缝中配置钢筋。

配筋砌块剪力墙所用小型砌块的强度等级不应低于 MU10;砌筑砂浆不应低于 Mb7.5;灌孔混凝土不应低于 Cb20;墙的厚度不应小于 190 mm;钢筋的直径不宜大于 25 mm,当设置在灰缝中时不应小于 4 mm;设置在灰缝中的钢筋直径不宜大于灰缝厚度的 1/2;两平行钢筋间的净距不应小于 25 mm;柱和壁柱中竖向钢筋的净距不宜小于 40 mm。

灰缝中钢筋外露砂浆保护层不宜小于 15 mm;位于砌块孔槽中的钢筋保护层,在室内正常环境不宜小于 20 mm;在室外或潮湿环境不宜小于 30 mm。

配筋砌块剪力墙的构造配筋应符合下列规定:

(1)应在墙的转角、端部和孔洞的两侧配置竖向连续的钢筋,钢筋直径不宜小于 12 mm。

(2)应在洞口的底部和顶部设置不小于 210 的水平钢筋,其伸入墙内的长度不宜小于 35 d(d 为钢筋直径)和 400 mm。

(3)应在楼(屋)盖的所有纵横墙处设置现浇钢筋混凝土圈梁,圈梁的宽度和高度宜等于墙厚和块高,圈梁主筋不应少于 410,圈梁的混凝土强度等级不宜低于同层混凝土块体强度等级的 2 倍,或该层灌孔混凝土的强度等级,也不应低于 C20。

(4)剪力墙其他部位的竖向和水平钢筋的间距不应大于墙长、墙高之半,也不应大于 1 200 mm。对局部灌孔的砌体,竖向钢筋的间距不应大于 600 mm。

(5)剪力墙沿竖向和水平方向的构造钢筋配筋率均不宜小于 0.07%。

◆配筋砌块柱

配筋砌块柱是在普通混凝土小型空心砌块的孔洞配置钢筋,如图 3.25 所示。

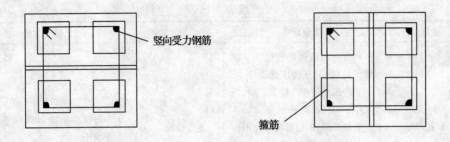

图 3.25 配筋砌块截面

柱截面边长不宜小于 400 mm,柱高度与截面短边之比不宜大于 30。

柱的纵向钢筋的直径不宜小于 12 mm,数量不应少于 4 根,全部纵向受力钢筋的配筋率不宜小于 0.2%。

柱中箍筋的设置应根据下列情况确定:

(1)当纵向钢筋的配筋率大于 0.25%,且柱承受的轴向力大于受压承载力设计值的 25% 时,柱中设箍筋;当配筋率不大于 0.25%,或柱承受的轴向力小于受压承载力设计值的 25% 时,柱中可不设置箍筋。

(2)箍筋直径不宜小于 6 mm。

(3)箍筋的间距不应大于 16 倍的纵向钢筋直径、48 倍箍筋直径及柱截面短边尺寸中较小者。

(4)箍筋应封闭,端部应弯钩。

(5)箍筋应设置在灰缝或灌孔混凝土中。

◆ **质量验收**

1. 主控项目

配筋砌体主控项目质量标准及检验方法应符合表 3.16 的规定。

表 3.16 配筋砌体主控项目质量标准及检验方法

项目	质量标准	检验方法	检查数量
钢筋品种、规格和数量	钢筋的品种、规格和数量应符合设计要求	检查钢筋的合格证书、钢筋性能试验报告、隐蔽工程记录	全数检查
混凝土、砂浆强度	构造柱、芯柱、组合砌体构件、配筋砌体剪力墙构件的混凝土或砂浆的强度等级应符合设计要求	检查混凝土或砂浆试块试验报告	各类构件每一检验批砌体至少应做一组试块

续表 3.16

项目	质量标准	检验方法	检查数量
马牙槎拉结筋	构造柱与墙体的连接处应砌成马牙槎,马牙槎应先退后进,预留的拉结钢筋应位置正确,施工中不得任意弯折 合格标准:钢筋竖向移位不应超过 100 mm,每一马牙槎沿高度方向尺寸不应超过 300 mm。钢筋竖向位移和马牙槎尺寸偏差每一构造柱不应超过 2 处	观察检查	每检验批抽 20% 构造柱,且不少于 3 处
构造柱位置及垂直度允许偏差	构造柱位置及垂直度的允许偏差应符合表 3.17 的规定	见表 3.17	每检验批抽 10%,且不少于 5 处
芯柱	对配筋混凝土小型空心砌块砌体,芯柱混凝土应在装配式楼盖处贯通,不得削弱芯柱截面尺寸	观察检查	每检验批抽 10%,且应不少于 5 处

表 3.17 构造柱尺寸允许偏差

项目		允许偏差/mm	抽检方法
柱中心线位置		10	用经纬仪和尺检查或用其他测量仪器检查
柱层间错位		8	用经纬仪和尺检查或用其他测量仪器检查
柱垂直度	每层	10	用 2 m 托线板检查
	全高 ≤10 m	15	用经纬仪、吊线和尺检查,或用其他测量仪器检查
	全高 >10 m	20	

2. 一般项目

配筋砌体一般项目质量标准及检验方法应符合表 3.18 的规定。

表 3.18 配筋砌体一般项目质量标准及检验方法

项目	质量标准	检验方法	检查数量
水平灰缝钢筋	设置在砌体水平灰缝内的钢筋,应居中置于灰缝中。水平灰缝厚度应大于钢筋直径 4 mm 以上。砌体外露面砂浆保护层的厚度应不小于 15 mm	观察检查,辅以钢尺检测	每检验批抽检 3 个构件,每个构件检查 3 处
钢筋防腐	设置在潮湿环境或有化学侵蚀性介质的环境中的砌体灰缝内的钢筋应采取防腐措施 合格标准:防腐涂料无漏刷(喷浸),无起皮脱落现象	观察检查	每检验批抽检 10% 的钢筋

续表3.18

项目	质量标准	检验方法	检查数量
网状配筋及放置间距	网状配筋砌体中,钢筋网及放置间距应符合设计规定 合格标准:钢筋网沿砌体高度位置超过设计规定一皮砖厚不得多于1处	钢筋规格检查钢筋网成品,钢筋网放置间距局部剔缝观察,或用探针刺入灰缝内检查,或用钢筋位置测定仪测定	每检验批抽检10%,且应不少于5处
组合砌体拉结筋	组合砖砌体构件,竖向受力钢筋保护层应符合设计要求,距砖砌体表面距离应不小于5 mm;拉结筋两端应设弯钩,拉结筋及箍筋的位置应正确 合格标准:钢筋保护层符合设计要求;拉结筋位置及弯钩设置80%及以上符合要求,箍筋间距超过规定者,每件不得多于2处,且每处不得超过一皮砖	支模前观察与尺量检查	每检验批抽检10%,且应不少于5处
砌块砌体钢筋搭接	配筋砌块砌体剪力墙中,采用搭接接头的受力钢筋搭接长度应不小于35 d,且应不少于300 mm	尺量检查	每检验批每类构件抽20%(墙、柱、连梁),且应不少于3件

◆配筋砌体冬期施工

(1)进行配筋砌体冬期施工前,应认真审核图纸,制订相应的施工方案,并经审批合格后才能施工。

(2)要特别注意气温和天气情况的变化,及时做好测温记录。与当地气象部门取得联系,做好近期气温及天气变化的预测工作,根据气温变化采取相应措施,以保证配筋砌体冬期施工的工程质量。

(3)要经常检查砂、水的温度,每小时不少于一次。温度计停留在水内的时间不应小于1 min,停留在砂内的时间不应小于3 min。

(4)砂浆的运输和储存设备应做好相应的保温措施,以减少砂浆在运输和使用过程中的热损失。

(5)冬期施工配筋砌体所使用的模板宜为木模板、竹胶板、多层胶合板等板材,并不得用水刷洗模板。

(6)模板支设完成后应在模板外侧用保温材料进行覆盖作保温处理。浇筑混凝土前,应清除模板内杂物,用蒸汽对砌体表面进行预热处理并使砌体表面保持湿润,然后立即进行混凝土的浇筑施工。浇筑及检验、养护应按混凝土结构冬期施工的有关规定执行。

(7)冬期进行配筋砌体钢筋焊接工作,应尽量安排在室内进行,如果必须在室外进行焊接,其环境温度不宜低于-20 ℃。

(8)钢筋在进行负温电弧焊时,必须防止产生过热、烧伤、裂纹和咬肉等缺陷,在构造上应防止在接头处产生偏心受力状态。为防止接头热影响区的温度梯度突然增大,进行搭接电弧焊或帮条电弧焊时,纵向焊缝应先从中间引弧再向两端运弧;竖向电焊时,应先从中间向上运弧,再从下向中间运弧。

(9)在负温条件下进行电渣压力焊时,接头焊盒拆除时间宜比常温延长 2 min 左右。

3.5　混凝土小型砌体工程

【基　础】

◆普通混凝土小型空心砌块

普通混凝土小型空心砌块是用水泥、砂、碎石或卵石、水等经搅拌、预制而成。

普通混凝土小型空心砌块主要规格尺寸为 390 mm×190 mm×190 mm,副规格尺寸有 190 mm×190 mm×190 mm、290 mm×190 mm×190 mm 等,最小外壁厚应不小于 30 mm,最小肋厚应不小于 25 mm,空心率应不小于 25%,其形状如图 3.26 所示。

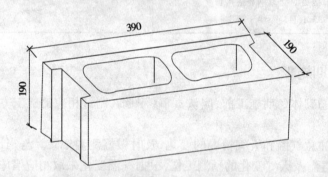

图 3.26　普通混凝土小型空心砌块

普通混凝土小型空心砌块按照尺寸和外观质量分为优等品、一等品及合格品。

普通混凝土小型空心砌块按其强度等级分为 MU3.5、MU5.0、MU7.5、MU10.0、MU15.0、MU20.0。

普通混凝土小型砌块尺寸允许偏差应符合表 3.19 的要求。

表 3.19　普通混凝土小型砌块尺寸允许偏差　　　　　　　　　　　单位:mm

项目名称	优等品/A	一等品/B	合格品/C
长度	±2	±3	±3
宽度	±2	±3	±3
高度	±2	±3	+3 -4

外观质量应符合表 3.20 的规定。

表 3.20 外观质量

项目名称		优等品/A	一等品/B	合格品/C
弯曲/mm, ≤		2	2	3
掉角缺棱	个数/个, ≤	0	2	2
	三个方向投影尺寸最小值/mm, ≤	0	20	30
裂纹延伸的投影尺寸累计/mm, ≤		0	20	30

强度等级应符合表 3.21 的规定。

表 3.21 强度等级

强度等级	砌块抗压强度/MPa	
	平均值不小于	单块最小值不小于
MU3.5	3.5	2.8
MU5.0	5.0	4.0
MU7.5	7.5	6.0
MU10.0	10.0	8.0
MU15.0	15.0	12.0
MU20.0	20.0	16.0

◆轻集料混凝土小型空心砌块

轻集料混凝土小型空心砌块按其孔的排数分为:实心(0)、单排孔(1)、双排孔(2)、三排孔(3)和四排孔(4)五类。

轻集料混凝土小型空心砌块按其密度等级分为:500、600、700、800、900、1 000、1 200、1 400 八个等级;按其强度等级分为 1.5、2.5、3.5、5.0、7.5、10.0 六个等级。

轻集料混凝土小型空心砌块按尺寸允许偏差、外观质量分为一等品和合格品。

规格尺寸允许偏差应符合表 3.22 的要求,外观质量应符合表 3.23 的要求。

表 3.22 规格尺寸允许偏差   单位:mm

项目名称	一等品	合格品
长度	±2	±3
宽度	±2	±3
高度	±2	±3

注:1. 承重砌块最小外壁厚不应小于 30 mm,肋厚不应小于 25 mm。
2. 保温砌块最小外壁厚和肋厚不宜小于 20 mm。

表 3.23 外观质量

项目名称	一等品	合格品
缺棱掉角/个，≤	0	2
3 个方向投影的最小尺寸/mm，≤	0	30
裂缝延伸投影的累计尺寸/mm，≤	0	30

密度等级应符合表 3.24 的要求，其规定值允许最大偏差为 100 kg/m³。

表 3.24 密度等级   单位：kg/m³

密度等级	砌块干燥表观密度的范围
500	≤500
600	510~600
700	610~700
800	710~800
900	810~900
1000	910~1 000
1200	1 010~1 200
1400	1 210~1 400

强度等级符合表 3.25 要求者为优等品或一等品；密度等级范围不满足要求者为合格品。

表 3.25 强度等级   单位：MPa

强度等级	砌块抗压强度		密度等级范围
	平均值	最小值	
1.5	≥1.5	1.2	≤600
2.5	≥2.5	2.0	≤800
3.5	≥3.5	2.8	≤1 200
5.0	≥5.0	4.0	
7.5	≥7.5	6.0	≤1 400
10.0	≥10.0	8.0	

【实　务】

◆施工准备

运到现场的小砌块，应分规格、等级堆放，堆垛上应设标记，堆放现场必须平整，并做好排水。小砌块的堆放高度不宜超过 1.6 m，堆垛之间应保持适当的通道。

砌筑基础前，应校核放线尺寸，允许偏差应符合表 3.26 的规定。

表 3.26 核放线尺寸的允许偏差

长度 L,宽度 B/m	允许偏差/mm
L(或B)≤30	±5
30 < L(或B) ≤ 60	±10
60 < L(或B) ≤ 90	±15
L(或B) > 90	±20

砌筑基础前,应对基坑(或基槽)进行检查,符合要求后方可开始砌筑基础。

普通混凝土小砌块不宜浇水;当天气干燥炎热时,可在小砌块上稍加喷水润湿;轻集料混凝土小砌块可洒水,但不宜过多。

◆ 混凝土小砌块砌筑

(1)龄期不足 28 d 及潮湿的小砌块不得进行砌筑。应在房屋四角或楼梯间转角处设立皮数杆,皮数杆间距不宜超过 15 m。皮数杆上画出小砌块高度及水平灰缝的厚度及砌体中其他构件标高位置。两皮数杆之间拉准线,按照准线砌筑。

(2)应尽量采用主规格小砌块,小砌块的强度等级应符合设计要求,并应清除小砌块表面污物和芯柱用小砌块孔洞底部的毛边。

(3)小砌块应底面朝上砌筑。

(4)小砌块应对孔错缝搭砌。个别情况当无法对孔砌筑时,普通混凝土小砌块的搭接长度不应小于 90 mm;轻集料混凝土小砌块的搭接长度不应小于 120 mm。当不能保证此规定时,应在灰缝中设置拉结钢筋或钢筋网片,钢筋或网片的长度应不小于 700 mm,如图 3.27 所示。

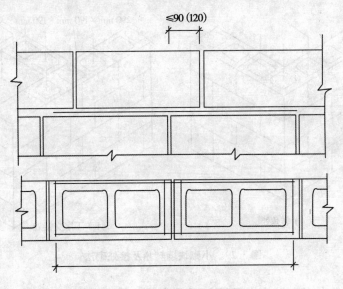

图 3.27 小砌块灰缝中拉结筋

(5)小砌块应从转角或定位处开始,内外墙同时砌筑,纵横墙交错连接。外墙转角处严禁留直槎,宜从两个方面同时砌筑。墙体临时间断处应砌成斜槎,斜槎长度不应小于高度的2/3(一般按一步脚手架高度控制);如果留斜槎有困难,除外墙转角处及抗震设防地区,墙体临时间断处不应留直槎外,可从墙面伸出200 mm砌成阴阳槎,并沿墙高每三皮砌块(600 mm),设拉结筋或钢筋网片,接槎部位宜延至门窗洞口,如图3.28所示。

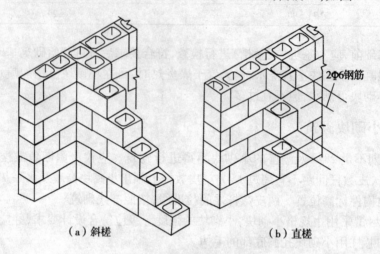

图3.28 混凝土小砌块墙接槎

(6)小砌块外墙转角处,应使小砌块隔皮交错搭砌,用水泥砂浆将小砌块端面外露处补抹平整。小砌块内外墙丁字交接处,应隔皮加砌两块290 mm × 190 mm × 190 mm的辅助规格小砌块,辅助小砌块位于外墙上,开口处对齐,如图3.29所示。

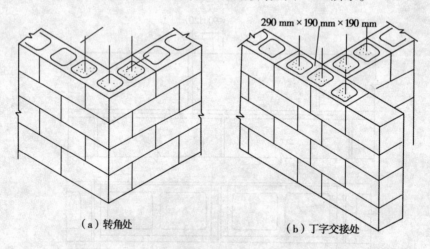

图3.29 小砌块墙转角及接处砌法

(7)小砌块砌体的灰缝应横平竖直,全部灰缝应铺填砂浆;水平灰缝的砂浆饱满度不得低于90%;竖向灰缝的砂浆饱满度不得低于80%。砌筑中不得出现瞎缝、透明缝,砌筑砂浆强度未达到设计要求的70%时,不得拆除过梁底部的模板。

(8)小砌块的水平灰缝厚度和竖向灰缝宽度应控制在 8~12 mm。砌筑时,铺灰长度不得超过 800 mm,严禁用水冲浆灌缝。

(9)当缺少辅助规格小砌块时,墙体通缝不应超过两皮砌块。

(10)承重墙体不得采用小砌块与烧结砖等其他块材混合砌筑,严禁使用断裂小砌块或壁肋中有竖向凹形裂缝的小砌块砌筑承重墙体。

(11)对设计规定的管道、洞口、沟槽和预埋件等,应在砌筑时预留或预埋,严禁在砌好的墙体上打凿。不得在小砌块墙体中预留水平沟槽。

(12)小砌块砌体内不宜设脚手眼。如果必须设置时,可用规格为 190 mm × 190 mm × 190 mm 的小砌块侧砌,利用其孔洞作脚手眼,砌体完工后用 C15 混凝土填实脚手眼,但在墙体下列部位不得设置脚手眼。

1)120 mm 厚墙、料石清水墙和独立柱。

2)过梁上与过梁成 60°角的三角形范围及过梁净跨度 1/2 的高度范围内。

3)宽度小于 1 m 的窗间墙。

4)砌体门窗洞口两侧 200 mm(石砌体为 300 mm)和转角处 450 mm(石砌体为 600 mm)的范围内。

5)梁或梁垫下及其左右各 500 mm 的范围内。

6)设计不允许设置脚手眼的部位。

(13)施工中需要在砌体中设置的临时施工洞口,其侧边离交接处的墙面不应小于 600 mm,并在洞口顶部设过梁,填砌临时施工洞口的砌筑砂浆强度等级宜提高一级。

(14)砌体相邻工作段的高度差不得超过一个楼层高度,也不宜大于 4 m。

(15)在常温条件下,普通混凝土小砌块日砌筑高度应控制在 1.8 m 以内;轻集料混凝土小砌块日砌筑高度应控制在 2.4 cm 以内。

◆芯柱施工

芯柱部位宜采用不封底的通孔小砌块。当采用半封底小砌块时,砌筑前必须打掉孔洞毛边。在楼(地)面砌筑第一皮小砌块时,在芯柱部位,应用开口砌块(或"U"型砌块)砌出操作孔,在操作孔侧面宜用预留连通孔,必须清除芯柱孔洞内的杂物及削掉孔内凸出的砂浆,并用水冲洗干净。校正钢筋位置并绑扎或焊接固定后,方可浇灌混凝土。

芯柱钢筋应与基础或基础梁中的预埋钢筋连接,上下楼层的钢筋可在楼板面上搭接,搭接长度不应小于 40 d(d 为钢筋直径)。

砌完一个楼层高度后,砌筑砂浆强度必须达到 1.0 MPa 以上方可浇灌芯柱混凝土。

应连续浇灌芯柱混凝土,每浇灌 400~500 mm 高度捣实一次或边浇灌边捣实。严禁灌满一个楼层后再捣实。浇灌芯柱混凝土前应先注入适量与芯柱混凝土相同的去石水泥砂浆,再浇灌混凝土。捣实混凝土宜采用插入式振捣器。

浇灌芯柱的混凝土,宜选用专用小砌块灌孔混凝土;当采用普通混凝土时,其坍落度不应小于 90 mm。

芯柱与圈梁应整体浇筑,如果采用槽形小砌块作圈梁模板时,其底部必须留出芯柱通过的孔洞。

楼板在芯柱部位应留缺口,保证芯柱贯通。芯柱施工中,应设专人检查混凝土灌入量,获得认可以后才能继续施工。

◆ 质量验收

1. 主控项目

混凝土小型空心砌块砌体主控项目质量标准及检验方法应符合表3.27的规定。

表3.27　混凝土小型空心砌块砌体主控项目质量标准及检验方法

项目	质量标准	检验方法	检查数量
小砌块和砂浆的强度等级	小砌块和砂浆的强度等级必须符合设计要求	查小砌块和砂浆试块试验报告	每一生产厂家,每1万块小砌块至少应抽检一组。用于多层以上建筑基础和底层的小砌块抽检数量应不少于2组。砂浆试验:每一检验批且不超过250 m³砌体的各种类型及强度等级的砌筑砂浆,每台搅拌机应至少抽检一次
砌体灰缝	砌体水平灰缝的砂浆饱满度,应按净面积计算不得低于90%;竖向灰缝饱满度不得小于80%,竖缝凹槽部位应用砌筑砂浆填实;不得出现瞎缝、透明缝	用专用百格网检测小砌块与砂浆黏结痕迹,每处检测3块小砌块,取其平均值	每检验批应不少于3处
砌筑留槎	墙体转角处和纵横墙交接处应同时砌筑。临时间断处应砌成斜槎,斜槎水平投影长度应不小于高度的2/3	观察检查	每检验批抽20%接槎,且应不少于5处
轴线与垂直度控制	砌体的轴线偏移和垂直度偏差应按表3.8的规定执行	见表3.8	轴线查全部承重墙柱;外墙垂直度全高查阳角,应不少于4处,每层每20 m查一处;内墙按有代表性的自然间抽10%,但应不少于3间,每间应不少于2处,柱不少于5根

2. 一般项目

混凝土小型空心砌块砌体一般项目质量标准及检验方法应符合表3.28的规定。

表3.28　混凝土小型空心砌块砌体一般项目质量标准及检验方法

项目	质量标准	检验方法	检查数量
墙体灰缝尺寸	墙体的水平灰缝厚度和竖向灰缝宽度宜为10 mm,但应不大于12 mm,也应不小于8 mm	用尺量5皮小砌块的高度和2 m砌体长度折算	每层楼的检测点应不少于3处
墙体一般尺寸允许偏差	小砌块墙体的一般尺寸允许偏差应按表3.10中1~5项的规定执行	见表3.10	见表3.10

3.6 加气混凝土砌块砌体工程

【基 础】

◆加气混凝土砌块的特征

加气混凝土砌块有两种类型:一种是以河砂为主要原材料的砂型砂块;另一种是以发电厂的废料——粉煤灰为主要原材料而加工的高压蒸养粉煤灰砌块。河砂资源丰富,不破坏耕地;而粉煤灰是发电厂的废料,充分利用可减少堆放占用土地,消除对环境的污染。

1. 重量轻且强度高

加气混凝土砌块本身的质量密度只有 5.5 kg/m³,砌成墙体加上灰缝,其质量密度也仅在 6 kg/m³ 左右,与普通实心黏土砖的质量密度 18 kg/m³ 相比,单位体积材料质量轻 60% 以上,对减少结构自重极其有利。作为轻型砌块,两种不同原材料生产的砌块抗压强度在 4~5 MPa 之间,一般可满足围护及承重需要。

2. 防火隔声性能好

厚度为 200 mm 的加气混凝土墙的防火性能指标,可达到建筑防火墙要求;同时,只需外围护墙体厚 300 mm、分户墙厚 200 mm,即可满足内外墙隔声的要求。

3. 保温隔热性能好

加气混凝土砌块的导热系数为 $0.17 \sim 0.20\ W/(m \cdot K)$,寒冷地区采用厚度为 300 mm 的墙体足可达到保温隔热的要求,而普通黏土砖则需厚度为 720 mm 的墙体才可达到设计要求。

4. 易加工和可施工性好

加气混凝土砌块较黏土砖,更容易加工,如可锯、刨、钉及钻眼,方便门窗固定,暖气片挂吊,明线及暗线,管道敷设及埋设、移位、改造等。

◆加气混凝土砌块的构造

加气混凝土砌块只用作墙体的砌筑,所砌墙体有单层墙和双层墙之分。单层墙是砌块侧立砌筑、墙厚等于砌块宽度;双层墙由两侧单层墙及其拉结筋组成,两侧墙之间留宽度为 75 mm 的空气层。拉结筋可采用 $\Phi 4 \sim \Phi 6$ 钢筋扒钉(或 8 号铅丝),沿墙高约 500 mm 设置一层,其水平间距为 600 mm,如图 3.30 所示。

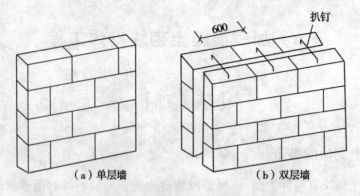

图3.30 加气混凝土砌块墙

承重加气混凝土砌块墙转角处、十字交接处、丁字交接处,均应在水平灰缝中设置拉结筋。拉结筋用3Φ6钢筋,沿墙高1 m左右各放置一道,其伸入墙内深度不少于1 m,如图3.31所示。山墙部位沿墙高1 m左右加3φ6通长钢筋。

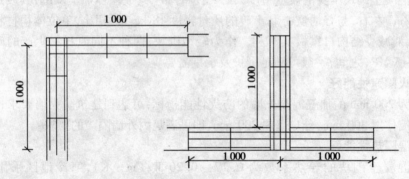

图3.31 承重砌块墙灰缝中拉结筋设置

非承重加气混凝土砌块墙的转角处以及与承重砌块墙的交接处,也应在水平灰缝中设置拉结筋,拉结筋用2Φ6钢筋,钢筋应预先埋置在结构柱内,伸入墙内深度不小于700 mm,如图3.32所示。

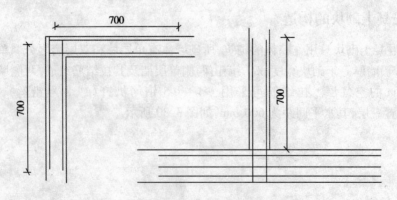

图3.32 非承重砌块墙灰缝中拉结筋设置

加气混凝土砌块墙的窗洞口下第一皮砌块下的水平灰缝内应设置拉结钢筋,拉结钢筋为3Φ6,钢筋伸过窗口侧边应不小于500 mm,如图3.33所示。

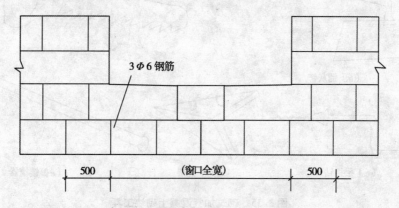

图3.33 砌块墙窗洞口下附加筋设置

加气混凝土砌块墙中洞口过梁,可采用钢筋混凝土过梁或配筋过梁。钢筋混凝土过梁高度为60 mm或120 mm,过梁两端伸入墙内深度不小于250 mm;配筋过梁依洞口宽度大小配置2Φ8或3Φ8钢筋,钢筋两端伸入墙内深度不小于500 mm,其砂浆层厚度为30 mm,如图3.34所示。

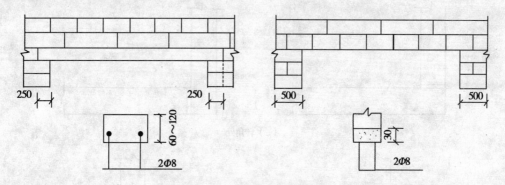

图3.34 砌块墙中洞口过梁

【实 务】

◆加气混凝土砌块的施工要求

加气混凝土砌块砌筑时,其产品龄期应超过28 d。进场后应按品种、规格分别堆放整齐,堆置高度不宜超过2 m,并应防止雨淋。砌筑时,应向砌筑面适量浇水。

加气混凝土砌块砌筑时,应采用专用工具,如铺灰铲、刀锯、手摇钻、平直架、镂槽器等,如图3.35所示。

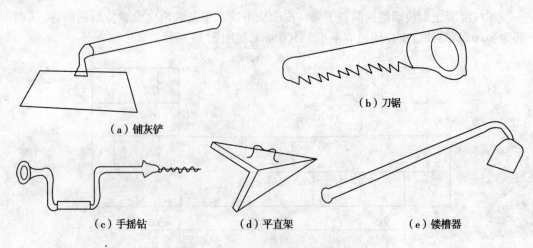

图 3.35　砌筑加气混凝土砌块工具

用加气混凝土砌块砌筑墙体时,墙底部应砌烧结普通砖或多孔砖,或普通混凝土小型空心砌块,或现浇混凝土坎台等,其高度不宜小于 200 mm。加气混凝土砌块应错缝搭砌,上下皮砌块的竖向灰缝应相互错开,相互错开长度宜为 300 mm,并不小于 150 mm。加气混凝土砌块墙的转角处、丁字交接处分皮砌法如图 3.36 所示。

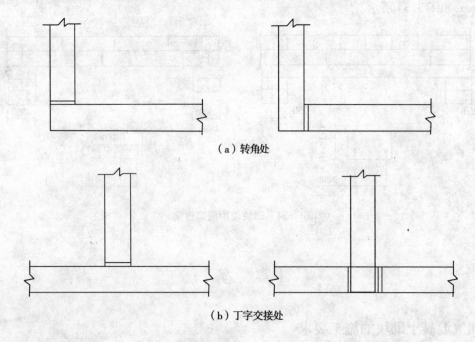

图 3.36　砌块墙转角处、丁字交接处分皮砌法

加气混凝土砌块砌体的水平灰缝厚度及竖向灰缝宽度分别宜为 15 mm 和 20 mm,灰缝砂浆饱满度不应小于 80%。

加气混凝土砌块砌体中不应与其他块材混砌,不得留脚手眼;加气混凝土砌块砌体

第3章 砌体工程

如果没有切实有效措施,不得在以下部位使用。

(1)建筑物室内地面标高以下部位。

(2)长期浸水或经常受干湿交替部位。

(3)受化学环境侵蚀(如强酸、强碱)或高浓度二氧化碳等环境。

(4)砌块表面经常处于80 ℃以上的高温环境。

◆ 质量验收

1. 主控项目

填充墙砌体主控项目质量标准及检验方法应符合表3.29 的规定。

表3.29 填充墙砌体主控项目质量标准及检验方法

项目	质量标准	检验方法	检查数量
砖、砌块和砌筑砂浆的强度等级	砖、砌块和砌筑砂浆的强度等级应符合设计要求	检查砖或砌块的产品合格证书、产品性能检测报告和砂浆试块试验报告	全数检查

2. 一般项目

填充墙砌体一般项目质量标准及检验方法应符合表3.30 的规定。

表3.30 填充墙砌体一般项目质量标准及检验方法

项目	质量标准	检验方法	检查数量
填充墙砌体一般尺寸允许偏差	填充墙砌体一般尺寸的允许偏差应符合表3.31 的规定	见表3.31	1)对表3.31 中1、2项,在检验批的标准间中随机抽查10%,但应不少于3 间;大面积房间和楼道按两个轴线或每10 延长米按一标准间计数。每间检验应不少于3 处 2)对表3.31 中3、4项,在检验批中抽检10%,且应不少于5 处
无混砌现象	蒸压加气混凝土砌块砌体和轻集料混凝土小型空心砌块砌体不应与其他块材混砌	外观检查	在检验批中抽检20%,且应不少于5 处
砂浆饱满度	填充墙砌体的砂浆饱满度及检验方法应符合表3.32 的规定	见表3.32	每步架子不少于3 处,且每处应不少于3 块
拉结钢筋网片位置	填充墙砌体留置的拉结钢筋或网片的位置应与块体皮数相符合。拉结钢筋或网片置于灰缝中,埋置长度应符合设计要求,竖向位置偏差不应超过一皮高度	观察和用尺量检查	在检验批中抽检20%,且应不少于5 处
错缝搭砌	填充墙砌筑时应错缝搭砌,蒸压加气混凝土砌块搭砌长度应不小于砌块长度的1/3;轻集料混凝土小型空心砌块搭砌长度应不小于90 mm;竖向通缝应不大于2 皮	观察和用尺检查	在检验批的标准间中抽查10%,且应不少于3 间

续表 3.30

项目	质量标准	检验方法	检查数量
填充墙灰缝	填充墙砌体的灰缝厚度和宽度应正确。空心砖、轻集料混凝土小型空心砌块的砌体灰缝应为 8~12 mm。蒸压加气混凝土砌块砌体的水平灰缝厚度及竖向灰缝宽度分别宜为 15 mm 和 20 mm	用尺量 5 皮空心砖或小砌块的高度和 2 m 砌体长度折算	在检验批的标准间中抽查 10%，且应不少于 3 间
梁底砌法	填充墙砌至接近梁、板底时，应留一定空隙，待填充墙砌筑完并应至少间隔 7 d 后，再将其补砌挤紧	观察检查	每验收批抽 10% 填充墙片（每两柱间的填充墙为一墙片），且应不少于 3 片墙

表 3.31　填充墙砌体一般尺寸允许偏差

项目		允许偏差/mm	检验方法
1	轴线位移	10	用尺检查
	垂直度　小于或等于 3 m	5	用 2 m 托线板或吊线、尺检查
	大于 3 m	10	
2	表面平整度	8	用 2 m 靠尺和楔形塞尺检查
3	门窗洞口高、宽（后塞口）	±5	用尺检查
4	外墙上、下窗口偏移	20	用经纬仪或吊线检查

表 3.32　填充墙砌体的砂浆饱满度及检验方法

砌体分类	灰缝	饱满度及要求	检验方法
空心砖砌体	水平	≥80%	采用百格网检查块材底面砂浆的黏结痕迹面积
	垂直	填满砂浆，不得有透明缝、瞎缝、假缝	
加气混凝土砌块和轻集料混凝土小砌块砌体	水平	≥80%	
	垂直	≥80%	

第4章 混凝土结构工程

4.1 模板工程

【基 础】

◆模板结构的组成及作用

模板结构一般由模板和支架两部分构成。模板的作用,是使混凝土结构或构件成型的模具,它与混凝土直接接触,使混凝土构件具有设计所要求的形状、尺寸和强度,支架部分的作用是保证模板形状和位置并承受模板和新浇筑混凝土的重量及施工荷载。

◆模板的种类

模板系统所用材料,主要有钢材、木质类材料(包括木板、胶合板)、竹材、塑料、铝合金、玻璃钢等。

定型组合钢模是常用的模板系统之一,它不仅可以在现场散拼散装,还可以预拼为大块模板或某种定型模板再进行吊运安装,因而有较强的适用性,但定型组合钢模板的施工工效不高。定型组合钢模板由模板、连接件和支承件组成,其中模板包括平面模板(代号P)、阴角模板(代号E)、阳角模板(代号Y)和连接模板(代号J),组合钢模板的规格见表4.1。

表4.1 组合钢模板规格　　　　　　　　　　　　　　　　　单位:mm

名称	宽度	长度	肋高
平面模板	300、250、200、150、100	1 500、1 200、900、750、600、450	55
阴角模板	150×150、50×50		
阳角模板	100×100、50×50		
连接角模	50×50		

在施工中木模板也是常用的,尤其是在对异形构件或局部的拼装中。但为保护木材资源,应尽可能不用或少用木模板。

近年来,竹胶合板模板和木胶合板模板得到了广泛的应用,尤其是竹胶合板模板。它有拼装速度快、接缝少、施工成本低、能多次周转使用等特点,且施工后混凝土外观质量好,受到了众多施工单位的青睐。也可以将几种材料组合起来形成模板,如钢框胶合板模板。

由于施工方法的不同，模板系统可以采取装拆式、移动式和固定式，装拆式是指先在施工现场拼装好，混凝土浇筑一定时间后再拆除；移动式是指随着混凝土的浇筑，模板系统可作水平或竖直方向的移动，直到混凝土浇筑结束，最后才拆除模板；固定式主要用于预制构件，其模板形状和尺寸一经确定就不再变化，如胎膜等。

在工程施工中应根据工程结构形式、地基土类别、荷载大小、施工设备和材料供应等条件设计模板系统。（包括选用）

◆模板体系的基本要求

(1)保证工程结构和构件各部分形状尺寸和相互位置的正确。

(2)具有足够的承载能力、刚度和稳定性，能可靠地承受新浇筑混凝土的自重和侧压力，及在施工过程中所产生的荷载。

(3)构造简单，装拆方便，并便于钢筋的绑扎、安装和混凝土的浇筑、养护等要求。

(4)模板的接缝不应漏浆。

【实　务】

◆模板工程的材料要求

1.模板系统的质量要求

(1)模板的材料宜选用钢材、胶合板、塑料等，模板支架的材料宜选用钢材等，材料的材质应符合有关的专门规定。当采用木材时，其树种可根据各地区实际情况选用，材质不宜低于Ⅲ等材。

(2)对跨度不小于 4 m 的现浇钢筋混凝土梁、板，其模板应按设计要求起拱；当设计无具体要求时，起拱高度宜为跨度的 1/1 000 ~ 3/1 000。

2.支架系统的质量要求

模板支架由桁架、三脚架、支柱、托具和模板成型卡具等组成，它们应符合下列规定：

(1)桁架。用于支承梁、板类结构的模板，通常采用角钢、圆钢和扁钢筋制成，为了适应不同跨度的使用，可以调节长度。一般以两榀为一组，其跨度可调整到 2 100 ~ 3 500 mm，荷载较大时，可采用多榀组成排放，并在下弦加设水平支撑，使其相互连接固定，增加侧向刚度。

(2)三脚架。用于悬挑结构模板的支撑，如阳台、挑檐、雨篷等，采用角钢铆接连接而成，悬臂长不应大于 1 200 mm，跨度为 600 mm 左右，每根三脚架的控制荷载应不大于 4.5 kN。

(3)支柱。有组合支柱和钢管支柱两种，组合支柱用钢筋或小规格角钢、钢板焊成，支柱高度可在 2.6 ~ 3.8 m 范围内调节，支柱之间设水平拉杆，每根支柱的受压控制荷载为 20 kN。钢管支柱采用两根直径各为 60 mm 及 50 mm 钢管（管壁厚度不小于 3.5 mm）承插组成，沿钢管孔眼插入一对销子固定。上下两钢管的承插搭接长度不小于 300 mm，下部焊有底板,柱帽为角钢或钢板。

(4)托具。用来靠墙支承楞木、桁架、斜撑等,用钢筋焊接而成,上面焊一块钢托板,托具两齿间距为三皮砖厚。在砌体强度达到支模强度时将托具垂直打入灰缝内。在梁端荷载集中部位安设托具,其数量不少于3个,承受均布荷载部位,间距不大于1 m,且沿全长不得少于3个,每个托具的控制使用荷载不得大于4 kN。

(5)模板成型卡具。用于支承梁、柱、墙等结构构件的模板,常用的有柱箍和钢管卡具。柱箍由角钢、压型角钢(L)或扁钢做成的插销、夹板和限位器组成,间距为400～800 mm,适用于柱宽小于700 mm的柱的模板。钢管卡具适用于圈梁、矩形梁等的模板,将侧模固定在底板上,也可以用作侧模上口的卡固定位。如用角钢代替钢管,则成为角钢卡具。

3. 刷隔离剂的质量要求

涂刷隔离剂(脱模剂)的目的是为了保证模板与混凝土的脱模质量及混凝土构件表面的光滑和平整度,减少模板的损耗,提高生产率,隔离剂应满足下列要求。

(1)取材容易,配制简单,价格便宜。

(2)有一定的稳定性,不变质,不易产生沉淀。

(3)隔离效果好,不易脱落,不玷污钢筋、构件,不与模板、钢筋、混凝土发生化学反应,不影响构件与抹灰的黏结。

(4)有较宽的温度适应范围,易干燥,不易被水冲洗掉。

(5)便于喷洒或涂刷,不刺激皮肤,无异味,对人体无害。

◆组合式模板的构造与安装

1. 基础模板

阶梯式基础模板的构造,如图4.1所示。所选钢模板的宽度最好与阶梯高度相同,如果基础阶梯高度不符合钢模板宽度的模数时,剩下宽度不足50 mm的部分可加镶木板。上层阶梯外侧模板较长,拼接时需用两块钢板,拼接处除用两根L形插销外,上下可加扁钢并用U形卡连接,上层阶梯内侧模板长度应与阶梯等长,与外侧模板拼接处,上下应加T形扁钢板连接。下层阶梯钢模板的长度最好与下层阶梯等长,四角用连接角模拼接。如果没有长度合适的钢模板,转角处用T形扁钢连接,剩余长度可顺序向外伸出。

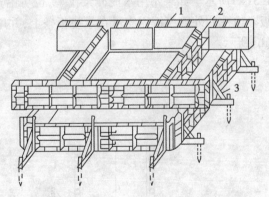

1—扁钢连接件;2—T形连接件;3—角钢三角撑

图4.1 基础模板

基础模板一般现场拼装。拼装时,先依照边线安装下层阶梯模板,用角钢三角撑或其他设备箍紧(如钢管围檩等),然后在下层阶梯钢模板上安装上层阶梯钢模板,并在上层阶梯钢模板下方垫以钢筋支架或混凝土垫块作为附加支点。

2. 柱模板

柱模板的构造如图4.2所示,由四块拼板组成,每块拼板由若干块钢模板组成,四角由连接角模连接。如果柱太高,可根据需要在柱中部设置混凝土浇筑孔。浇筑孔的盖板,可用木板或钢模板镶拼,柱的下端也可留垃圾清理口。

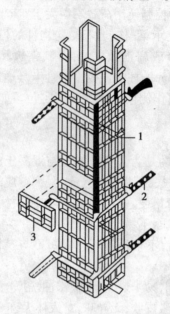

1—平面钢模板;2—柱箍;3—浇筑孔盖板
图4.2 柱模板

安装柱模板前,应沿边线先用水泥砂浆找平,并调整好柱模板安装底面的标高,如图4.3(a)所示。如果不用水泥砂浆找平,也可沿边线用木板钉一木框,在木框上安装钢模板。边柱的外侧模板需支承在承垫板条上,并用螺栓将板条固定在下层结构上,如图4.3(b)所示。

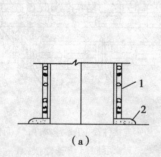
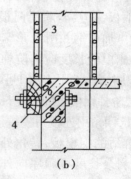

1—柱模板;2—砂浆找平层;3—边柱外侧模板;4—承垫板条
图4.3 柱模板安装

柱模板现场拼装时,先安装最下一圈,然后逐圈而上直至柱顶。同时安装混凝土浇筑孔的盖板,为便于以后取下及安装盖板,可在盖板下边及两侧的拼缝中夹一个薄铁片。钢模板拼装完经垂直度校正后,便可安装柱箍,并用水平及斜向拉杆(斜撑)保持柱模板的稳定。

场外拼装时,在场外设置一钢模板拼装平台,将柱模板按配置图预拼成4片,然后运往现场安装就位,用连接角模连接成整体,最后安装柱箍。

3. 梁模板

梁模板的两侧模板及底模板用连接角模连接,如图4.4所示。梁侧模板则用楼板模板与阴角模板相接,整个梁模板用支架或支柱支承。支架或支柱应支设在垫板上,垫板厚度为50 mm,长度至少要能连续支承三个支柱,垫板下的地基必须坚实。

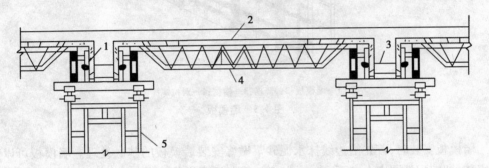

1—梁模板;2—楼板模板;3—对拉螺栓;4—伸缩式桁架;5—门式支架

图4.4 梁、楼板模板

两侧模板间应设置横撑和对拉螺栓,以抵抗浇筑混凝土时的侧压力并保持一定的梁宽。

梁模板一般在钢模板拼接平台上按配板图拼成三片,用钢楞加固后运到现场安装。安装模板前,应先立好支架或支柱,调整好支柱顶的标高,并以水平及斜向拉杆固定,再将梁底模板安装在支柱顶上,最后安装梁侧模板。

梁模板安装也可采用整体安装的办法,即在钢模板拼装平台上,用钢楞、对拉螺栓等将三片钢模板加固稳妥后,放入梁的钢筋,运往工地用起重机吊装入位。

4. 楼板模板

楼板模板由平面钢模板拼装而成,其周边用梁或墙模板与阴角模板相连接。楼板模板用支架及钢楞支承,为了减少支架用量,扩大板下施工空间,最好用伸缩式桁架支承,如图4.4所示。

先安装梁支承架、桁架或钢楞,再安装楼板模板。楼板模板可以散拼安装,即在已安装好的支架上按配板图逐块拼装,也可以整体安装。

5. 墙模板

墙模板如图4.5所示,由两片模板组成,每片模板由若干块平面模板拼成。这些平面模板可竖拼也可横拼,外面用竖(横)钢楞加固,并用斜撑保持稳定,用对拉螺栓(或称钢拉杆)以抵抗混凝土的侧压力和保持两片模板之间的间距(墙厚)。

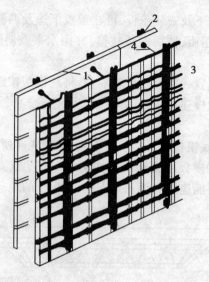

1—墙模板；2—竖楞；3—横楞；4—对拉螺栓
图 4.5 墙模板

墙模板安装时，首先沿边线抹水泥砂浆做好安装墙模板的基底处理。墙模板可以散拼安装，即按配板图由上向下，由一端向另一端，逐层拼装，也可以拼成整片安装。

墙的钢筋可以在模板安装前绑扎，也可以在安装好一边的模板后再绑扎钢筋，最后安装另一边的模板。

6.楼梯模板

楼梯模板由梯板底模板、梯板侧模板、梯级侧模板、梯级模板组成，其中梯板的底模板和侧模板用平面钢模板拼成，其上、下端与楼梯梁连接部分，可用木模板镶拼；梯级侧模板可根据梯级放样图用 8 号槽钢及薄钢板制成，用 U 形卡固定在梯板的侧模板上；梯级模板则用木楔固定，插入槽钢口内。

◆工具式模板的构造与安装

1.大模板

采用工具式大型模板，使用起重机安装就位后浇筑混凝土墙体的模板，其板面大部分为 6 mm 厚的钢板。每 450 mm 设一道规格为 100 mm×50 mm×3 mm 的槽钢楞，为增加大模板的刚度，主楞内再设小楞。根据规定，在一定的距离设 16 的孔，以便穿螺杆进行固定。在立另一面模板前，根据墙体的宽度，在模板内侧穿墙螺杆上套一个与墙厚相等，并有一定强度的塑料管以控制墙厚度符合设计要求。

大模板施工工艺简单、进度快、劳动强度低、湿作业少、机械化施工程度高、结构抗震性能好，具有较好的技术经济效果。因此，为使模板能做到周转通用，降低模板摊销费用，要求建筑结构设计标准化。

大模板工程可分为三类：外墙预制内墙现浇（简称"内浇外板"）、外墙砌砖内墙现浇（简称"内浇外砌"）和内外墙全现浇（简称"全现浇"）。

大模板主要由面板、加劲肋、支撑、桁架、竖楞、稳定机构及附件组成。

大模板包括平模、组合模、大角模、小角模及筒形模。

(1)平模。平模的优点是墙面平整度高,装拆方便,模板容易加工,装修工作量少,周转通用;缺点是加大了工作面,在断开处加设了钢筋网使纵横墙间有竖直施工缝,而且由于大型模板本身重量大,因此悬空底模板的支设所使用的材料必须具有较高的强度和刚度。

(2)组合模。组合模在横墙平模上附加一个角钢和小条钢板,能与纵墙模板组合在一起,便于同时浇筑纵横墙体的混凝土,同时也减少了施工缝,增强了抗震性能,使工序紧凑;缺点是模板装拆比平模复杂,装修量比平模要多。

(3)大角模。大角模的模板固定于竖肋,两肢可用合页灵活转动,回转半径应不小于模板的总厚度。4个上下排列的合页应在同一轴线上,横向设3道支撑均用$L90 \times 9$的角钢重叠且可以调整长度。松开花篮螺栓,角模的两肢内收,相互垂直收紧花篮,模板面与混凝土墙脱离。

(4)小角模。小角模用来连接纵横墙模板转角处,在平模端部通过合页连接并可调整。为了装拆方便,小角模可做成如图4.6的形状。

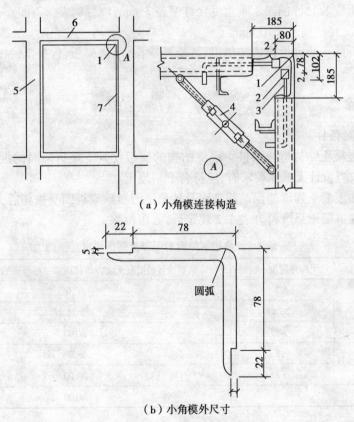

1—小角模;2—偏心压杆;3—铰链;4—花篮螺丝;5—横墙;6—纵墙;7—平模

图4.6 小角模外形

(5)筒形模。制作一个房间的混凝土模板,用一组挂轴悬挂在一个定型的钢架上,墙角用小角模封闭,构成一个筒形单元整体。

筒形模的优点是提高劳动效率,减少施工缝,冬期施工养护方便;缺点是筒形模自重大约4.6 t,需要起重能力大的机械设备,只有长、宽、高模数相同的房间才能使用,模板安装时精确度要求高。由于笨重难以就位,稍有不慎就会撞坏其他结构,尤其是角部混凝土容易不平,增加了装修工作量。

2. 大模板工程施工组织

(1)充分利用大模板,争取把完成从支模到拆模的全部工序的时间控制在24 h以内。

(2)合理安排工序的衔接,确保混凝土达到一定强度时才拆模。

(3)相邻流水段用的模板型号和数量应尽可能一致,尽可能发挥吊装设备的能力,加快施工进度。

3. 大模板施工

(1)大模板的安装。在模板上涂脱模剂,安装水电管线、绑扎钢筋件、安装门窗口、清理杂物、模板安装、调整模板。

(2)大模板安装允许偏差。垂直度允许偏差3 mm,位置偏差±2 mm,上口宽度允许偏差0 mm,标高允许偏差±10 mm。

(3)模板拆除。接到拆模通知单以后,松开螺栓、吊挂模板、保持75~80°存放,清理板面。

◆ 模板的拆除

1. 模板拆除条件

(1)现浇混凝土结构拆模条件。现浇结构的模板及其支架拆除时的混凝土强度,应符合设计要求;当设计无具体要求时,应符合下列规定。

1)侧模,在混凝土强度能保证其表面及棱角不因拆除模板而受损坏后,方可拆除。

2)底模,在混凝土强度符合表4.2规定后,方可拆除。

表4.2 底模拆除时的混凝土强度要求

构件类型	构件跨度/m	达到设计的混凝土立方体抗压强度标准值的百分率/%
板	≤2	≥50
	>2,≤8	≥75
	>8	≥100
梁、拱、壳	≤8	≥75
	>8	≥100
悬臂构件	—	≥100

3)已拆除模板及其支架的结构,在混凝土强度符合设计混凝土强度等级的要求后,方可承受全部使用荷载。施工中严禁堆放过量建筑材料,不得超载使用已拆除模板的结构。当施工荷载效应比使用荷载的效应更为不利时,必须经过核算,加设临时支撑。

4) 钢筋混凝土结构如果在混凝土未达到表4.2所规定的强度时进行拆模及承受部分荷载,应经过计算,复核结构在实际荷载作用下的强度。必要时应加设临时支撑,但需说明的是表4.2中的强度是指抗压强度标准值。强度在常温下可以按曲线图4.7推算,而在低温时应按所做的同条件养护试块的试验强度值来确定,因此冬期施工拆模时间离浇筑完毕时间较长。

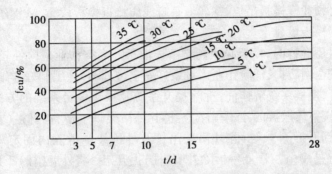

图4.7　32.5级混凝土强度与温度、龄期的关系曲线表

5) 多层框架结构当需拆除下层结构的支架和模板,而其混凝土强度尚不能承受上层支架和模板所传来的荷载时,则上层结构的模板应选用减轻荷载的结构,但必须考虑其支承部分的刚度和强度。或对下层结构另设支柱(或称再支撑)后,才能安装上层结构的模板。

(2)预制构件拆模条件。拆除时的混凝土强度,应符合设计要求;当设计无具体要求时,应符合下列规定。

1) 侧模,在混凝土强度能保证构件不变形、棱角完整时,方可拆除。

2) 芯模或预留孔洞的内模,在混凝土强度能保证构件和孔洞表面不发生坍陷和裂缝后方可拆除。

3) 承重底模时应符合表4.3的规定。

表4.3　预制构件拆模时所需的混凝土强度

预制构件的类别	按设计的混凝土强度标准值的百分率计/%	
	拆侧模板	拆底模板
普通梁、跨度在4 m及4 m以内分节脱模	25	50
普通薄腹梁、吊车梁、T形梁、厂形梁、柱、跨度在4 m以上	40	75
先张法预应力屋架、屋面板、吊车梁等	50	建立预应力后
先张法各类预应力薄板重叠浇筑	25	建立预应力后
后张法预应力块体竖立浇筑	40	75
后张法预应力块体平卧重叠浇筑	25	75

(3)滑升模板拆除条件。滑动模板装置的拆除,尽量避免在高空作业。提升系统的拆除可在操作平台上进行,只要先切断电源,外防护齐全(千斤顶拟留待与模板系统同时拆除),不会产生安全问题。

1)模板系统及千斤顶和外挑架、外吊架的拆除,宜采用按轴线分段整体拆除的方法。总的原则是先拆外墙(柱)模板(提升架、外挑架、外吊架一同整体拆下);后拆内墙(柱)模板,模板拆除程序为:将外墙(柱)提升架向建筑物内侧拉牢→外吊架挂好溜绳→松开围圈连接件→挂好起重吊绳,并稍稍绷紧→松开模板拉牢绳索→割断支承杆→模板吊起缓慢落下→牵引溜绳使模板系统整体躺倒地面→模板系统解体。

此种方法必须找好模板吊点,钢丝绳垂直线应接近模板段重心,钢丝绳绷紧时,其拉力接近并稍小于模板段总重。

2)如果条件不允许时,模板必须高空解体散拆。高空作业危险性较大,除在操作层下方设置卧式安全网防护,危险作业人员系好安全带外,必须编制好详细、可行的施工方案。一般情况下,模板系统解体前,拆除提升系统及操作平台系统的方法与分段整体拆除相同,模板系统解体散拆的施工程序为:拆除外吊架脚手板、护身栏(自外墙无门窗洞口处开始,向后倒退拆除)→拆除外吊架吊杆及外挑架→拆除内固定平台→拆除外墙(柱)模板→拆除外墙(柱)围圈→拆除外墙(柱)提升架→将外墙(柱)千斤顶从支承杆上端抽出→拆除内墙模板→拆除一个轴线段围圈,相应拆除一个轴线段提升架→千斤顶从支承杆上端抽出。

高空解体散拆模板必须掌握的原则是:在模板解体散拆的过程中,必须保证模板系统的局部稳定和总体稳定,防止模板系统局部或整体倾倒塌落。因此,制订方案、技术交底和实施过程中,务必有专责人员统一组织、指挥。

3)滑升模板拆除中的技术安全措施。高层建筑滑模设备的拆除一般应做好以下几项工作。

①根据操作平台的结构特点,制定其拆除方案和拆除顺序。

②认真核实所吊运件的重量和起重机在不同起吊半径内的起重能力。

③在施工区域,画出安全警戒区,其范围应根据建筑物高度及周围具体情况而定。禁区边缘应设置明显的安全标志,并配备警戒人员。

④建立可靠的通信指挥系统。

⑤拆除外围设备时必须系好安全带,并有专人监护。

⑥施工期间应密切注意气候变化情况,及时采取预防措施。

⑦使用氧气和乙炔设备应有安全防火措施。

⑧拆除工作一般不宜在夜间进行。

2. 模板拆除程序

(1)模板拆除一般是先支的后拆,后支的先拆,先拆除非承重部位,后拆除承重部位,并做到不损伤模板或构件。拆除重大复杂的模板,事先应制定拆模方案。

(2)肋形楼盖应先拆柱模板,再拆楼板底模、梁侧模板,最后拆梁底模板。拆除跨度较大的梁下支柱时,应先从跨中开始分别向两端拆,侧立模的拆除应按自上而下的原则进行。

(3)多层楼板支柱的拆除,应按下列要求进行。

1)楼板正在浇筑混凝土时,下一层楼板的模板支柱不得拆除。

2)再下层楼板模板的支柱,仅可拆除一部分。跨度≥4 m的梁下均应保留支柱,其间距不大于3 m。

3)再下层的楼板模板支柱,当楼板混凝土强度达到设计强度时,可以全部拆除。

(4)工具式支模的梁、板模板的拆除,事先应搭设轻便稳固的脚手架。拆模时应先拆卡具,顺口方木、侧模,再松动木楔,使支柱、桁架等平稳下降,逐段抽出底模板和底楞木,最后取下桁架、支柱、托具等。

3. 拆模过程中应注意的问题

(1)拆除时不要过急,不可用力过猛,不应对楼层形成冲击荷载。拆下来的模板和支架要及时运走、整理、堆放以便再用。

(2)在拆模过程中,如果发现实际结构混凝土强度并未达到要求,有影响结构安全的质量问题时,应暂停拆除。经过处理后,方可继续拆除。

(3)拆除跨度较大的梁下支柱时,应先从跨中开始,分别向两端拆。

(4)多层楼板模板支柱的拆除,其上层楼板正在浇灌混凝土时,下一层楼板模板的支柱不得拆除,再下一层楼板的支柱,仅可拆除一部分。

(5)拆模间歇时,应将已活动的模板、支撑、牵杆等运走或妥善堆放,防止由于扶空、踏空而坠落。

(6)模板上架设的电线和使用的电动工具,应用36 V的低压电源或采用其他有效的安全措施。

(7)模板上有预留孔洞者,应在安装后盖好洞口,混凝土板上的预留孔洞,应在模板拆除后随即盖好洞口。

(8)拆除模板一般用长撬棍。正在拆除的模板下不允许站人。在拆除模板时,为避免整块模板掉下,拆模人员要站在门窗洞口外拉支撑,以免模板突然全部掉落伤人。

(9)高空拆模时,应有专人指挥,并在下面标明工作区,暂停人员过往。

(10)定型模板要加强保护,拆除后即清理干净,堆放整齐,以便再用。

(11)已拆除模板及支架的结构,应在混凝土强度达到设计的混凝土强度标准值后,才允许承受全部使用荷载。当承受施工荷载大于计算荷载时,必须经过核算,加设临时支撑。

◆模板工程的质量验收

1. 模板工程安装

(1)主控项目。模板安装主控项目质量标准及检验方法应符合表4.4的规定。

表4.4 模板安装主控项目质量标准及检验方法

项目	质量标准	检验方法	检查数量
模板支撑、立柱位置和垫板	安装现浇结构的上层模板及其支架时,下层楼板应具有承受上层荷载的承载能力,或加设支架;上、下层支架的立柱应对准,并铺设垫板	全数检查	对照模板设计文件和施工技术方案观察
避免隔离剂油污	在涂刷模板隔离剂时,不得油污钢筋和混凝土接槎处	全数检查	观察

（2）一般项目。模板安装一般项目质量标准及检验方法应符合表4.5的规定。

表4.5 模板安装一般项目质量标准及检验方法

项目	质量标准	检验方法	检查数量
模板安装要求	模板安装应满足下列要求： 1）模板的接缝不应漏浆；在浇筑混凝土前，木模板应浇水湿润，但模板内不应有积水 2）模板与混凝土的接触面应清理干净并涂刷隔离剂，但不得采用影响结构性能或妨碍装饰工程施工的隔离剂 3）浇筑混凝土前，模板内的杂物应清理干净 4）对清水混凝土工程及装饰混凝土工程，应使用能达到设计效果的模板	全数检查	观察
用作模板的地坪、胎模质量	用作模板的地坪、胎模等应平整光洁，不得产生影响构件质量的下沉、裂缝、起砂或起鼓	全数检查	观察
模板起拱高度	对跨度不小于4 m的现浇钢筋混凝土梁、板，其模板应按设计要求起拱；当设计无具体要求时，起拱高度宜为跨度的1/1 000～3/1 000	在同一检验批内，对梁，应抽查构件数量的10%，且不少于3件；对板，应按有代表性的自然间抽查10%，且不少于3间；对大空间结构，板可按纵、横轴线划分检查面，抽查10%，且不少于3面	水准仪或拉线、钢尺检查
预埋件、预留孔和预留洞允许偏差	固定在模板上的预埋件、预留孔和预留洞均不得遗漏，且应安装牢固，其偏差应符合表4.6的规定	在同一检验批内，对梁、柱和独立基础，应抽查构件数量的10%，且不少于3件；对墙和板，应按有代表性的自然间抽查10%，且不少于3间；对大空间结构，墙可按相邻轴线间高度5 m左右划分检查面，板可按纵横轴线划分检查面，抽查10%，且不少于3面	钢尺检查
模板安装允许偏差	现浇结构模板安装的偏差应符合表4.7的规定	—	—
	预制构件模板安装的允许偏差应符合表4.8的规定	首次使用及大修后的模板应全数检查；使用中的模板应定期检查，并根据使用情况不定期抽查	—

表4.6 预埋件和预留孔洞的允许偏差

项目	允许偏差/mm
预埋钢板中心线位置	3
预埋管、预留孔中心线位置	3

续表4.6

项目		允许偏差/mm
插筋	中心线位置	5
	外露长度	+10,0
预埋螺栓	中心线位置	2
	外露长度	+10,0
预留洞	中心线位置	10
	尺寸	+10,0

注：检查中心线位置时，应沿纵、横两个方向量测，并取其中的较大值。

表4.7 现浇结构模板安装的允许偏差及检验方法

项目		允许偏差/mm	检验方法
轴线位置		5	钢尺检查
底模上表面标高		±5	水准仪或拉线、钢尺检查
截面内部尺寸	基础	±10	钢尺检查
	柱、墙、梁	+4,-5	钢尺检查
层高垂直度	不大于5 m	6	经纬仪或吊线、钢尺检查
	大于5 m	8	经纬仪或吊线、钢尺检查
相邻两板表面高低差		2	钢尺检查
表面平整度		5	2 m靠尺和塞尺检查

注：检查轴线位置时，应沿纵、横两个方向量测，并取其中的较大值。

表4.8 预制构件模板安装的允许偏差及检验方法

项目		允许偏差/mm	检验方法
长度	板、梁	±5	尺量两角边，取其中较大值
	薄腹梁、桁架	±10	
	柱	0,-10	
	墙板	0,-5	
宽度	板、墙板	0,-5	钢尺量一端及中部，取其中较大值
	梁、薄腹梁、桁架、柱	+2,-5	
高(厚)度	板	+2,-3	钢尺量一端及中部，取其中较大值
	墙板	0,-5	
	梁、薄腹梁、桁架、柱	+2,-5	
侧向弯曲	梁、板、柱	$L/1\,000$ 且 ≤15	拉线、钢尺量最大弯曲处
	墙板、薄腹梁、桁架	$L/1\,500$ 且 ≤15	
板的表面平整度		3	2 m靠尺和塞尺检查
相邻两板表面高低差		1	钢尺检查

续表4.8

项目		允许偏差/mm	检验方法
对角线差	板	7	钢尺量两个对角线
	墙板	5	
翘曲	板、墙板	L/1 500	调平尺在两端量测
设计起拱	薄腹梁、桁架、梁	±3	拉线、钢尺量跨中

注:L为构件长度/mm。

2.模板工程拆除

(1)主控项目,模板拆除主控项目质量标准及检验方法应符合表4.9的规定。

表4.9 模板拆除主控项目质量标准及检验方法

项目	质量标准	检验方法	检查数量
底模及支架拆除时要求	底模及其支架拆除时的混凝土强度应符合设计要求;当设计无具体要求时,混凝土强度应符合表4.2的规定	检查同条件养护试件强度试验报告	全数检查
后张法预应力混凝土结构构件模板拆除	对后张法预应力混凝土结构构件,侧模宜在预应力张拉前拆除;底模支架的拆除应按施工技术方案执行,当无具体要求时,不应在结构构件建立预应力前拆除	观察	全数检查
后浇带模板	后浇带模板的拆除和支顶应按施工技术方案执行	观察	全数检查

(2)一般项目,模板拆除一般项目质量标准及检验方法应符合表4.10的规定。

表4.10 模板拆除一般项目质量标准及检验方法

项目	质量标准	检验方法	检查数量
侧模拆除	侧模拆除时的混凝土强度应能保证其表面及棱角不受损伤	观察	全数检查
模板拆除时具体要求	模板拆除时,不应对楼层形成冲击荷载。拆除的模板和支架宜分散堆放并及时清运	观察	全数检查

4.2 钢筋工程

【基 础】

◆钢筋加工形式

钢筋加工的形式有冷拉、冷拔、调直、切断、除锈、弯曲成型、绑扎成型等。

◆ 冷轧钢筋

1. 冷轧扭钢筋

冷轧扭钢筋是由普通低碳钢热轧盘圆钢筋经冷轧扭工艺制成。其表面形状为连续的螺旋形，因此它与混凝土的黏结性能很强，同时具有较高的强度和足够的塑性。如用它代替 HPB235 级钢筋可节约钢材 30% 左右，可降低工程成本。冷轧扭钢筋的力学性能应符合表 4.11 的规定；其规格及截面参数见表 4.12；冷轧扭钢筋的外形尺寸见表 4.13。

表 4.11 冷轧扭钢筋的力学性能指标

强度级别	型号	抗拉强度 $\sigma_b/(\mathrm{N}\cdot\mathrm{mm}^{-2})$	伸长率 $A/\%$	180°弯曲试验(弯心直径 = 3d)
CTB550	Ⅰ	≥550	$A_{11.3}$ ≥ 4.5	受弯曲部位钢筋表面不得产生裂纹
	Ⅱ	≥550	A ≥ 10	
	Ⅲ	≥550	A ≥ 12	
CTB650	Ⅲ	≥650	A_{100} ≥ 4	

注：1. d 为冷轧扭钢筋标志直径。

2. A、$A_{11.3}$ 分别表示以标距 $5.65\sqrt{S_0}$ 或 $11.3\sqrt{S_0}$ (S_0 为试样原始截面面积)的试样拉断伸长率，A_{100} 表示标距为 100 mm 的试样拉断伸长率。

表 4.12 冷轧扭钢筋的规格及截面参数

强度级别	型号	标志直径 d/mm	公称横截面面积 A_s/mm^2	理论质量/$(\mathrm{kg}\cdot\mathrm{m}^{-2})$
CTB550	Ⅰ	6.5	29.50	0.232
		8	45.30	0.356
		10	68.30	0.536
		12	96.14	0.755
	Ⅱ	6.5	29.20	0.229
		8	42.30	0.332
		10	66.10	0.519
		12	92.74	0.728
	Ⅲ	6.5	29.86	0.234
		8	45.24	0.355
		10	70.69	0.555
CTB650	Ⅲ	6.5	28.20	0.221
		8	42.73	0.335
		10	66.76	0.524

注：Ⅰ型为矩形截面；Ⅱ型为方形截面；Ⅲ型为圆形截面。

表4.13 冷轧扭钢筋的截面控制尺寸、节距

强度级别	型号	标志直径 d/mm	截面控制尺寸/mm 不小于				节距 l_1/mm 不大于
			轧扁厚度 t_1	正方形边长 a_1	外圆直径 d_1	内圆直径 d_2	
CTB550	Ⅰ	6.5	3.7	—	—	—	75
		8	4.2	—	—	—	95
		10	5.3	—	—	—	110
		12	6.2	—	—	—	150
	Ⅱ	6.5	—	5.40	—	—	30
		8	—	6.50	—	—	40
		10	—	8.10	—	—	50
		12	—	9.60	—	—	80
	Ⅲ	6.5	—	—	6.17	5.67	40
		8	—	—	7.59	7.09	60
		10	—	—	9.49	8.89	70
CTB650	Ⅲ	6.5	—	—	6.00	5.50	30
		8	—	—	7.38	6.88	50
		10	—	—	9.22	8.67	70

冷轧扭钢筋一般用于预应力钢筋混凝土楼板和现浇钢筋混凝土楼板等。

2. 冷轧带肋钢筋

其牌号由 CRB 和钢筋的抗拉强度最小值构成。以普通低碳钢或低合金钢热轧盘条为母材,经冷轧或冷拔减径后在其表面冷轧成具有三面或二面月牙形横肋的钢筋。这类钢筋同热轧钢筋相比,具有强度高、塑性好、握裹力强等优点,因此被广泛应用于工业与民用建筑中。

(1)冷轧带肋钢筋成品公称直径范围为 4～12 mm。其外形尺寸、表面质量和质量偏差应符合表 4.14 的规定。

表4.14 三面肋和二面肋冷轧带肋钢筋的尺寸、表面质量和质量偏差

公称直径 d/mm	公称横截面积 /mm²	重量		横肋中点高		横肋1/4处高 $h_{1/4}$ /mm	横肋顶宽 b/mm	横肋间距		相对肋面积 f_r 不小于
		理论重量 /(kg·m⁻¹)	允许偏差/%	h /mm	允许偏差/mm			l /mm	允许偏差/%	
4	12.6	0.099	±4	0.30	+0.10 / −0.05	0.24	~0.2d	4.0	±15	0.036
4.5	15.9	0.125		0.32		0.26		4.0		0.039
5	19.6	0.154		0.32		0.26		4.0		0.039
5.5	23.7	0.186		0.40		0.32		5.0		0.039
6	28.3	0.222		0.40		0.32		5.0		0.039
6.5	33.2	0.261		0.46		0.37		5.0		0.045
7	38.5	0.302		0.46		0.37		5.0		0.045

续表4.14

公称直径 d /mm	公称横截面积 /mm²	重量		横肋中点高		横肋1/4处高 $h_{1/4}$ /mm	横肋顶宽 b/mm	横肋间距		相对肋面积 f_r 不小于
		理论重量 /(kg·m⁻¹)	允许偏差/%	h /mm	允许偏差/mm			l /mm	允许偏差/%	
7.5	44.2	0.347		0.55	±0.10 −0.05	0.44		6.0		0.045
8	50.3	0.395		0.55		0.44		6.0		0.045
8.5	56.7	0.445		0.55		0.44		7.0		0.045
9	63.6	0.499		0.75		0.60		7.0		0.052
9.5	70.8	0.556	±4	0.75		0.60	~0.2d	7.0	±15	0.052
10	78.5	0.617		0.75	±0.10	0.60		7.0		0.052
10.5	86.5	0.679		0.75		0.60		7.4		0.052
11	95.0	0.746		0.85		0.68		7.4		0.056
11.5	103.8	.815		0.95		0.76		8.4		0.056
12	113.1	0.888		0.95		0.76		8.4		0.056

注:1. 横肋1/4处高,横肋顶宽供孔型设计用。
2. 二面肋钢筋允许有高度不大于 $0.5h$ 的纵肋。

(2)冷轧带肋钢筋的力学性能和工艺性能应符合表4.15的规定。当进行弯曲试验时,受弯曲部位表面不得产生裂纹。反复弯曲试验的弯曲半径应符合表4.16的规定。

表4.15 力学性能和工艺性能

牌号	σ_b/MPa 不小于	伸长率/% 不小于		弯曲试验180°	反复弯曲次数	松弛率 初始应力 $\sigma_{con}=0.7\sigma_b$	
		δ_{10}	δ_{100}			1 000 h/% 不大于	10 h/% 不大于
CRB550	550	8.0	—	$D=3d$	—	—	—
CRB650	650	—	4.0	—	3	8	5
CRB800	800	—	4.0	—	3	8	5
CRB970	970	—	4.0	—	3	8	5
CRB1170	1 170	—	4.0	—	3	8	5

注:表中 D 为弯心直径,d 为钢筋公称直径。

表4.16 反复弯曲试验的弯曲半径   单位:mm

钢筋公称直径	4	5	6
弯曲半径	10	15	15

◆ **热轧钢筋**

1. 低碳钢热轧圆盘条

(1)热轧盘条是热轧型钢中截面尺寸最小的一种,大多通过卷线机卷成盘卷供应,因此称盘条或盘圆。低碳钢热轧圆盘条由屈服强度较低的碳素结构钢轧制,是目前用量最大、使用最广的线材,适用于非预应力钢筋、箍筋、构造钢筋、吊钩等,热轧圆盘条又是冷拔低碳钢丝的主要原材料,用热轧圆盘条冷拔而成的冷拔低碳钢丝可作为预应力钢丝,用于小型预应力构件(如多孔板等)或其他构造钢筋、网片等。热轧盘条的直径范围为 5.5~14.0 mm。常用的公称直径为 5.5、6.0、6.5、7.0、8.0、9.0、10.0、11.0、12.0、13.0、14.0 mm。

(2)热轧圆盘条钢筋的技术性能要求见表4.17。

表4.17 低碳钢热轧圆盘条技术性能要求

牌号	力学性能		冷弯试验180° d = 弯心直径 a = 试样直径
	抗拉强度 $R_m/(N \cdot mm^{-2})$ 不大于	断后伸长率 $A_{11.3}/\%$ 不小于	
Q195	410	30	$d=0$
Q215	435	28	$d=0$
Q235	500	23	$d=0.5\,a$
Q275	540	21	$d=1.5\,a$

2. 热轧光圆钢筋

(1)热轧光圆钢筋的公称直径范围为 6~22 mm,推荐的钢筋公称直径为 6、8、10、12、16、20(mm)。

(2)钢筋牌号及化学成分(熔炼分析)应符合表4.18的规定。

表4.18 化学成分要求

牌号	化学成分(质量分数)/% 不大于				
	C	Si	Mn	P	S
HPB235	0.22	0.30	0.65	0.045	0.050
HPB300	0.25	0.55	1.50		

(3)热轧光圆钢筋的公称横截面面积与理论质量应符合表4.19的规定。

表4.19 热轧光圆钢筋公称横截面面积与理论质量

公称直径/mm	公称横截面面积/mm²	理论重量/(kg·m⁻¹)
6(6.5)	28.27(33.18)	0.222(0.260)
8	50.27	0.395
10	78.54	0.617
12	113.1	0.888
14	153.9	1.21
16	201.1	1.58
18	254.5	2.00
20	314.2	2.47
22	380.1	2.98

注:表中理论重量按密度为 7.85 g/cm³ 计算,公称直径 6.5 mm 的产品为过渡性产品。

(4)热轧光圆钢筋力学性能应符合表4.20的规定。

表4.20 力学性能

牌号	屈服点 R_{el}/MPa	抗拉强度 R_m/MPa	断后伸长率 A/%	最大力总伸长率 A_{gt}/%	冷弯试验180° d—弯芯直径 a—钢筋公称直径
			不小于		
HPB235	235	370	25.0	10.0	$d=a$
HPB300	300	420			

3. 热轧带肋钢筋

(1)热轧带肋钢筋的公称直径、质量

1)公称直径范围及推荐直径:热轧带肋钢筋的公称直径范围6~50mm,推荐的钢筋公称直径为6、8、10、12、16、20、25、32、40、50(mm)。

2)热轧带肋钢筋的公称横截面面积与理论质量列于表4.21。

表4.21 热轧带肋钢筋的公称横截面面积与理论质量

公称直径/mm	公称横截面面积/mm²	理论重量/(kg·m⁻¹)
6	28.27	0.222
8	50.27	0.395
10	78.54	0.617
12	113.1	0.888
14	153.9	1.21
16	201.1	1.58
18	254.5	2.00
20	314.2	2.47
22	380.1	2.98
25	490.9	3.85
28	615.8	4.83
32	804.2	6.31
36	1 018	7.99
40	1 257	9.87
50	1 964	15.42

注:本表中理论重量按密度为7.85 g/cm³ 计算。

(2)热轧带肋钢筋的技术性能要求见表4.22和表4.23。

表4.22　热轧带肋钢筋的化学成分

牌号	化学成分(质量分数)/% 不大于					
	C	Si	Mn	P	S	Ceq
HRB335 HRBF335	0.25	0.80	1.60	0.045	0.045	0.52
HRB400 HRBF400	0.25	0.80	1.60	0.045	0.045	0.54
HRB500 HRBF500						0.55

表4.23　热轧带肋钢筋的力学性能

牌号	公称直径 d/mm	弯芯直径 d/mm	R_{eL}/MPa	R_m/MPa	A/%	A_{gt}/%
			不小于			
HRB335 HRBF335	6~25	3	335	455	17	7.5
	28~40	4				
	>40~50	5				
HRB400 HRBF400	6~25	4	400	540	16	
	28~40	5				
	>40~50	6				
HRB500 HRBF500	6~25	6	500	630	15	
	28~40	7				
	>40~50	8				

◆冷拔低碳钢丝

冷拔低碳钢丝是用普通低碳钢热轧圆盘条钢筋拔制而成。按强度分为甲级和乙级两种。甲级钢丝主要用于预应力筋;乙级钢丝用于焊接网片、箍筋、骨架等,其力学性能见表4.24。

表4.24　冷拔低碳钢丝的力学性能指标

级别	公称直径 d/mm	抗拉强度 R_m/MPa 不小于	断后伸长率 A_{100}/% 不小于	反复弯曲次数 /(次/180°)不小于
甲级	5.0	650	3.0	4
		600		
	4.0	700	2.5	
		650		
乙级	3.0,4.0,5.0,6.0	550	2.0	

注:甲级冷拔低碳钢丝作预应力筋用时,如经机械调直则抗拉强度标准值应降低50 MPa。

◆ 预应力混凝土用钢丝

(1)预应力混凝土用钢丝的分类见表4.25。

表4.25 预应力混凝土用钢丝分类

分类方法	名称		
加工状态	冷拉钢丝(WCD)		
	消除应力钢丝	低松弛级钢丝(WLR)	
		普通松弛级钢丝(WNR)	
外形	光圆钢丝(P)		
	螺旋肋钢丝(H)		
	刻痕钢丝(I)		

(2)光圆钢丝、螺旋肋钢丝、三面刻痕钢丝尺寸及允许偏差见表4.26~4.28。

表4.26 光圆钢丝尺寸及允许偏差、每米参考质量

公称直径 d_n/mm	直径允许偏差/mm	公称横截面面积 S_n/mm²	参考重量/(kg·m⁻¹)
3.00	±0.04	7.07	0.058
4.00		12.57	0.099
5.00	±0.05	19.63	0.154
6.00		28.27	0.222
7.00		38.48	0.302
8.00		50.26	0.394
9.00	±0.06	63.62	0.499
10.00		78.54	0.616
12.00		113.1	0.888

表4.27 螺旋肋钢丝的尺寸及允许偏差

公称直径 d_n/mm	螺旋肋数量/条	基圆尺寸		外轮廓尺寸		单肋尺寸 宽度 a/mm	螺旋肋导程 C/mm
		基圆直径 D_1/mm	允许偏差/mm	外轮廓直径 D/mm	允许偏差/mm		
4.00	4	3.85	±0.05	4.25	±0.05	0.09~1.30	24~30
4.80	4	4.60		5.10		1.30~1.70	28~36
5.00	4	4.80		5.30			
6.00	4	5.80		6.30		1.60~2.00	30~38
6.25	4	6.00		6.70			30~40
7.00	4	6.73		7.46	±0.10	1.80~2.20	35~45
8.00	4	7.75		8.45		2.00~2.40	40~50
9.00	4	8.75		9.45		2.10~2.70	42~52
10.00	4	9.75		10.45		2.50~3.00	45~58

表4.28 三面刻痕钢丝尺寸及允许偏差

公称直径 d_n/mm	刻痕深度		刻痕长度		节距	
	公称深度 a/mm	允许偏差/mm	公称长度 b/mm	允许偏差/mm	公称节距 L/mm	允许偏差/mm
≤5.00	0.12	±0.05	3.5	±0.05	5.5	±0.05
>5.00	0.15		5.0		8.0	

注：公称直径指横截面积等同于光圆钢丝横截面积时所对应的直径。

(3)冷拉钢丝、消除应力光圆及螺旋肋钢丝、消除应力刻痕钢丝的力学性能见表4.29～4.31。

表4.29 冷拉钢丝的力学性能

公称直径 d_n /mm	抗拉强度 σ_b/MPa 不小于	规定非比例伸长应力 $\sigma_{p0.2}$/MPa 不小于	最大力下总伸长率 (L_o=200 mm) δ_{gt}/% 不小于	弯曲次数 /(次/180°) 不小于	弯曲半径 R /mm	断面收缩率 Ψ/% 不小于	每210 mm扭距的扭转次数 n 不小于	初始应力相当于70%公称抗拉强度时，1 000 h后应力松弛率 r/% 不大于
3.00	1 470	1 100		4	7.5		—	
4.00	1 570	1 180		4	10	35	8	
5.00	1 670	1 250	1.5	4	15		8	8
	1 770	1 330						
6.00	1 470	1 100		5	15		7	
7.00	1 570	1 180		5	20	30	6	
	1 670	1 250						
8.00	1 770	1 330		5	20		5	

表4.30 消除应力光圆及螺旋肋钢丝的力学性能

公称直径 d_n /mm	抗拉强度 σ_b /MPa 不小于	规定非比例伸长应力 $\sigma_{p0.2}$ /MPa 不小于		最大力下总伸长率 (L_o=200 mm) δ_{gt}/% 不小于	弯曲次数 /(次/180°) 不小于	弯曲半径 R /mm	应力松弛性能		
		WLR	WNR				初始应力相当于公称抗拉强度的百分数/%	1 000 h后应力松弛率 r/% 不大于	
								WLR	WNR
							对所有规格		
4.00	1 470	1 290	1 250		3	10			
	1 570	1 380	1 330						
4.80	1 670	1 470	1 410				60	1.0	4.5
	1 770	1 560	1 500	3.5	4	15			
5.00	1 860	1 640	1 580						
6.00	1 470	1 290	1 250		4	15	70	2.5	8
6.25	1 570	1 380	1 330						
	1 670	1 470	1 410		4	20			
7.00	1 770	1 560	1 500		4	20	80	4.5	12

续表 4.30

公称直径 d_n /mm	抗拉强度 σ_b /MPa 不小于	规定非比例伸长应力 $\sigma_{p0.2}$ /MPa 不小于		最大力下总伸长率 ($L_o = 200$ mm) δ_{gt}/% 不小于	弯曲次数 /(次/180°) 不小于	弯曲半径 R /mm	应力松弛性能		
							初始应力相当于公称抗拉强度的百分数 /%	1 000 h 后应力松弛率 r/% 不大于	
		WLR	WNR					WLR	WNR
							对所有规格		
8.00	1 470	1 290	1 250	3.5	4	20	60	1.0	4.5
9.00	1 570	1 380	1 330		4	25			
10.00	1 470	1 290	1 250		4	25	70	2.5	8
12.00					4	30	80	4.5	12

表 4.31 消除应力刻痕钢丝的力学性能

公称直径 d_n /mm	抗拉强度 σ_b /MPa 不小于	规定非比例伸长应力 $\sigma_{p0.2}$ /MPa 不小于		最大力下总伸长率 ($L_o = 200$ mm) δ_{gt}/% 不小于	弯曲次数 /(次/180°) 不小于	弯曲半径 R /mm	应力松弛性能		
							初始应力相当于公称抗拉强度的百分数 /%	1 000 h 后应力松弛率 r/% 不大于	
		WLR	WNR					WLR	WNR
							对所有规格		
≤5.0	1 470	1 290	1 250	3.5	3	15	60	1.0	4.5
	1 570	1 380	1 330						
	1 670	1 470	1 410				70	2.5	8
	1 770	1 560	1 500						
	1 860	1 640	1 580						
>5.0	1 470	1 290	1 250			20	80	4.5	12
	1 570	1 380	1 330						
	1 670	1 470	1 410						
	1 770	1 560	1 500						

◆ 预应力混凝土用钢绞线

预应力混凝土用钢绞线一般是用2根、3根或7根2.5~5.0 mm 的冷拉碳素钢丝在绞线机上绞捻后经一定热处理而制成。

(1)预应力混凝土用钢绞线的尺寸及力学性能,1×2 结构钢绞线的力学性能应符合表 4.32 的规定。

表4.32 1×2结构钢绞线力学性能

钢绞线结构	钢绞线公称直径 D_n/mm	抗拉强度 R_m/MPa 不小于	整根钢绞线的最大力 F_m/kN 不小于	规定非比例延伸力 $F_{p0.2}$/kN 不小于	最大力总伸长率 ($L_o \geq 400$ mm) A_{gt}/% 不小于	应力松弛性能 初始负荷相当于公称最大力的百分数/%	应力松弛性能 1 000 h后应力松弛率 r/% 不大于
1×2	5.00	1 570	15.4	13.9	对所有规格	对所有规格	对所有规格
		1 720	16.9	15.2			
		1 860	18.3	16.5			
		1 960	19.2	17.3			
	5.80	1 570	20.7	18.6		60	1.0
		1 720	22.7	20.4			
		1 860	24.6	22.1			
		1 960	25.9	23.3			
	8.00	1 470	36.9	33.2	3.5		
		1 570	39.4	35.5			
		1 720	43.2	38.9			
		1 860	46.7	42.0			
		1 960	49.2	44.3		70	2.5
	10.00	1 470	57.8	52.0			
		1 570	61.7	55.5			
		1 720	67.6	60.8			
		1 860	73.1	65.8			
		1 960	77.0	69.3			
	12.00	1 470	83.1	74.8		80	4.5
		1 570	88.7	79.8			
		1 720	97.2	87.5			
		1 860	105	94.5			

注:规定非比例延伸力值 $F_{p0.2}$ 不小于整根钢绞线公称最大力 F_m 的90%。

1×3结构钢绞线的力学性能应符合表4.33的规定。

表4.33 1×3结构钢绞线的力学性能

钢绞线结构	钢绞线公称直径 D_n/mm	抗拉强度 R_m/MPa 不小于	整根钢绞线的最大力 F_m/kN 不小于	规定非比例延伸力 $F_{p0.2}$/kN 不小于	最大力总伸长率 ($L_o \geq 400$ mm) A_{gt}/% 不小于	应力松弛性能 初始负荷相当于公称最大力的百分数/%	1 000 h后应力松弛率 r/% 不大于
1×3	6.20	1 570	31.1	28.0	对所有规格	对所有规格	对所有规格
		1 720	34.1	30.7			
		1 860	36.8	33.1			
		1 960	38.8	34.9			
	6.50	1 570	33.3	30.0			
		1 720	36.5	32.9			
		1 860	39.4	35.5			
		1 960	41.6	37.4			
	8.60	1 470	55.4	49.9	3.5	60	1.0
		1 570	59.2	53.3			
		1 720	64.8	58.3			
		1 860	70.1	63.1			
		1 960	73.9	66.5			
	8.74	1 570	60.6	54.5		70	2.5
		1 670	64.5	58.1			
		1 860	71.8	64.6			
	10.80	1 470	86.6	77.9			
		1 570	92.5	83.3			
		1 720	101	90.9			
		1 860	110	99.0			
		1 960	115	104		80	4.5
	12.90	1 470	125	113			
		1 570	133	120			
		1 720	146	131			
		1 860	158	142			
		1 960	168	149			
1×3I	8.74	1 570	60.6	54.5			
		1 670	64.5	58.1			
		1 860	71.8	64.6			

注:规定非比例延伸力值 $F_{p0.2}$ 不小于整根钢绞线公称最大力 F_m 的90%。

1×7结构钢绞线的力学性能应符合表4.34的规定。

表4.34 1×7结构钢绞线的力学性能

钢绞线结构	钢绞线公称直径 D_n/mm	抗拉强度 R_m/MPa 不小于	整根钢绞线的最大力 F_m/kN 不小于	规定非比例延伸力 $F_{p0.2}$/kN 不小于	最大力总伸长率 ($L_o \geq 400$ mm) A_{gt}/% 不小于	应力松弛性能 初始负荷相当于公称最大力的百分数/%	应力松弛性能 1 000 h后应力松弛率 r/% 不大于
1×7	9.50	1 720	94.3	84.9	对所有规格	对所有规格	对所有规格
	9.50	1 860	102	91.8			
	9.50	1 960	107	96.3			
	11.10	1 720	128	115		60	1.0
	11.10	1 860	138	124			
	11.10	1 960	145	131			
	12.70	1 720	170	153			
	12.70	1 860	184	166			
	12.70	1 960	193	174			
	15.20	1 470	206	185	3.5	70	2.5
	15.20	1 570	220	198			
	15.20	1 670	234	211			
	15.20	1 720	241	217			
	15.20	1 860	260	234			
	15.20	1 960	274	247			
	15.70	1 720	266	239			
	15.70	1 860	279	251			
	17.80	1 720	327	294		80	4.5
	17.80	1 860	353	318			
(1×7)C	12.70	1 860	208	187			
	15.20	1 820	300	270			
	18.00	1 720	384	346			

注:规定非比例延伸力值 $F_{p0.2}$ 不小于整根钢绞线公称最大力 F_m 的90%。

(2)钢绞线强度高,与混凝土握裹力强、断面面积大、易于锚固,多用于大跨度、重荷载预应力构件。

◆绑扎钢筋的常用方法

1. 一面扣法

其操作方法是将镀锌钢丝对折成180°,理顺叠齐,放在左手掌内,绑扎时左手拇指将一根钢丝推出,食指配合将弯折一端伸入绑扎点钢筋底部;右手持绑扎钩子用钩尖钩起镀锌钢丝弯折处向上拉至钢筋上部,以左手所执的镀锌钢丝开口端紧靠,两者拧紧在一起,拧转2~3圈,如图4.8所示。将镀锌钢丝向上拉时,镀锌钢丝要紧靠钢筋底部,将底面筋绷紧在一起,绑扎才能牢靠。一面扣法,多用于平面上扣很多的地方,如楼板等不易滑动的部位。

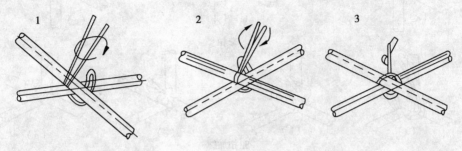

图4.8 钢筋绑扎一面扣法

2.其他钢筋绑扎方法

其他钢筋绑扎方法包括十字花扣、反十字花扣、兜扣加缠、套扣等,这些方法主要根据绑扎部位进行选择,其形式如图4.9所示。

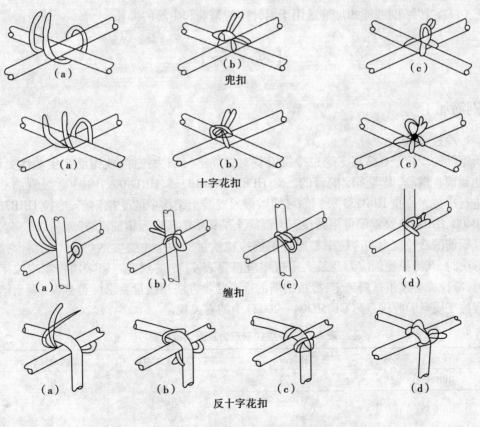

图4.9 钢筋的其他绑扎方法

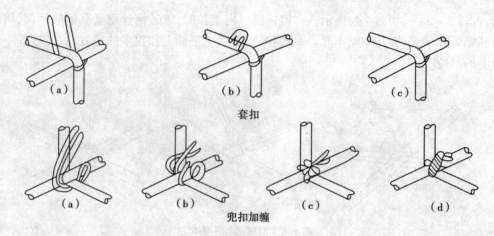

续图4.9 钢筋的其他绑扎方法

(1)兜扣、十字花扣适用于平板钢筋网和箍筋处绑扎。
(2)缠扣多用于墙钢筋网和柱箍。
(3)套扣用于梁的架立钢筋和箍筋的绑扎。
(4)反十字花扣、兜扣加缠适用于梁骨架的箍筋和主筋的绑扎。

【实 务】

◆钢筋加工

1.冷拉、冷拔

钢筋的冷拉是在常温下通过冷拉设备对钢筋进行强力拉伸,使钢筋产生塑性变形,以达到调直钢筋、提高强度的目的。对HPB235、HRB335、HRB400、RRB400级钢筋都可以进行冷拉。冷拉HPB235级钢筋可用做普通混凝土结构中的受拉钢筋,冷拉HRB335、HRB400、RRB400级钢筋可用做预应力混凝土结构中的预应力钢筋。

钢筋的冷拉应力和冷拉率是影响钢筋冷拉质量的两个主要参数。采用控制冷拉应力方法时,其冷拉控制应力及最大冷拉率应符合表4.35的规定。当采用控制冷拉率方法时,冷拉率必须由试验确定,冷拉钢筋的检查验收方法和质量要求应符合《混凝土结构工程施工质量验收规范》(GB 50204—2002)中的有关规定。

表4.35 冷拉控制应力及最大冷拉率

钢筋级别	钢筋直径/mm	冷拉控制应力/MPa	最大冷拉率/%
HPB235	≤12	280	10.0
HRB335	≤25	450	5.5
	28~40	430	5.5
HRB400	8~40	500	5.0

第4章 混凝土结构工程

钢筋的冷拔是使直径6~8 mm的HPB235级钢筋在常温下强力通过特制的直径逐渐减小的钨合金拔丝模孔,多次拉拔成比原钢筋直径小的钢丝。拉拔中钢筋产生塑性变形,同时其强度也得到较大提高。经冷拔的钢筋称为冷拔低碳钢丝。冷拔低碳钢丝有甲级、乙级两种,甲级钢丝适用于作预应力筋,乙级钢丝适用于作焊接网、焊接骨架、构造钢筋和箍筋。

冷拔低碳钢丝的质量要求为:表面不得有裂纹和机械损伤,并应按施工规范要求进行拉力试验和反复弯曲试验。

2. 调直、切断、除锈

(1)钢筋调直。钢筋调直是指将钢筋调整成为使用时的直线状态。钢筋调直有手工调直和机械调直,细钢筋可采用调直机调直;粗钢筋可以采用扳直或锤直的方法。钢筋的调直还可采用冷拉方法,其冷拉率HPB235级钢筋不大于4%,HRB335级、HRB400级和RRB400级钢筋的冷拉率不宜大于1%,一般拉至钢筋表面氧化皮开始脱落为止。

(2)钢筋的切断。钢筋的切断可采用手动切断器或钢筋切断机。

(3)钢筋除锈。施工现场的钢筋容易生锈,应除去钢筋表面可能产生的颗粒状或片状老锈。钢筋除锈可用人工除锈、酸洗除锈和钢筋除锈机除锈。

3. 弯曲成型

弯曲成型是将已切断、配好的钢筋按照施工图纸的要求加工成规定的形状尺寸,常用弯曲成型设备是钢筋弯曲成型机,也有的采用简易钢筋弯曲成型装置。

钢筋加工中其弯曲和弯折应符合下列规定:

(1)HPB235级钢筋末端应做180°弯钩,其弯弧内直径不应小于钢筋直径的2.5倍,弯钩的弯后平直部分长度不应小于钢筋直径的3倍。

(2)当设计要求钢筋末端需做135°弯钩时,HRB335、HRB400级钢筋的弯弧内直径不应小于钢筋直径的4倍,弯钩的弯后平直部分长度应符合设计要求。

(3)钢筋作不大于90°的弯折时,弯折处的弯弧内直径不应小于钢筋直径的5倍。

4. 绑扎成型

绑扎是指在钢筋的交叉点用细铁丝将其扎牢使其成为钢筋网片或钢筋骨架,也可以使两段钢筋连接起来。(绑扎连接)

◆ 钢筋的连接

成品钢筋的长度是一定的,而结构或构件的尺寸往往较大,因此,在施工中钢筋需要接长。钢筋的连接可以采取绑扎连接、焊接连接和机械连接等方式。

规范规定,纵向受力钢筋的连接方式应符合设计要求。钢筋的接头宜设置在受力较小处。同一纵向受力钢筋不宜设置两个或两个以上接头,接头末端至钢筋弯起点的距离不应小于钢筋直径的10倍。

1. 绑扎连接

绑扎连接是用20~22号铁丝将两段钢筋扎牢使其连接起来而达到接长的目的。对绑扎连接,施工规范规定:

(1)同一构件中相邻纵向受力钢筋的绑扎接头宜相互错开。绑扎接头中钢筋的横向

净距 s 不应小于钢筋直径 d，且不应小于 25 mm。

钢筋绑扎搭接接头连接区段的长度为 $1.3L$（L 为搭接长度），凡搭接接头中点位于该连接区段长度内的搭接接头均属于同一连接区段。同一连接区段内，纵向钢筋搭接接头面积百分率为该区段内有搭接接头的纵向受力钢筋截面面积与全部纵向受力钢筋截面面积的比值（图 4.10）。

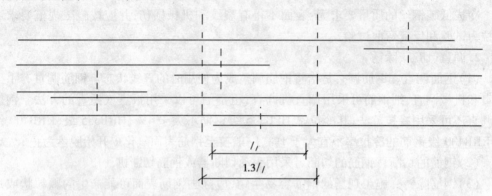

图 4.10 钢筋绑扎搭接接头连接区段及接头面积百分率

注：图中所示搭接接头同一连接区段内的搭接钢筋为两根，当各钢筋直径相同时，接头面积百分率为 50%。

同一连接区段内，纵向受拉钢筋搭接接头面积百分率应符合设计要求；当设计无具体要求时，应符合下列规定：

1）对梁类、板类及墙类构件，不宜大于 25%。
2）对柱类构件不宜大于 50%。
3）当工程中确有必要增大接头面积百分率时，对梁类构件，不应大于 50%；对其他构件，可根据实际情况放宽。

（2）在梁、柱类构件的纵向受力钢筋搭接长度范围内，应按设计要求配置箍筋。当设计无具体要求时，应符合下列规定：

1）箍筋直径应不小于搭接钢筋较大直径的 0.25 倍。
2）受拉搭接区段的箍筋间距应不大于搭接钢筋较小直径的 5 倍，且应不大于 100 mm。
3）受压搭接区段的箍筋间距应不大于搭接钢筋较小直径的 10 倍，且应不大于 200 mm。
4）当柱中纵向受力钢筋直径大于 25 mm 时，应在搭接接头两个端面外 100 mm 范围内各设置两个箍筋，其间距宜 50 mm。

2. 焊接连接

采用焊接代替绑扎，可节约钢材，改善结构受力性能，提高工效，降低成本。焊接方法是土木工程施工中常用的钢筋连接方法。钢筋的焊接方法有：闪光对焊、电弧焊、电渣压力焊和电阻点焊等，钢筋的焊接质量与钢材的可焊性、焊接工艺有关。

（1）闪光对焊。闪光对焊广泛用于钢筋纵向连接及预应力钢筋与螺丝端杆的焊接，热轧钢筋的焊接宜优先采用闪光对焊。闪光对焊适用于直径为 10 ~ 40 mm 的 HPB235、

HRB335、HRB400级钢筋的连接。

钢筋闪光对焊后,应按国家现行标准《钢筋焊接及验收规程》(JGJ 18—2003)的规定抽取试件做力学性能试验和进行外观检查。力学性能检验按同规格接头6%的比例,做三根拉力试验和三根冷弯试验。外观检查要求:无裂纹和烧伤,接头弯折不大于4°,接头轴线偏移不大于1/10钢筋直径,也不大于2 mm。

(2)电弧焊。电弧焊是利用弧焊机使焊条与焊件之间产生高温电弧,使焊条和电弧燃烧范围内的焊件熔化,待其凝固便形成焊缝或接头,电弧焊广泛用于钢筋接头、钢筋骨架焊接、钢筋与钢板的焊接、装配式结构接头的焊接及各种钢结构焊接。

钢筋电弧焊的接头形式有。

1)帮条焊接头。(单面焊缝或双面焊缝)、(适用于直径为10~40 mm的各级热轧钢筋)

2)搭接焊接头。(单面焊缝或双面焊缝)、(适用于直径为10~40 mm的HPB235、HRB335级钢筋)

3)熔槽帮条焊接头。(用于安装焊接$d \geqslant 25$ mm的钢筋)

4)剖口焊接头。(平焊或立焊)、(适用于直径为18~40 mm的各级热轧钢筋)

5)水平钢筋窄间隙焊接头。(适用于直径为18~40 mm的HPB235、HRB335、HRB400级钢筋)

电弧焊的外观要求。

焊缝表面应平整,无裂纹,无较大凹陷、焊瘤,无明显咬边、夹渣、气孔等缺陷。力学性能检验时,以现场安装条件下每一楼层300个同类型接头为一个验收批,每个验收批选取三个接头进行拉力试验。如果有不合格者,应取双倍试件复验。再有不合格者,则该验收批接头不合格。如果对焊接质量有怀疑或发现异常情况,还可以进行非破损方式检验。(X射线、射线、超声波探伤等)

(3)电渣压力焊。电渣压力焊在土木工程施工中应用十分广泛。它多用于现浇混凝土结构构件内竖向钢筋(直径为14~40 mm的HPB235、HRB335、HRB400级钢筋)的接长。但不适于可焊性差的钢筋连接,也不适用水平钢筋或倾斜钢筋(倾斜度在4:1的范围内)的连接。

电渣压力焊的外观质量要求。

不得有裂纹和明显的烧伤,接头处的弯折角不得大于3°,轴线偏移不得大于1/10钢筋直径,且不得大于2 mm。力学性能检验时,以每300个接头为一个验收批(不足300个也为一个验收批),切取三个试件做拉力试验。如果有不合格者,应取双倍试件复验。再有不合格者,则该验收批接头不合格。

焊接操作人员必须经过技术培训和考核,实行持证上岗。

(4)电阻点焊。电阻点焊主要用于小直径钢筋的交叉连接,如用来焊接钢筋网片、钢筋骨架等,常用的点焊机有单点点焊机、多头点焊机、手提式点焊机(用于施工现场)、悬挂式点焊机。(可焊钢筋骨架或钢筋网)

3. 机械连接

钢筋的机械连接主要有套筒挤压连接和螺纹套筒连接。螺纹套筒连接又分直螺纹套筒连接和锥螺纹套筒连接两种,钢筋的机械连接应符合《钢筋机械连接技术规程》(JGJ 107—2010)的要求。

(1)套筒挤压连接。套筒挤压连接是将两根待接钢筋插入钢套筒,用挤压连接设备沿径向挤压套筒,使之产生塑性变形,依靠变形后的钢套筒与被连接钢筋纵、横肋产生的机械咬合成为整体的钢筋连接方法。

套筒挤压连接施工要点。

1)一般规定。套筒挤压连接所用钢筋和钢套筒必须有材质证明书,其性能应符合相关标准的要求。对钢套筒要进行外观检查和机械性能检查。钢套筒外观质量要求表面不得有影响性能的裂缝、折叠、分层等缺陷,其表面的压接标志应清晰,中部两压接标志距离应不小于20 mm。钢套筒规格和尺寸详见表4.36。钢套筒机械性能检查时,要求同炉号、同规格钢材制成的同一型号的套筒为一批,每批制取1根拉伸试件,试验结果应符合相关要求。

表4.36 钢套筒规格和尺寸

钢套筒型号	钢套筒尺寸/mm		压接标志道数
	外径	壁厚	
G40	70	12	8×2
G36	63.5	11	7×2
G32	57	10	6×2
G28	50	8	5×2
G25	45	7.5	4×2
G22	40	6.5	3×2
G20	36	6	3×2

2)压接前钢筋及钢套筒的处理。压接之前,要清除钢筋压接部位的油污、铁锈、砂浆等,钢筋端部必须平直。应在钢筋端部标上能准确判断钢筋伸入套筒内长度的位置标记。被连接钢筋的轴心应与钢套筒的轴心保持一致,防止弯折和偏心。

3)压接前设备调试。压接前按设备操作说明书进行调整,保持压接设备的正常工作。

4)对挤压连接操作人员的要求。对挤压操作人员实行持证上岗制度。要保持操作人员的固定,要控制操作工序。

5)压接。挤压时,压钳应对准套筒压痕标志,并垂直于被接钢筋的横肋。挤压应从套筒中部隧道向端部压接,不应由端部向中部挤压或隔标记来回挤压。

6)质量验收,包括进行外观检查和拉力试验。

外观检查采用专用工具或游标卡尺检测。要检查接头挤压道数和压痕尺寸(应符合有关要求,此略),接头上不得有劈裂、裂缝或影响接头性能的其他表面缺陷。两根连接钢筋的弯折角不得大于4°。外观检查不合格的接头,应采取补救措施或重新连接并两次验收。

拉力试验时以同批号钢套筒且同一制作条件的500个接头为一个验收批(不足500

个仍为一个验收批),从每验收批接头中随机抽取3个试件做拉力试验。如试验结果中有1个试件不合要求,应再抽取6个试件进行复验。如仍有1个试件不合要求,则该验收批接头不合格。

(2)直螺纹套筒连接。这种连接是利用直螺纹套筒将两段钢筋对接在一起,也是利用螺纹的机械咬合力传递应力。直螺纹套筒连接可分为钢筋冷镦直螺纹连接、钢筋滚压直螺纹连接及钢筋剥肋滚压直螺纹连接三种,其中钢筋冷镦直螺纹连接已很少使用。钢筋剥肋滚压直螺纹连接与钢筋滚压直螺纹连接操作基本相同,唯一的区别是增加了钢筋剥肋工序。

钢筋滚压直螺纹连接的施工要点如下。

1)材料要求。钢筋符合《钢筋混凝土用钢 第2部分:热轧带肋钢筋》(GB 1499.2—2007)和《钢筋混凝土用余热处理钢筋》(GB 13014—1991)的要求,有材质、复试报告和出厂合格证,套筒与锁母材料应采用优质碳素结构钢或合金结构钢,其材质符合《优质碳素结构钢》(GB/T 699—1999)的规定,成品螺纹连接筒应有产品合格证,两端螺纹孔应有保护盖,套筒表面应有标记,钢筋的切口端面应与其轴线垂直。

2)钢筋套丝。用专门的滚压机床对钢筋端部进行滚压,螺纹一次成型。

3)螺纹丝头和套筒外观检验。操作工人应按规定数量逐个检验钢筋丝头的外观质量并做出标记,套筒用专用塞规检验。(包括加工质量检验和现场外观质量检验)

4)戴保护帽。钢筋直螺纹加工经检验合格后,应戴上保护帽或拧上套筒,以防碰伤和生锈。

5)钢筋连接。应对准轴线将钢筋拧入连接套筒。要使两个丝头在套筒中央位置顶紧,套筒的每一端不得有一丝以上的丝扣外露,保证进入套筒的丝头长度。

6)钢筋接头强度检验。同一施工条件下同一批材料的同等级、同形式、同规格接头,以500个(不足500个也为一批)为一个验收批,随机截取三个试件做拉力试验。如有一个试件不合格,则取双倍试件复验,复验中仍有一个试件不合格,则该验收批接头不合格。

当受力钢筋采用机械连接接头或焊接接头时,设在同一构件内的接头宜相互错开。

同一连接区段内,纵向受力钢筋的接头面积百分率应符合设计要求;当设计无具体要求时,应符合下列规定。

①在受拉区不宜大于50%。

②接头不宜设置在有抗震设防要求的框架梁端、柱端的箍筋加密区;当无法避开时,对等强度高质量机械连接接头,不应大于50%。

③直接承受动力荷载的结构构件中,不宜采用焊接接头;当采用机械连接时,不应大于50%。

(3)锥螺纹套筒连接。锥螺纹套筒连接是将两根等接钢筋端头用套丝机做出锥形外丝,然后用带锥形内丝的套筒将钢筋两端拧紧的钢筋连接方法。

锥套筒连接施工要点如下。

1)钢筋下料。用钢筋切断机或砂轮锯进行钢筋下料,切断后钢筋端面应整齐和垂直于钢筋轴线。

2) 钢筋套丝。应执行持证上岗制度,对加工的每个丝头都应进行检查,保证符合其质量要求。

3) 钢筋锥套筒接头静力拉伸试验。在连接前先进行拉力试验,合格后,再进行连接施工。拉力试验时,用施工现场的套丝机、锥套筒、扭力扳手等,以每种规格的钢筋接头按每300个(不足300个时也为一批)做一组试件(3个),进行拉力试验。如有一个试件试验不合要求,则再做双倍试件试验。试验合格后,才能进行钢筋连接。

4) 钢筋连接。用扭力扳手将钢筋拧紧至规定的力矩值。

5) 锥套筒连接的质量检验。除查验锥套筒出厂合格证、钢筋锥形螺纹加工检验记录、锥套筒接头拉力试验报告外,还需要进行外观检查和安装检查。

◆钢筋配料

钢筋配料就是根据结构施工图、规范要求、施工方案等,先绘制出各种形状和规格的钢筋简图,并加以编号,然后分别计算构件中各种钢筋的下料长度、根数及重量,并编制钢筋配料单。钢筋配料是确定钢筋材料计划、进行钢筋加工和结算的依据,施工管理人员必须认真对待这项工作。

1. 计算依据

(1) 外包尺寸。外包尺寸是指钢筋外缘之间的长度,结构施工图中所指钢筋长度和施工中量度钢筋所得的长度均视为钢筋的外包尺寸。

(2) 钢筋的混凝土保护层厚度。受力钢筋的混凝土保护层厚度,应符合设计要求。当设计无具体要求时,不应小于受力钢筋直径,并应符合表4.37的规定。

表4.37 受力钢筋的混凝土保护层最小厚度   单位:mm

环境类别		板、墙、壳			梁			柱		
		≤C20	C25~C45	≥C50	≤C20	C25~C45	≥C50	≤C20	C25~C45	≥C50
一		20	15	15	30	25	25	30	30	30
二	a		20	20		30	30		30	30
	b		25	20		35	30		35	30
三			30	25		40	35		40	35

注:基础中纵向受力钢筋的混凝土保护层厚度不应小于40 mm;当无垫层时不应小于70 mm。

(3) 量度差值。钢筋加工中需要进行弯曲,钢筋弯曲后,外边缘伸长,内边缘缩短,而中心线既不伸长也不缩短。这样,钢筋的外包尺寸与钢筋中心线长度之间存在一个差值,这个差值称为量度差值。

计算钢筋下料长度时必须扣除量度差值。否则由于钢筋下料太长,一方面造成浪费,另一方面可引起钢筋的保护层不够及钢筋安装的不方便甚至影响钢筋的位置(特别是钢筋密集时),钢筋弯曲处的量度差值见表4.38。

第4章 混凝土结构工程

表4.38 钢筋弯曲量度差值表

弯曲角度/°	量度差值/d_0
45	0.5
60	0.85
90	2.0
135	2.5

(4)弯钩增加长度。规范规定,HPB235级钢筋末端应做180°弯钩,其弯弧内直径应大于或等于钢筋直径的2.5倍,弯钩的弯后平直部分长度不应小于钢筋直径的3倍。显然,此类钢筋下料长度要大于钢筋的外包尺寸,此时,计算中每个弯钩应增加一定的长度即弯钩增加长度,每个弯钩增加长度为6.25 d_0。

(5)箍筋下料长度调整值。箍筋的末端应做弯钩,弯钩形式应符合设计要求,当设计无具体要求时,用HPB235级钢筋或冷拔低碳钢丝制作的箍筋,其弯钩的弯曲直径应大于受力钢筋直径,且不小于箍筋直径的2.5倍;弯钩平直部分的长度,对一般结构,不宜小于箍筋直径的5倍,对有抗震要求的结构,不应小于箍筋直径的10倍。箍筋的下料长度应比其外包尺寸大,在计算中也要增加一定的长度即箍筋弯钩增加值,箍筋弯钩增加值见表4.39。

表4.39 箍筋弯钩增加值

弯曲角度/°	量度差值/d_0
135/135	14(24)
90/180	14(24)
90/90	11(21)

注:表中括号内数据为有抗震要求时。

2. 计算公式

钢筋下料是根据需要将钢筋切断成一定长度的直线段,钢筋的下料长度就是钢筋的中心线长度。计算钢筋下料长度可按以下公式进行:

直线钢筋下料长度 = 构件长度 − 保护层厚度 − 弯折量度差值 + 弯钩增加长度 (4.1)
弯起钢筋下料长度 = 直线长度 + 弯起段长度 − 弯折量度差值 + 弯钩增加长度 (4.2)
箍筋下料长度 = 外包尺寸 − 量度差值 + 箍筋弯钩增加值 (4.3)

3. 钢筋配料计算注意事项

(1)在设计图纸中,钢筋配置的细节问题未注明时,应按构造要求处理。

(2)配料计算时,要考虑钢筋的形状和尺寸在满足设计要求的前提下还应有利于加工和安装。

(3)配料时,还必须考虑施工中所需要的附加钢筋。例如,后张法预应力构件预留孔道定位用的钢筋井字架,基础双层钢筋网中保证上层钢筋网位置用的钢筋撑脚,墙板双层钢筋网中保证钢筋间距用的钢筋撑铁,柱钢筋骨架增加的四面斜撑等。

(4)计算好各种钢筋的下料长度后还应填写钢筋配料单。要反映出工程名称、构件名称、钢筋编号、钢筋简图及尺寸、直径、钢号、数量、下料长度及钢筋重量,以便组织加工。

4. 钢筋代换

当施工中如果遇到供应的钢筋品种、级别或规格与设计要求不符时,在征得设计单位同意后可以进行钢筋代换。

(1)钢筋代换原则。

1)等强度代换。不同级别钢筋的代换,按抗拉设计值相等的原则进行代换。

如设计图中所用的钢筋设计强度为 f_{y1},钢筋总面积为 A_{s1},代换后的钢筋设计强度为 f_{y2},钢筋总面积为 A_{s2},则应使:

$$A_{s1} \cdot f_{y1} \leq A_{s2} \cdot f_{y2} \tag{4.4}$$

$$n_2 \geq \frac{n_1 \cdot d_1^2 \cdot f_{y1}}{d_1^2 \cdot f_{y2}} \tag{4.5}$$

式中:n_2——代换钢筋根数;
n_1——原设计钢筋根数;
d_2——代换钢筋直径;
d_1——原设计钢筋直径。

2)等面积代换。构件按最小配筋率配筋时,或同钢号钢筋之间的代换,按代换前后面积相等的原则进行代换。即

$$A_{s1} \leq A_{s2} \tag{4.6}$$

$$n_2 \geq n_1 \frac{d_1^2}{d_2^2} \tag{4.7}$$

式中符号同上。

钢筋代换后,有时由于受力钢筋根数增多而使钢筋排数增加,这样构件截面的有效高度 h_0 减少,截面强度降低。通常对这种影响可凭经验适当增加钢筋面积,然后再做截面强度复核。

对于矩形截面的受弯构件,可根据弯矩相等,按下式复核界面强度:

$$N_2 \left[h_{02} - \frac{N_2}{2 f_{cm} \cdot b} \right] \geq N_1 \left[h_{01} - \frac{N_1}{2 f_{cm} \cdot b} \right] \tag{4.8}$$

式中:N_1——原设计钢筋的拉力,等于 $A_{s1} \cdot f_{y1}$;
N_2——代换钢筋拉力,等于 $A_{s2} \cdot f_{y2}$;
h_{01}——原设计钢筋的合力点至构件截面受压边缘的距离,即构件截面的有效高度;
h_{02}——代换钢筋的合力点至构件截面受压边缘的距离;
f_{cm}——混凝土的弯曲抗压强度设计值,对 C20 混凝土为 11 N/mm²;对 C30 为 16.5 N/mm²;
b——构件截面宽度。

(2)钢筋代换注意事项。钢筋代换应办理设计变更文件,还要注意下列事项。

1)不同种类钢筋代换,应按钢筋受拉承载力设计值相等的原则进行。

2)对重要受力构件,如薄腹梁、吊车梁、桁架下弦等,不宜用 HPB235 级光面钢筋代

换 HRB335、HRB400、RRB400 级钢筋，以免裂缝开展过大。

3) 钢筋代换后，应满足混凝土结构设计规范中所规定的钢筋间距、最小钢筋直径、锚固长度、根数等。

4) 当构件受裂缝宽度或挠度控制时，钢筋代换后应进行裂缝、刚度计算。

5) 梁的纵向受力钢筋与弯起钢筋应分别进行代换。偏心受拉构件或偏心受压构件(如有吊车的厂房柱、框架柱、桁架上弦等)做钢筋代换时，不取整个截面配筋量计算，应按受力面(受拉或受压)分别代换。

6) 有抗震要求的梁、柱和框架，不宜以强度等级高的钢筋代换原设计中的钢筋。如果必须代换时，其代换的钢筋还要符合抗震钢筋的要求。

7) 预制构件的吊环，必须采用未经冷拉的 HPB235 级热轧钢筋制作，严禁以其他钢筋代换。

◆ 钢筋的安装

钢筋的安装程序是：画线→摆筋→穿箍→安垫块→绑扎。

现浇结构中，先绑柱、墙筋，再绑主梁、次梁筋，最后绑板筋。

1. 独立基础、条形基础钢筋安装

独立柱基础钢筋安装施工时主要有基础自身配置的钢筋和柱子插筋。施工时先绑扎基础底板钢筋，后安装柱子插筋，施工图中基础顶部配有钢筋时应先加工好钢筋支架再安装顶部钢筋。底板钢筋摆放时，应注意纵横钢筋的上下位置符合设计要求。HPB235 级钢筋，应使钢筋弯钩朝上(顶部钢筋的弯钩应朝下)。柱子插筋应找正位置，固定牢固，以防止混凝土浇筑时发生偏位。

条形基础钢筋安装施工时主要有基础梁钢筋和底板钢筋。基础梁钢筋骨架可现场绑扎，也可先绑成钢筋骨架，再就地安装，底板钢筋的绑扎与独立柱基础相基本相同。

2. 柱钢筋安装

底层柱主筋在基础施工时已经安装，安装箍筋时，在主筋上画出箍筋间距，从上将箍筋套下，逐层向上绑扎，如果有内套箍时，先内箍后外箍，箍口相互错开。箍筋成型水平，绑扣相互成八字形，挂好主筋保护层垫块。

安装上层柱主筋时需按设计要求的接长方式、接头错开长度、规定的接头百分率进行钢筋接长，然后再安装箍筋。当采用机械连接接头或焊接接头适应现场取样进行力学性能试验并进行外观检查。

3. 现浇梁、板钢筋安装

现浇框架梁、板钢筋一般现场绑扎成型。

安装梁钢筋时先把长(主)钢筋就位，再套上箍筋，初步绑成骨架，最后扎牢各个绑扎点。应注意的是主梁和次梁钢筋的位置关系，梁主筋的纵向接头位置，梁第二排钢筋的位置，梁钢筋穿越柱时与柱筋的关系等。

安装板钢筋时应按设计要求的间距画线，摆纵横钢筋，再绑扎成型。

4. 质量要求

(1) 主控项目，钢筋安装主控项目质量标准及检验方法应符合表 4.40 的规定。

表4.40 钢筋安装主控项目质量标准及检验方法

项目	质量标准	检验方法	检查数量
受力钢筋的品种、级别、规格和数量	钢筋安装时,受力钢筋的品种、级别、规格和数量必须符合设计要求	观察,钢尺检查	全数检查

(2)一般项目,钢筋安装一般项目质量标准及检验方法应符合表4.41的规定。

表4.41 钢筋安装一般项目质量标准及检验方法

项目	质量标准	检验方法	检查数量
钢筋安装允许偏差	钢筋安装位置的偏差应符合表4.42的规定	在同一检验批内,对梁、柱和独立基础,应抽查构件数量的10%,且不少于3件;对墙和板,应按有代表性的自然间抽查10%,且不少于3间;对大空间结构,墙可按相邻轴线间高度5 m左右划分检查面,板可按纵横轴线划分检查面,抽查10%,且均不少于3面	—

表4.42 钢筋安装位置的允许偏差和检验方法

项目		允许偏差/mm	检验方法
绑扎钢筋网	长、宽	±10	钢尺检查
	网眼尺寸	±20	钢尺量连续三档,取最大值
绑扎钢筋骨架	长	±10	钢尺检查
	宽、高	±5	钢尺检查
受力钢筋	间距	±10	钢尺量两端、中间各一点,取最大值
	排距	±5	
受力钢筋 保护层厚度	基础	±10	钢尺检查
	柱、梁	±5	钢尺检查
	板、墙、壳	±3	钢尺检查
绑扎箍筋、横向钢筋间距		±20	钢尺量连续三档,取最大值
钢筋弯起点位置		20	钢尺检查
预埋件	中心线位置	5	钢尺检查
	水平高差	+3,0	钢尺和塞尺检查

4.3 混凝土工程

【基 础】

◆ **混凝土工程施工过程示意图**

混凝土工程包括配料、搅拌、运输、浇筑及养护等主要施工过程,如图4.11所示。

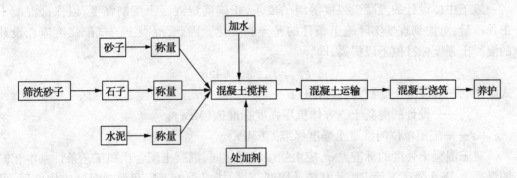

图 4.11 混凝土工程施工过程示意图

◆ **混凝土搅拌机**

混凝土搅拌机按其搅拌原理分为强制式搅拌机和自落式搅拌机两类。

强制式搅拌机主要是根据剪切拌和原理设计的。它的搅拌筒内有很多组叶片,通过叶片强制搅拌装在搅拌筒中的物料,使物料沿环向、径向和竖向运动,拌和成均匀的混合物,强制式搅拌机按其构造特征分为卧轴式和立轴式两类。

自落式搅拌机搅拌筒内壁装有弧形叶片,旋转搅拌筒,弧形叶片不断将物料提升一定的高度,然后利用本身的重力作用自由下落。由于各组成材料颗粒下落的时间、速度、落点及滚动距离不同,从而使各颗粒之间相互渗透、穿插和扩散,最后混凝土各组成材料达到均匀混合。自落式混凝土搅拌机按其搅拌筒的形状不同分为鼓筒式、锥形反转出料式和双锥形倾翻出料式三种类型。自落式搅拌机宜用于搅拌塑性混凝土,锥形反转出料式和双锥形倾翻出料式搅拌机还可用于搅拌低流动性混凝土。

强制式搅拌机和自落式搅拌机相比,搅拌时间短,拌和强烈,适合于搅拌低流动性混凝土、干硬性混凝土和轻集料混凝土。

【实　务】

◆混凝土试配强度

混凝土配合比的选择,是根据工程要求、组成材料的质量、施工方法等因素,通过试验室计算及试配后确定,所确定的试验配合比应使拌制出的混凝土能保证达到结构设计中所要求的强度等级,并符合施工中对和易性的要求,同时还要合理的使用材料和节约水泥。

施工中按设计的混凝土强度等级的要求,正确确定混凝土配制强度,以保证混凝土工程质量,考虑到现场实际施工条件的差异和变化。因此,混凝土的试配强度应比设计的混凝土强度标准值予以提高,即

$$f_{cu,o} = f_{cu,k} + 1.645\sigma \tag{4.9}$$

式中:$f_{cu,o}$——混凝土配制强度(MPa);

$f_{cu,k}$——设计的混凝土立方体抗压强度标准值(MPa);

σ——施工单位的混凝土强度标准差(MPa)。

对于混凝土强度的标准差σ,应由强度等级相同、混凝土配合比和工艺条件基本相同的混凝土 28 d 强度统计求得。其统计周期,对预拌混凝土工厂和预制混凝土构件厂,可取一个月。对现场拌制混凝土的施工单位,可根据实际情况确定,但不宜超过三个月。σ可按下式计算:

$$\sigma = \sqrt{\frac{\sum_{i=1}^{n} f_{cu,i}^2 - n\mu f_{cu}}{n-1}} \tag{4.10}$$

式中:$f_{cu,i}$——第 i 组混凝土试件强度(MPa);

μf_{cu}——n 组混凝土试件强度平均值(MPa);

n——统计周期内相同混凝土强度等级的试件组数,$n \geq 25$。

当混凝土为 C20 或 C25,如果计算所得到的 $\sigma < 2.5$ MPa 时,则取 $\sigma = 2.5$ MPa;当混凝土为 C30 及以上,如果计算得到的 $\sigma < 3.0$ MPa 时,取 $\sigma = 3.0$ MPa。当施工单位无近期混凝土强度统计资料时,σ 可按表 4.43 取值。

表 4.43　σ 值选用表

混凝土强度等级	≤C15	C20 ~ C35	≥C40
σ/MPa	4.0	5.0	6.0

◆混凝土的施工配合比换算

混凝土实验室配合比是根据完全干燥的砂、石集料制定,但实际使用的砂、石集料一般都含有一些水分,而且含水量又会随气候条件发生变化。所以施工时应及时测定现场砂、石集料的含水量,并将混凝土的实验室配合比换算成在实际含水量情况下的施工配合比。

第4章 混凝土结构工程

假定实验室配合比为水泥:砂:石 = 1:x:y

水灰比为 W/C

现场测得砂含水率 W_{sa}、石子含水率 W_g

则施工配合比为水泥:砂:石 = $1:x:(1+W_{sa}):y(1+W_g)$

水灰比 W/C 不变(但用水量要减去砂石中的含水量)。

◆ 混凝土搅拌

1. 加料顺序

搅拌时加料顺序普遍采用一次投料法,将砂、石、水泥和水一起加入搅拌筒中进行搅拌。搅拌混凝土前,先在料斗中装入石子,再装水泥及砂;水泥夹在石子和砂中间,上料时可减少水泥的粘罐和水泥的飞扬现象。料斗将砂、石、水泥倾入搅拌机的同时加水搅拌。

另一种为二次投料法,先将砂、水泥和水加入搅拌筒内进行充分搅拌,成为均匀水泥砂浆后,再加入石子搅拌成均匀混凝土,这种投料方法目前多用于强制式搅拌机搅拌混凝土。

2. 搅拌时间

从砂、石、水泥和水等全部材料投入搅拌筒起,到开始卸料时止所经历的时间称为混凝土的搅拌时间。混凝土搅拌时间是影响混凝土的质量和搅拌机生产率的一个主要因素。搅拌时间短,混凝土搅拌不均匀,强度及和易性将下降;搅拌时间过长,混凝土的匀质性并不能显著增加,反而使混凝土和易性降低且影响混凝土搅拌机的生产率。混凝土搅拌的最短时间与搅拌机的类型和容量、集料的品种、对混凝土流动性的要求等因素有关,应符合表4.44的规定。

表4.44 混凝土搅拌的最短时间   单位:s

混凝土坍落度/mm	搅拌机机型	搅拌机出料量/L		
		<250	250~500	>500
≤30	强制式	60	90	120
	自落式	90	120	150
>30	强制式	60	60	90
	自落式	90	90	120

注:1. 混凝土搅拌的最短时间系指自全部材料装入搅拌筒中起,到开始卸料止的时间。
2. 当掺有外加剂时,搅拌时间应适当延长。
3. 全轻混凝土宜采用强制式搅拌机搅拌,砂轻混凝土可采用自落式搅拌机搅拌,但搅拌时间应延长60~90 s。
4. 采用强制式搅拌机搅拌轻集料混凝土的加料顺序是:当轻集料在搅拌前预湿时,先加粗、细集料和水泥搅拌 30 s,再加水继续搅拌;当轻集料在搅拌前未预湿时,先加1/2的总用水量和粗、细集料搅拌60 s,再加水泥和剩余用水量继续搅拌。
5. 当采用其他形式的搅拌设备时,搅拌的最短时间应按设备说明书的规定或经试验确定。

3. 一次投料量

施工配合比换算是以每 m^3 混凝土为计算单位,搅拌时要根据搅拌机的出料容量(即一次可搅拌出的混凝土量)来确定一次投料量。

搅拌混凝土时,根据计算出的各组成材料的一次投料量,按重量投料,投料时允许偏差不得超过表4.45的规定。

表4.45　原材料每盘称量的允许偏差

材料名称	允许偏差/%
水泥、掺和料	±2
粗、细集料	±3
水、外加剂	±2

注:1. 各种衡器应定期校验,每次使用前应进行零点校核,保持计量准确。
　　2. 当遇雨天或含水率有显著变化时,应增加含水率检测次数,并及时调整水和集料的用量。

◆混凝土运输

1. 运输要求

混凝土应及时运至浇筑地点。为保证混凝土的质量,对混凝土运输的基本要求是:

(1)混凝土运输过程中要能保持良好的均匀性,不漏浆、不离析。

(2)保证混凝土浇筑时具有设计规定的坍落度。

(3)保证混凝土浇筑能连续进行。

(4)使混凝土在初凝前浇筑完毕。

2. 运输工具

(1)在施工现场主要要解决水平运输(包括地面水平运输和楼面水平运输)和垂直运输。

(2)地面水平运输可采用双轮手推车、小型机动翻斗车、自卸汽车或混凝土搅拌运输车。

(3)楼面水平运输可用双轮手推车、皮带运输机,塔吊和混凝土泵也可以解决一定的水平运输。

(4)垂直运输多采用塔式起重机加料斗、混凝土泵、井架及快速提升斗等。

3. 运输时间

运输时应将混凝土以最短的时间和最少的转运次数从搅拌地点运至浇筑地点,并在初凝之前浇筑完毕。

◆混凝土浇筑

混凝土的浇筑就是将混凝土放入已安装好的模板内并振捣密实以形成符合要求的结构或构件。混凝土的浇筑工作包括布料、摊平、捣实和抹面修整等工序。很明显,混凝土的浇筑是一项非常重要的工作。

1. 混凝土浇筑的一般要求

(1)混凝土浇筑前不应发生初凝和离析现象,如果已经发生,可以进行重新搅拌,恢复混凝土的黏聚性和流动性后再进行浇筑。混凝土运到后,其坍落度应满足表4.46的要求。

表4.46 混凝土浇筑时的坍落度

结构种类	坍落度/mm
基础或地面等的垫层、无配筋的大体积结构(挡土墙、基础或厚大的块体等)或配筋稀疏的结构	10~30
板、梁和大型及中型截面的柱子等	30~50
配筋密列的结构(薄壁、斗仓、筒仓、细柱等)	50~70
配筋特密的结构	70~90

注:1. 本表系指采用机械振捣的坍落度,采用人工捣实时可适当增大。
    2. 需要配制大坍落度混凝土时,应掺用外加剂。
    3. 曲面或斜面结构的混凝土,其坍落度值,应根据实际需要另行选定。
    4. 轻集料混凝土的坍落度,宜比表中数值减少10~20 mm。
    5. 自密实混凝土的坍落度另行规定。

(2)为保证混凝土结构的整体性,混凝土浇筑原则上应一次完成。但由于振捣方法、振捣机具性能、结构构件的配筋情况等的差异,混凝土浇筑需要分层,每层浇筑厚度应符合表4.47的规定。

表4.47 混凝土浇筑层厚度 单位:mm

捣实混凝土的方法		浇筑层的厚度
插入式振捣		振捣器作用部分长度的1.25倍
表面振动		200
人工捣固	在基础、无筋混凝土或配筋稀疏的结构中	250
	在梁、墙板、柱结构中	200
	在配筋密列的结构中	150
轻集料混凝土	插入式振捣	300
	表面振动(振动时需加荷)	200

(3)为了保证混凝土浇筑时不产生离析现象,混凝土自高处倾落时的自由倾落高度不宜超过2 m。如果混凝土自由倾落高度超过2 m(竖向结构超过3 m)时,则应设串筒或溜槽。当混凝土浇筑深度超过8 m时,则应采用带节管的振动串筒,即在串筒上每隔2~3节安装一台振动器。

(4)混凝土的浇筑工作应尽可能连续作业,如前后层或上下层混凝土浇筑必须间歇,其间歇时间应尽量缩短,并应在前层(下层)混凝土凝结(终凝)前,将次层混凝土浇筑完毕,以防止扰动已初凝的混凝土而出现质量缺陷。混凝土的初凝时间与凝结条件、水泥品种、掺用外加剂的品种和数量等因素有关,应由试验确定。

(5)如果间隔时间必须超过混凝土初凝时间,则应按施工技术方案的要求留设施工缝。所谓施工缝是指在混凝土浇筑中,由于设计要求或施工需要分段浇筑混凝土而在先、后浇筑的混凝土之间所形成的接缝。

因停电等意外原因导致下层混凝土已初凝时,则应在继续浇筑混凝土之前,按照施工技术方案对混凝土接槎(施工缝)的要求进行处理,使新旧混凝土黏结紧密,保证混凝土结构的整体性。

(6)混凝土后浇带对避免混凝土结构的温度收缩裂缝等有较大作用。混凝土后浇带位置应按设计要求和施工技术方案留置,后浇带混凝土的浇筑时间、处理方法等也应事先在施工技术方案中确定。

(7)在竖向结构中浇筑混凝土时,如果浇筑高度超过 3 m,应采用溜槽或串筒。

2. 施工缝的留设与处理

(1)混凝土施工缝留设原则。混凝土施工缝不应随意留设,应在混凝土浇筑前按设计要求和施工技术方案确定。

确定施工缝位置的原则为:尽可能留置在结构受剪力较小且便于施工的部位。承受动力荷载的设备基础,原则上不留置施工缝。当必须留置时,应符合设计要求并按施工技术方案执行。

(2)常见的混凝土施工缝留置部位。梁的混凝土施工缝有水平施工缝和竖直施工缝(不得留成斜面),当梁高度大于 1 m 时可按设计或施工技术方案的要求留置水平施工缝。有主次梁的楼盖结构,宜沿着次梁方向浇筑,施工缝应留置在次梁跨度中间 1/3 的范围内,而不应留置在主梁上。

柱子混凝土施工缝为水平施工缝,宜留置在基础与柱子的交接处的水平面上,或梁的下面,或吊车梁的上面,或吊车梁牛腿的下面,或无梁楼盖柱帽的下面。在框架结构中,如果梁的负筋向下弯入柱内,施工缝也可设置在这些钢筋的下端,以便于钢筋的绑扎。

单向板可在平行于板短边的任何位置留置混凝土施工缝,也可以在次梁施工缝位置同时设置楼板施工缝,双向板施工缝应按设计要求留置。

墙留置在门洞口过梁跨中 1/3 范围内,也可以留在纵横墙的交接处。

现浇钢筋混凝土楼梯常采用板式楼梯。楼梯施工缝可留置在 1/3 的位置,也有的将楼梯施工缝留置在平台梁上。

大体积混凝土结构、拱、薄壳、蓄水池、多层刚架等应按设计要求留置施工缝。

(3)混凝土施工缝的处理。施工缝的处理应按施工技术方案执行,一般应注意以下几点。

1)施工缝处继续浇筑混凝土时,在混凝土的抗压强度不低于 1.2 MPa 后方可。

2)要清理干净混凝土表面的浮浆、松动的石子、可能存在的杂物、软弱的混凝土层等。

3)用清水湿润,但不得积水。

4)对竖向结构构件(墙、柱),先在底部填筑一层厚度为 50~100 mm 的与所浇混凝土内水泥砂浆成分相同的水泥砂浆;对梁类、板类构件,先铺一层水泥浆(水泥:水 = 1:0.4)或一层与所浇混凝土内水泥砂浆成分相同的水泥砂浆,厚度为 10~15 mm。

5)浇筑时混凝土应细致捣实,使新旧混凝土紧密结合。

3. 混凝土振捣

(1)机械振捣。混凝土振捣机械按其工作方式分为:表面振捣器(平板式振捣器)、内部振捣器(插入式振捣器)、外部振捣器(附着式振捣器)和振动台等。

表面振捣器和内部振捣器是施工现场常用的振捣设备。表面振捣器适用于楼板、地面等薄型构件;内部振捣器多用于振捣梁、柱、墙、厚板和大体积混凝土等厚结构。用内部振捣器振捣混凝土时应注意:插点布置要均匀,间距要适当,不得漏振,要注意上下层混凝土的黏结,应使振捣棒自然、垂直地沉入混凝土中,快插慢拔。切忌碰撞钢筋、模板等硬物,棒体插入混凝土中的深度不应超过棒长的 2/3 ~ 3/4。振捣时要特别注意竖向结构构件的底部及结构构件中的配筋密集处等部位。

用表面振捣器振捣混凝土时,拖行速度不应太快,拖行时应有一定重叠,并及时将混凝土调整平整。

混凝土振捣后是否密实的判断方法:一是混凝土不再显著下沉和不出现气泡(用内部振捣器时每个插点振捣时间为 20 ~ 30 s);二是表面泛浆和外观均匀。

(2)真空吸水工艺。真空吸水工艺是利用真空吸水装置使混凝土密实,在真空负压作用下混凝土内产生一系列变化,如游离水减少、气泡孔径减小、大孔隙数量减少、总孔隙率降低、孔的分布趋于合理等,且由于水、气的移动产生的贯穿毛细孔很快被水泥浆填充,经过真空吸水工艺处理的混凝土,密实度提高,体积收缩,而且由于游离水的减少,水泥水化速度加快,混凝土各个龄期的强度都会有较大提高。

◆ 混凝土养护

浇筑后的混凝土之所以能逐渐凝结硬化,主要是水泥水化作用的结果。而水泥的水化作用只有在适当的温度和湿度条件下才能顺利进行。混凝土的养护,就是创造一个具有适合的温度和湿度的环境,使混凝土凝结硬化,逐步达到设计要求的强度。

混凝土浇筑完毕后应根据原材料、配合比、浇筑部位和施工季节等具体情况,在施工技术方案中确定有效的养护措施,并要符合下列规定。

(1)当最高气温低于 25 ℃时,混凝土浇筑完后应在 12 h 以内加以覆盖和浇水;最高气温高于 25 ℃时,应在 6 h 以内开始养护。

(2)混凝土浇水养护的时间。对采用硅酸盐水泥、普通硅酸盐水泥或矿渣硅酸盐水泥拌制的混凝土,不得少于 7 d;对掺用缓凝型外加剂或有抗渗要求的混凝土,不得少于 14 d。

(3)浇水次数应能保持混凝土具有足够的湿润状态,养护初期,水泥水化作用进行较快,需水也较多,浇水次数要多;气温高时,也应增加浇水次数。

(4)采用塑料布覆盖养护的混凝土,其敞露的全部表面应覆盖严密,并应保持塑料布内有凝结水。

(5)混凝土强度达到 1.2 N/mm^2 前,不得在其上踩踏或安装模板及支架。

注:1.当日平均气温低于 5 ℃时,不得浇水。

2.当采用其他品种的水泥时,混凝土的养护时间应根据所采用水泥的技术性能确定。

3.混凝土表面不便浇水或使用塑料布时,宜涂刷养护剂。

4.对大体积混凝土的养护,应根据气候条件按施工技术方案采取控温措施。

混凝土养护方法分为自然养护、标准养护、蒸汽养护。

对混凝土进行自然养护,是指在常温下(平均气温不低于+5 ℃)用适当的材料覆盖混凝土,并适当浇水,使混凝土在规定的时间内保持足够的湿润状态。自然养护又可分为洒水养护和喷洒塑料薄膜养生液养护等。洒水养护是指用吸水保温能力较强的材料(如麻袋、草帘、芦席、锯末等)覆盖混凝土,经常洒水使其保持湿润,是施工现场使用最多的养护方式;喷洒塑料薄膜养生液养护是将养生液用喷枪喷洒在混凝土表面,形成一层塑料薄膜,使混凝土与空气隔绝,阻止水分的蒸发,保证水化作用的正常进行。它适用于不易洒水养护的高耸构筑物和大面积混凝土结构及缺水地区。

混凝土的标准养护是指混凝土试件在温度为20±3 ℃和相对湿度90%以上的潮湿环境或水中(标准条件)养护28 ℃/d,有条件的施工现场可以配备标准养护室,对混凝土试件进行标准养护。

蒸汽养护是指将构件放置在有饱和蒸汽或蒸汽空气混合物的养护室内,在较高的温度和相对湿度的环境中进行养护,以加速混凝土的硬化,使混凝土在较短的时间内达到规定的强度标准值。

◆冬期混凝土搅拌

冬期施工时,投入混凝土搅拌机中的各种原材料的温度往往不同。必须通过搅拌使混凝土内温度均匀一致。因此,搅拌时间应比表4.44中的规定时间延长50%。

投入混凝土搅拌机中的集料不得带有冰屑、冻块及雪团,否则,会影响混凝土中用水量的准确性和破坏集料与水泥石之间的黏结。当水需加热时,还会消耗大量热能,使混凝土的温度降低。

当需加热原材料使混凝土的温度提高时,应优先采用将水加热的方法。由于水的加热简便,而且水的热容量大,其比热约为砂、石的4.5倍,因此将水加热是最经济、最有效的方法。只有当加热水无法达到所需的温度要求时,才可依次对砂、石进行加热,水泥不得直接加热,使用前宜事先存放在暖棚内。

水可以直接通入蒸汽加热,或在锅中或锅炉中加热;集料可用铁板、热炕、通汽蛇形管或直接通入蒸汽等方法加热,水及集料的加热温度应根据混凝土搅拌后的最终温度要求,通过热工计算确定,其加热最高温度不得超过表4.48的规定。

表4.48 拌和水及集料加热最高温度

项目	拌和水/℃	集料/℃
强度等级小于52.5级的普通硅酸盐水泥、矿渣硅酸盐水泥	80	60
强度等级等于及大于52.5级的硅酸盐水泥、矿渣硅酸盐水泥	60	40

当集料不加热时,水可加热到100 ℃。但搅拌时,为防止水泥"假凝",水泥不得直接接触80 ℃以上的水。因此,投料时,应先投入集料和已加热的水,稍加搅拌后,再投入水泥。

采用蒸汽加热时,蒸汽与冷的混凝土材料接触后放出热量,本身凝结为水。混凝土要求升高的温度越高,凝结水也越多。该部分水应该作为混凝土搅拌用水量的一部分来考虑。搅拌 1 m³ 混凝土所产生的凝结水可按下式近似地计算：

$$g_H = \frac{\gamma_H c_H (t_H - t_Q)}{650 - (t_H - t_Q)} \approx \frac{600(t_H - t_Q)}{650 - (t_H - t_Q)} \tag{4.11}$$

式中：g_H——每立方米混凝土所产生的冷凝水(kg)；

γ_H——混凝土的密度(一般取 2 400 kg/m³)；

c_H——混凝土的比热(一般取 1 046.7 J/kg·℃)；

t_H——混凝土搅拌完毕出料时的温度(℃)；

t_Q——搅拌混凝土时的室外气温(℃)；

$(t_H - t_Q)$——每千克热蒸汽凝结为水时所放出的热量(kcal/kg)。

4.4 预应力混凝土工程

【基 础】

◆预应力混凝土特点

预应力混凝土与普通钢筋混凝土相比，具有刚度大、材料省、自重轻、抗裂性好、结构寿命长等优点，在工程中的应用范围愈来愈大。预应力混凝土已由单个预应力混凝土构件发展成整体预应力混凝土结构，广泛应用于土建、管道、桥梁、水塔、电杆和轨枕及电视塔、核电站安全壳等领域。

◆预应力混凝土分类

预应力混凝土按施工方式不同可分为：预制预应力混凝土、现浇预应力混凝土和叠合预应力混凝土等。按预加应力的方法不同可分为：先张法预应力混凝土和后张法预应力混凝土。先张法是在浇筑混凝土前张拉钢筋，预应力是靠钢筋与混凝土之间的粘结力传递给混凝土；后张法是在混凝土达到一定强度后张拉钢筋，预应力靠锚具传递给混凝土。在后张法中，按预应力筋黏结状态又可分为：有黏结预应力混凝土和无黏结预应力混凝土。前者在张拉后通过孔道灌浆使混凝土与预应力筋相互黏结；后者由于预应力筋涂有油脂。预应力只能永久地靠锚具传递给混凝土。

◆预应力混凝土材料

1.混凝土

在预应力混凝土结构中所采用的混凝土应具有高强、轻质和高耐久性的性质。一般要求混凝土的强度等级不低于 C30。目前，我国在一些重要的预应力混凝土结构中，已开始采用 C50~C60 的高强混凝土，最高混凝土强度等级已达到 C80，并逐步向更高强度等级的混凝土发展。国外混凝土的平均抗压强度每 10 年提高 5~10 MPa，现已出现抗压强度高达 200 MPa 的混凝土。

2.预应力钢筋

预应力筋通常由单根或成束的钢丝、钢绞线或钢筋组成。

对预应力筋的基本要求是高强度、较好的黏结性能及较好的塑性。

(1)高强钢筋。高强钢筋可分为热处理低合金钢筋和冷拉热轧低合金钢筋两种。

(2)高强钢丝。常用的高强钢丝分为冷拉和矫直回火两种,按外形分为光面、刻痕和螺旋肋三种,常用的高强钢丝的直径(mm)有:4.0、5.0、6.0、7.0、8.0、9.0 等几种。

(3)钢绞线。钢绞线是用冷拔钢丝绞扭而成,其方法是在绞线机上以一种稍粗的直钢丝为中心,其余钢丝则围绕其进行螺旋状绞合,如图4.12所示,再经低温回火处理即可。

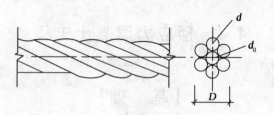

D—钢绞线直径;d_0—中心钢丝直径;d—外层钢丝直径

图4.12 预应力钢绞线的截面

(4)无黏结预应力钢筋。无粘结预应力钢筋是一种在施加预应力后沿全长与周围混凝土不黏结的预应力筋,它由预应力钢材、包裹层和涂料层组成,如图4.13所示。

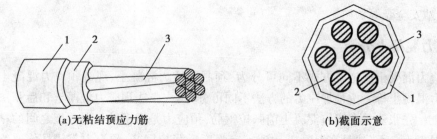

(a)无粘结预应力筋　　　　(b)截面示意

1—聚乙烯塑料套管;2—保护油脂;3—钢绞线或钢丝束

图4.13 无黏结预应力筋

【实　务】

◆先张法施工

先张法施工是在浇筑混凝土前,预先将需张拉的预应力钢筋,用夹具固定在台座或钢材制成的定性模板上,然后做绑扎非预应力钢筋、支模等工序,并根据设计要求对预应力钢筋进行张拉到位,再浇筑混凝土,待混凝土达到一定强度(一般不低于设计强度标准值的75%),保证预应力筋与混凝土有足够的黏结力时,放松预应力筋,借助于混凝土与预应力筋的黏结,使混凝土产生预压应力。

预应力混凝土构件先张法施工如图4.14所示。图4.14(a)为预应力张拉时的情况,预应力筋一端用锚固夹具固定在台座上,另一端用张拉机械张拉后也用锚固夹具固定在台座的横梁上。图4.14(b)为混凝土浇筑及养护阶段,这时只有预应力筋有应力,混凝土没有应力。图4.14(c)为放松预应力筋后的情况,由于预应力筋和混凝土之间存在黏结力,因此在预应力筋弹性回缩时使混凝土产生预压应力。先张法中常用的预应力筋有钢丝和钢筋两类。先张法生产预应力混凝土构件,可采用台座法或机组流水法。但由于台座或钢模承受预应力筋的张拉能力受到限制并考虑到构件的运输条件,因此先张法施工适于在构件厂生产中小型预应力混凝土构件,如楼板、屋面板、中小型吊车梁等。

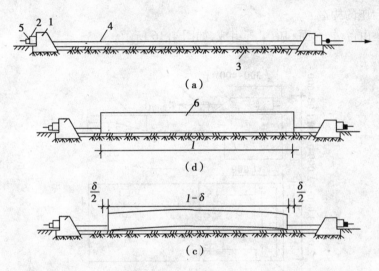

1—台座承力结构;2—横梁;3—台面;4—预应力筋;5—锚固夹具;6—混凝土构件

图4.14 先张法施工示意图

1. 台座

台座是先张法施工的主要设备之一,它承受预应力筋的全部张拉力。因此,台座应有足够的刚度、强度和稳定性,以免台座滑移、变形或倾斜而引起预应力损失,台座按构造形式分槽式和墩式两类,选用时根据构件种类、施工条件和张拉力大小而定。

(1)槽式台座。槽式台座由钢筋混凝土端柱、传力柱、柱垫、砖墙、台面和上下横梁等组成,既可做蒸汽养护槽,又可承受张拉力,适用于张拉吨位较高的大型构件,如屋架、吊车梁等,槽式台座构造如图4.15所示。

槽式台座的长度一般不大于76 m,宽度随构件外形及制作方式而定,一般不小于1 m。槽式台座一般与地面相平,以便运送混凝土和蒸汽养护,但需考虑排水和地下水位等问题。端柱、传力柱的端面必须平整,柱与柱垫连接必须牢靠,对接接头必须紧密。

槽式台座需进行强度和稳定性验算。端柱和传力柱的强度按钢筋混凝土结构偏压构件计算。槽式台座端柱抗倾覆力矩由端柱、横梁自重力等组成。

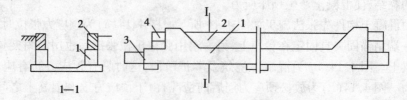

1—钢筋混凝土端柱;2—砖墙;3—下横梁;4—上横梁

图 4.15　槽式台座

(2)墩式台座。

1)墩式台座的构造。

墩式台座由台墩、台面和横梁等组成,如图 4.16 所示。

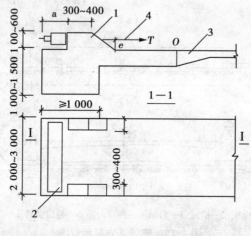

1—台墩;2—横梁;3—台面;4—预应力筋

图 4.16　墩式台座

台墩是墩式台座的主要受力结构,它依靠其自重和土压力平衡张拉力产生的倾覆力矩,依靠土的反力和摩阻力平衡张拉力产生的水平滑移,因此台墩结构造型大、埋设深度深、投资较大,为了改善台墩的受力状况,提高台座承受张拉力的能力,常采用台墩与台面共同工作的做法以减小台墩自重和埋深。

台面是预应力混凝土构件成型的胎模。它是由素土夯实后铺碎砖垫层,再浇筑厚度为 50～80 mm 的 C15～C20 混凝土面层组成。台面要求光滑、平整,沿其纵向设 3‰ 的排水坡度,每隔 10～20 m 设置宽度为 30～50 mm 的温度缝。

横梁是锚固夹具临时固定预应力筋的支座,也是张拉机械张拉预应力筋的支座,常采用型钢或钢筋混凝土制作而成。横梁的挠度要求小于 2 mm,并不得产生翘曲。

墩式台座的长度通常为 100～150 m,因此又称长线台座。墩式台座张拉一次可生产多根预应力混凝土构件,减少了张拉和临时固定的工作,同时也减少了由于预应力筋滑移和横梁变形引起的预应力损失值。

2)墩式台座的稳定性验算。墩式台座一般埋于地下,由现浇钢筋混凝土做成。台座应具有足够的刚度、强度和稳定性。稳定性验算包括两个方面,即抗倾覆验算和抗滑移验算,验算时可按台面受力和台面不受力两种情况考虑。当不考虑台面受力时,如图4.17(a)所示,台墩借自重及土压力以平衡张拉力矩,借土压力和摩阻力以抵抗水平滑移,因此台墩自重大、埋设深;当考虑台面受力时,如图4.17(b)所示,由张拉力引起的水平滑移主要由混凝土台面抵抗,而土压力和摩阻力只抵抗少部分滑移力,因而可减小埋深。由张拉力引起的倾覆力矩靠台墩自重对台面O点的力矩来平衡,这时由于倾覆旋转点O上移,倾覆力矩减小,台墩自重可以减小。因此,为了减小台墩的自重和埋深,应采用台墩与台面共同工作的做法,充分利用台面受力。

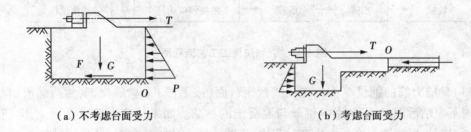

(a)不考虑台面受力　　　　　　　　(b)考虑台面受力

图4.17　墩式台座稳定性验算简图

墩式台座的抗倾覆验算,可按下式进行:

$$K_1 = \frac{M_1}{M} \geq 1.5 \tag{4.12}$$

式中:K_1——抗倾覆安全系数;
　　　M_1——抗倾覆力矩;
　　　M——倾覆力矩。

墩式台座的抗滑移验算,可按下式进行:

$$K_2 = \frac{T_1}{T} \geq 1.3 \tag{4.13}$$

式中:K_2——抗滑移安全系数;
　　　T_1——抗滑移力;
　　　T——张拉力的合力。

如果台座的设计考虑台墩与台面共同工作,则可不作抗滑移验算,而应计算台面的承载力。

台座强度验算时,支承横梁的牛腿,按柱子牛腿计算方法计算其配筋;墩式台座与台面接触的外伸部分,按偏心受压构件计算;台面按轴心受压杆件计算;横梁按承受均布荷载的简支梁计算,其挠度应控制在2 mm以内,并不得翘曲。

台面伸缩缝可根据当地温差和经验设置,一般约为10 m设置一条。

2. 先张法施工工艺

先张法预应力混凝土构件在台座上生产时,其工艺流程一般如图4.18所示。

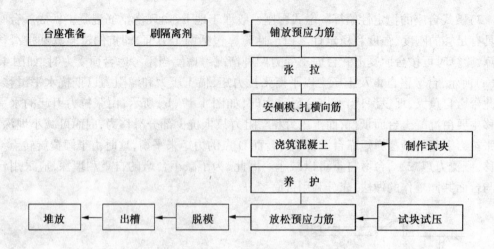

图4.18 先张法施工工艺流程图

(1)预应力筋的铺设。首先在长线台座台面(或胎模)上涂隔离剂,然后铺放钢丝。隔离剂不应玷污钢丝,以免影响钢丝与混凝土的黏结。如果预应力筋遭受污染,应使用适宜的溶剂加以清洗干净。在生产过程中,应防止雨水冲刷掉台面上的隔离剂。

预应力钢丝宜用牵引车铺设。如遇钢丝需接长,可借助于钢丝拼接器,用20~22号镀锌钢丝密排绑扎。绑扎长度:对冷拔低碳钢丝不得小于40 d;对刻痕钢丝不得小于80 d。钢丝搭接长度应比绑扎长度长10 d。(d为钢丝直径)

预应力钢筋铺设时,钢筋与螺杆之间的连接或钢筋之间的连接,可采用连接器。

(2)预应力筋的张拉。预应力筋的张拉应根据设计要求采用合适的张拉方法、张拉顺序及张拉程序进行,并应有可靠的保证质量措施和安全技术措施。

1)张拉控制应力。张拉时的张拉控制应力应按设计规定取值,设计无规定时可参考表4.49的规定。

表4.49 张拉控制应力限值

钢筋种类	张拉方法	
	先张法/f_{ptk}	后张法/f_{ptk}
消除应力钢丝、钢绞线热处理钢筋	0.75	0.70
	0.70	0.65

注:1. f_{ptk}为钢筋标准强度。
2. 在下列情况下,表中的张拉控制应力限值可提高0.05f_{ptk}:要求提高构件在施工阶段的抗裂性能而在使用阶段受压区内设置的预应力钢筋;要求部分抵消由于应力松弛、摩擦、钢筋分批张拉以及预应力钢筋与张拉台座之间的温差因素产生的预应力损失。
3. 张拉控制应力值σ_{con}不应小于0.4f_{ptk}。

2)张拉程序。预应力筋的张拉程序有超张拉和一次张拉两种。所谓超张拉,就是指张拉应力超过规范规定的控制应力值。用超张拉方法时,预应力筋可按下列两种张拉程序之一进行张拉。

$$0 \to 1.05\,\sigma_{con} \xrightarrow{\text{持荷 2 min}} \sigma_{con}$$

或

$$0 \to 1.03\,\sigma_{con}$$

第一种张拉程序中,超张拉5%并持荷2 min,其目的是为了加速预应力筋松弛早期发展,以减少应力松弛引起的预应力损失(约减少50%);第二种张拉程序中,超张拉3%,其目的是为了弥补预应力筋的松弛损失。这种张拉程序施工简便,一般多被采用。以上两种超张拉程序是等效的,可根据构件类型、预应力筋与锚具种类、张拉方法、施工速度等选用。采用第一种张拉程序时,千斤顶回油至稍低于σ_{con},再进油至σ_{con},以建立准确的预应力值。

如果在设计中钢筋的应力松弛损失按一次张拉取值,则张拉程序取$0 \to \sigma_{con}$就可以满足要求。

(3)预应力筋伸长值的检验。张拉预应力筋可单根进行也可多根成组同时进行,同时张拉多根预应力筋时,应预先调整初应力,使其相互之间的应力一致。预应力筋张拉锚固后,对设计位置的偏差不得大于5 mm,也不得大于截面短边长度的4%。

采用应力控制方法张拉时,应校核预应力筋的伸长值。如实际伸长值比计算伸长值大于10%或小于5%,应暂停张拉,在查明原因、采用措施予以调整后,方可继续张拉。

预应力筋的计算伸长值$\triangle l$(mm)可按下式计算:

$$\triangle l = \frac{F_p \cdot l}{A_p \cdot E_s} \tag{4.14}$$

式中:F_p——预应力筋的平均张拉力,直线筋取张拉端的拉力;两端张拉的曲线筋,取张拉端的拉力与跨中扣除孔道摩阻损失后拉力的平均值;

　　　l——预应力筋的长度(mm);

　　　A_p——预应力筋的截面面积(mm^2);

　　　E_s——预应力筋的弹性模量(kN/mm^2)。

预应力筋的实际伸长值,宜在初应力为张拉控制应力10%左右时开始量测,但必须加上初应力以下的推算伸长值。通过伸长值的检验,可以综合反映张拉力是否足够及预应力筋是否有异常现象等。因此,对于伸长值的检验必须重视。

3. 混凝土的浇筑和养护

预应力筋按照规范要求张拉完毕后,必须立即浇筑混凝土,且应一次浇筑完毕,不允许留设施工缝。混凝土的强度等级不得小于C30。构件应避开台面的温度缝,当不可能避开时,在温度缝上可先铺薄钢板或垫油毡,然后浇筑混凝土。为保证钢丝与混凝土有良好的黏结,浇筑时振动器不应与钢丝碰撞,混凝土未达到一定强度前,也不允许碰撞或踩动钢丝。必须严格控制混凝土的用水量和水泥用量,混凝土必须振捣密实,以减少混凝土由于收缩和徐变而引起的预应力损失。

采用平卧叠浇法制作预应力混凝土构件时,其下层构件混凝土的强度需达到5 MPa后,才能浇筑上层构件混凝土并应有隔离措施。

混凝土可采用自然养护或蒸汽养护。但应注意,在台座上用蒸汽养护时,温度升高后,预应力筋膨胀而台座的长度并无变化,因而预应力筋应力减小,这就是温差引起的预应力损失。为了减少这种温差应力损失,应保证混凝土在达到一定强度之前,温差不能太大(一般不超过20 ℃),因此在台座上用蒸汽养护时,其最高允许温度应根据设计要求的允许温差(张拉钢筋的温度与台座温度的差)经计算确定。当混凝土强度养护至7 MPa(粗钢筋配筋)或10.0 MPa(钢丝、钢绞线配筋)以上时,则可不受设计要求的温差限制,按一般构件的蒸汽养护规定进行。这种养护方法又称为二次升温养护法,在采用机组流水法用钢模制作、蒸汽养护时,由于钢模和预应力筋同样伸缩,所以不存在由于温差而引起的预应力损失,因此可以采用一般加热养护制度。

4. 预应力筋的放张

先张法预应力筋的放张工作应有序并缓慢进行,防止突然放线所引起的冲击,造成混凝土裂缝。

预应力筋放张时,混凝土强度应符合设计要求;当设计无要求时,不得低于设计的混凝土强度标准值的75%。对于重叠生产的构件,要求最上一层构件的混凝土强度不低于设计强度标准值的75%时方可进行预应力筋的放张。过早放张预应力筋会引起较大的预应力损失或预应力钢丝产生滑动。预应力混凝土构件在预应力筋放张前要对混凝土试块进行试压,以确定混凝土的实际强度。

(1)放张顺序。预应力筋的放张顺序,应符合设计要求;当设计无专门要求时,应符合下列规定。

1)对承受轴心预压力的构件(如桩、压杆等),所有预应力筋应同时放张。

2)对承受偏心预压力的构件,应先同时放张预压力较小区域的预应力筋再同时放张预压力较大区域的预应力筋。

3)当不能按上述规定放张时,应分阶段、对称、相互交错地放张,以防止放张过程中构件发生翘曲、裂纹及预应力筋断裂等现象。

4)放张后预应力筋的切断顺序,宜由放张端开始,逐次切向另一端。

(2)放张方法。当构件的预应力筋为钢丝时,对配筋不多的钢丝,放张可采用剪切、割断和熔断的方法逐根放张并应自中间向两侧进行,以减少回弹量,利于脱模。对配筋较多的预应力钢丝,应同时进行放张,不得采用逐根放张的方法,以防止最后的预应力钢丝由于应力增加过大而断裂或使构件端部开裂,放张的方法可用放张横梁来实现,横梁可用千斤顶或预先设置在横梁支点处的放张装置(砂厢或楔块)来放张。

当构件的预应力筋为钢筋时,放张应缓慢进行。对配筋较多的预应力钢筋,所有钢筋应同时放张,放张可采用砂厢或楔块等装置进行缓慢放张。对配筋不多的钢筋,可采用逐根加热熔断或借预先设置在钢筋锚固端的楔块等单根放张。

如图4.19所示为砂厢放张的例子。砂厢装置放置在台座和横梁之间,它由钢制的套箱和活塞组成,内装铁砂或石英砂。预应力筋张拉时,砂厢中的砂被压实、承受横梁的反力。预应力筋放张时,打开出砂口,砂缓慢流出,从而使预应力筋缓慢地放张。砂厢装置中的砂应采用干砂并选定适宜的级配,防止出现砂子压碎引起流不出的现象或者增加砂的空隙率,使预应力筋的预应力损失增加。采用砂厢放张,能控制放张速度、工作可靠、施工方便,可用于张拉力大于1 000 kN的情况。

如图4.20所示为楔块放张的例子。楔块装置放置在台座与横梁之间,放张预应力筋时,旋转螺母使螺杆向上运动,带动楔块向上移动,横梁向台座方向移动,预应力筋得到放松。楔块放张,一般用于张拉力不大于 300 kN 的情况。

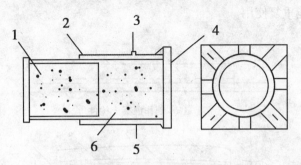

1—活塞;2—钢套箱;3—进砂口;4—钢套箱;5—出砂口;6—砂子
图 4.19 砂厢装置构造图

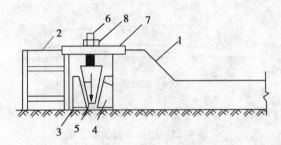

1—台座;2—横梁;3、4—钢块;5—钢楔块;6—螺杆;7—承力板;8—螺母
图 4.20 楔块放张图

◆后张法施工

后张法施工是在浇筑混凝土构件时,在配置预应力筋的位置处预先留出相应的孔道,然后绑扎非预应力钢筋、浇筑混凝土,待构件混凝土强度达到设计规定的数值后,在孔道内穿入预应力筋,用张拉机具进行张拉,然后用锚具将预应力筋锚固在构件上,最后进行孔道灌浆。预应力筋承受的张拉力通过锚具传递给混凝土构件,使混凝土产生预压应力。

1. 构件张拉

如图 4.21 所示为预应力混凝土构件后张法施工示意图。图 4.21(a)为制作混凝土构件并在预应力筋的设计位置上预留孔道,待混凝土达到规定的强度后,穿入预应力筋进行张拉。图 4.21(b)为预应力筋的张拉,用张拉机械直接在构件上进行张拉,混凝土同时完成弹性压缩。图 4.21(c)为预应力筋的锚固和孔道灌浆,预应力筋的张拉力通过构件两端的锚具,传递给混凝土构件,使其产生预压应力,最后进行孔道灌浆。

后张法施工由于直接在混凝土构件上进行张拉,因此不需要固定的台座设备、不受地点限制,适用于在施工现场生产大型预应力混凝土构件,尤其是大跨度构件。同时对于特种结构和构筑物,后张法施工还可作为一种预应力预制构件的拼装手段,大型构件(如拼装式屋架)可以预制成小型块体,运至施工现场后,通过预加应力的手段拼装整体预应力结构。但后张法施工工序较多,工艺复杂,锚具作为预应力筋的组成部分,将永远留置在构件上不能重复使用。

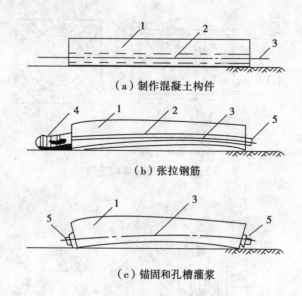

1—混凝土构件;2—预留孔道;3—预应力筋;4—千斤顶;5—锚具
图4.21 后张法施工示意图

后张法施工中常用的预应力筋有单根钢筋、钢筋束(包括钢绞线束)和钢丝束等几类。

2. 后张法施工工艺

后张法预应力混凝土构件的制作工艺流程如图4.22所示,下面主要介绍孔道的留设、预应力筋的张拉和孔道灌浆等内容。

(1)孔道的留设。孔道留设是后张法预应力混凝土构件制作的关键工序之一,预留孔道的尺寸与位置应正确、孔道应平顺;端部的预埋垫板应垂直于孔道中心线并用钉子或螺栓固定在模板上,以防止浇筑混凝土时发生走动,孔道的直径应比预应力筋的外径、钢筋对焊接头处外径及穿入孔道的锚具或连接器的外径大10~15 mm,以利于预应力筋穿入。孔道留设的方法有钢管抽芯法、胶管抽芯法和预埋波纹管法等。

1)钢管抽芯法。钢管抽芯法适用于留设直线孔道。钢管抽芯法是预先将钢管敷设在模板的孔道位置上,在混凝土浇筑过程中或过程后,为防止与混凝土黏结,每隔一定时间慢慢转动钢管,待混凝土初凝后、终凝前将钢管抽出,形成孔道。选用的钢管要平直,表面要光滑,敷设位置要准确。每间隔不超过1 m用钢筋井字架将钢管予以固定。每根钢管的长度最好不超过15 m,以利于转动和抽管。钢管两端应各伸出构件约500 mm左右,较长的构件可采用两根钢管组合使用,中间用套管连接,套管连接方式如图4.23所示。

准确地掌握抽管时间是钢管抽芯法的关键。抽管时间与水泥品种、气温和养护条件有关。抽管宜在混凝土初凝后、终凝以前进行,以用手指按压混凝土表面,其表面不黏浆已不再出现明显印痕时,即可抽管。抽管过早,会造成塌孔事故;太晚,则混凝土与钢管粘结牢固,抽管困难,甚至抽不出来。常温下抽管时间可控制在混凝土浇筑后 3~5 h。抽管顺序宜先上后下。抽管可采用人工或用卷扬机,抽管时速度必须均匀、边抽边转并与孔道保持在同一直线上。抽管后应及时检查孔道情况,并做好孔道清理工作,以防止以后穿筋困难。

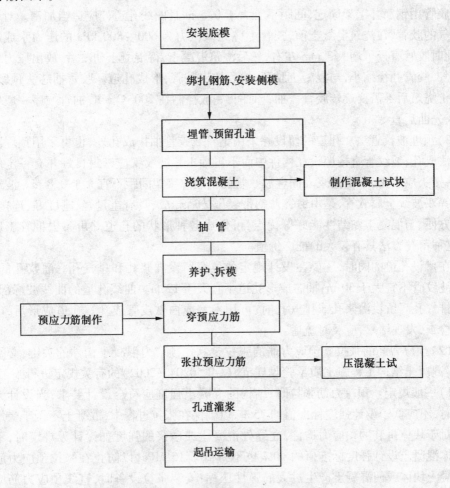

图 4.22 后张法施工工艺流程图

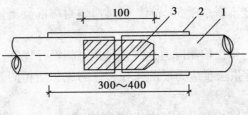

1—钢管;2—白铁皮套管;3—硬木塞
图 4.23 钢管连接方式

2）胶管抽芯法。胶管抽芯法可用于留设直线孔道，也可留设折线或曲线孔道。胶管弹性好，便于弯曲，一般有五层或七层帆布胶管和钢丝网橡皮管两种。前者质软，必须在管内充水或充气后才能使用；后者质硬，且有一定的弹性，预留孔道时与钢管一样使用，所不同的是浇筑混凝土后不需转动，抽管时可利用其有一定弹性的特点，胶管在拉力作用下断面缩小，即可把管抽出。

胶管用钢筋井字架固定，间距不宜大于 0.5 m 且曲线孔道处应适当加密。对于充水或充气的胶管，在浇筑混凝土前，胶管中应充入压力为 600~800 kPa 的压力水或压缩空气，此时胶管直径可增大 3 mm 左右，然后浇筑混凝土，待混凝土初凝后，放出压力水或压缩空气，胶管孔径缩小，与混凝土脱开，然后抽出胶管，形成孔道。胶管抽芯法预留孔道，混凝土浇筑后不需要旋转胶管。抽管时间，一般控制在 200 ℃·h，抽管顺序一般应先上后下、先曲后直。

3）预埋波纹管法。孔道的留设除采用钢管或胶管抽拔成孔外，也可采用预埋波纹管的方法成孔，波纹管直接埋设在构件中而不再抽出。波纹管应密封良好并有一定的轴向刚度，接头应严密，不得漏浆。固定波纹管的钢筋井字架间距不宜大于 0.8 m。波纹管全称镀锌双波纹金属软管，是由镀锌薄钢带经压波后卷成，具有重量轻、刚度好、连接容易、弯折方便、与混凝土黏结性能好等优点，可做成各种形状的孔道并可省去抽管工序。因此，这种留孔方法具有较大的推广价值。

在留设孔道的同时，还要在设计规定的位置留设灌浆孔和排气孔。灌浆孔的间距：预埋波纹管不宜大于 30 m；抽芯成形孔道不宜大于 12 m。曲线孔道的曲线波峰部位，宜设置排气孔。留设灌浆孔或排气孔时，可用木塞或白铁皮管成孔。孔道成形后，应立即逐孔检查，发现堵塞，应及时疏通。

(2)预应力筋的张拉。预应力筋的张拉是制作预应力混凝土构件的关键，必须按照现行《混凝土结构工程施工质量验收规范》(GB 50204—2002)的有关规定进行施工。

1）一般规定。预应力筋张拉时，结构的混凝土强度应符合设计要求；当设计无具体要求时，不应低于设计强度标准值的 75%，以确保在张拉过程中，混凝土不至于受压而破坏。对于块体拼装的预应力构件，立缝处混凝土或砂浆的强度如设计无规定时，不应低于块体混凝土设计强度标准值的 40% 也不得低于 15 MPa，以防止在张拉预应力筋时压裂混凝土块体或使混凝土产生过大的弹性压缩；安装张拉设备时，直线预应力筋应使张拉力的作用线与孔道中心线重合；曲线预应力筋应使张拉力的作用线与孔道中心线末端的切线重合；预应力筋张拉、锚固完毕，如果需要割去锚具外露出的预应力筋时，则留在锚具外的预应力筋长度不得小于 30 mm。锚具应用封端混凝土保护，如果需要长期外露应采取措施防止锈蚀。

后张法预应力筋的张拉控制应力，按《混凝土结构设计规范》(GB 50010—2002)的规定取用，见表 4.49。后张法预应力筋的张拉程序与先张法相同，即可以采用超张拉法也可以采用一次张拉法。

2）张拉方法。为了减少预应力筋与孔道摩擦引起的损失，预应力筋张拉端的设置，应符合设计要求；当设计无要求时，应符合下列规定。

①抽芯成形孔道。曲线预应力筋和长度大于 24 m 的直线预应力筋，应在两端张拉；

长度不大于24 m的直线预应力筋,可在一端张拉。

②预埋波纹管孔道。曲线预应力筋和长度大于30 m的直线预应力筋,宜在两端张拉;长度不大于30 m的直线预应力筋可在一端张拉。

同一截面中有多根一端张拉的预应力筋时,张拉端宜分别设置在结构的两端。当两端同时张拉同一根预应力筋时,为了减少预应力损失,宜先在一端锚固,再在另一端补足张拉力后进行锚固。

3)张拉顺序。预应力筋的张拉顺序应符合设计要求,当设计无具体要求时,可采用分批、分阶段对称张拉。应使混凝土不产生超应力、构件不扭转与侧弯、结构不变位等,因此,对称张拉是一项重要原则。同时,还要考虑到尽量减少张拉机械的移动次数。

对配有多根预应力筋的预应力混凝土构件,由于不可能同时一次张拉,应分批、对称的进行张拉。分批张拉时,应计算分批张拉的弹性回缩造成的预应力损失值,分别加到先张拉预应力筋的张拉控制应力内,或采用同一张拉值逐根复位补足。

对于平卧叠浇的预应力混凝土构件,上层构件重量产生的水平摩阻力会阻止下层构件在预应力筋张拉时产生的混凝土弹性压缩的自由变形,待上层构件起吊后,由于摩阻力影响消失,则混凝土弹性压缩的自由变形恢复而引起预应力损失。所以,对于平卧重叠浇筑的构件,宜先上后下逐层进行张拉。为了减少上下层构件之间的摩阻力引起的预应力损失,可采用逐层加大张拉力的方法。但底层张拉力值:对光面钢丝、钢绞线和热处理钢筋,不宜比顶层张拉力大5%;对于冷拉HRB335级、HRB400级、RRB400级钢筋,不宜比顶层张拉力大9%,但也不得大于预应力筋的最大超张拉力的规定。可构件之间隔离层的隔离效果很好(如用塑料薄膜作隔离层或用砖作隔离层)。用砖作隔离层时,大部分砖应在张拉预应力筋时取出,仅有局部的支撑点,构件之间基本上架空,也可自上而下采用同一张拉力值。

4)预应力值的校核和伸长值的确定。预应力筋张拉之前,应按设计张拉控制应力和施工所需的超张拉要求计算总张拉力。可以用下式计算:

$$N_p = (1 + P)(\sigma_{con} + \sigma_p)A_p \tag{4.15}$$

式中:N_p——预应力筋总张拉力(kN);

P——超张拉百分率(%);

σ_{con}——张拉控制应力(kN/mm^2);

A_p——同一批张拉的预应力筋面积(mm^2);

σ_p——分批张拉时,考虑后批张拉对先皮张拉的混凝土产生弹性回缩影响所增加的应力值。(对后批张拉时,该项为零,仅一批张拉时,该项也为零)

预应力筋张拉时,应尽量减少张拉机具的摩阻力,摩阻力的数值应由试验确定,将其加在预应力筋的总张拉力中去,然后折算成油压表读数值,作为施工时的控制数值。

为了了解预应力值建立的可靠性,需对预应力筋的应力及损失进行检验和测定,以便在张拉时补足和调整预应力值。检验应力损失最方便的方法,在后张法中是将钢筋张拉24 h后,未进行孔道灌浆以前,重复张拉一次,测读前后两次应力值之差,即为钢筋预应力损失。(并非全部损失,但已完成很大部分)

预应力筋张拉时,通过伸长值的校核,综合反映张拉力是否足够,孔道摩阻损失是否偏大,及预应力筋是否有异常现象。

用应力控制方法张拉时,还应测定预应力筋的实际伸长值,以对预应力筋的预应力值进行校核。预应力筋实际伸长值的测定方法与先张法相同。

(3)孔道灌浆。预应力筋张拉锚固后,利用灰浆泵将水泥浆压灌到预应力孔道中去,这样既可以起到预应力筋的防锈蚀作用,也可使预应力筋与混凝土构件的有效黏结增加,控制超载时的裂缝发展,减轻两端锚具的负荷状况。

孔道灌浆应采用强度等级不低于42.5级普通硅酸盐水泥或矿渣硅酸盐水泥配制的水泥浆;对空隙大的孔道可采用砂浆灌浆。水泥浆及砂浆强度均不应低于20 MPa。灌浆用水泥浆的水灰比宜为0.4左右,搅拌后3 h泌水率宜控制在2%,最大不得超过3%。纯水泥浆的收缩性较大,为了增加孔道灌浆的密实性,在水泥浆中可掺入为水泥用量0.01%的铝粉或0.25%的木质素磺酸钙或其他减水剂,但不得掺入氯化物或其他对预应力筋有腐蚀作用的外加剂。

灌浆前,混凝土孔道应用压力水冲刷干净并润湿孔壁。灌浆顺序应先下后上,以避免上层孔道漏浆而把下层孔道堵塞,孔道灌浆可采用电动灰浆泵,灌浆应缓慢均匀地进行,不得中断,灌满孔道并封闭排气孔后,宜再继续加压至0.5~0.6 MPa并稳压一定时间,以确保孔道灌浆的密实性。对于不掺外加剂的水泥浆可采用二次灌浆法,以提高孔道灌浆的密实性。灌浆后孔道内水泥浆及砂浆强度达到15 MPa时,预应力混凝土构件即可进行起吊运输或安装。

第5章 钢结构工程

5.1 钢结构构件的加工制作

【基 础】

◆ **加工环境要求**

为保证钢结构零部件在加工中钢材原材质不变,在零件冷、热加工和焊接时,应按照施工规范规定的环境温度和工艺要求进行施工。

1. 冷加工温度要求

(1)零件为普通碳素结构钢,当操作地点环境温度低于 −20 ℃,零件为低合金结构钢,操作地点环境温度低于 −15 ℃时,均不得进行剪切和冲孔。否则,在外力作用下容易发生裂纹。

(2)当零件为普通碳素结构钢,操作地点环境温度低于 −16 ℃,低合金结构钢操作地点环境温度低于 −12 ℃时,均不得进行矫正和冷弯曲,以防在低温条件和外力作用下发生裂纹。

(3)冷矫正和冷弯曲不但严格要求在规定的温度下进行,还要求弯曲半径不宜过小,以免钢材丧失塑性出现裂纹。

2. 热加工温度要求

(1)当零件采用热加工成型时,加热温度应控制在900~1 000 ℃;碳素结构钢和低合金结构钢在温度分别下降到700 ℃和800 ℃之前,应结束加工;低合金结构钢应自然冷却。

(2)普通碳素结构钢、低合金结构钢的零件在热弯曲加工时,其加热温度在900 ℃左右进行。否则温度过高会使零件内侧在弯曲压力作用下厚度增厚,外侧在弯曲外力作用下被过多的拉伸而减薄;温度过低不但成型较困难,更重要的是钢材在蓝脆状态下弯曲受力时,塑性降低,易产生裂纹。

(3)为使普通碳素结构钢和低合金结构钢的机械性能不发生改变,加热矫正时的加热温度不应超过900 ℃,其中低合金结构钢加热矫正后应自然冷却,不允许在热矫正时用浇冷水法急冷,以免产生淬硬组织,导致脆性裂纹。

3. 焊接环境要求

在低温的环境下焊接不同钢种、厚度较厚的钢材时,为使加热与散热的速度按正比关系变化,避免散热速度过快,导致焊接的热影响区产生金属组织硬化,形成焊接残余应力,在焊接金属熔合线交界边缘或受热区域内的母材金属处局部产生裂纹,在焊接前应按《钢结构工程施工质量验收规范》(GB 50205—2001)标准规定的温度进行预热和保证良好的焊接环境。

(1)普通碳素结构钢厚度大于34 mm和低合金结构钢的厚度大于或等于30 mm,工作地点温度不低于0 ℃时,应进行预热,其焊接预热温度及层间温度宜控制在100~150 ℃之间,预热区应在焊接坡口两侧各80~100 mm范围内。

焊件经预热后可以达到的作用如下:
1)减缓焊接母材金属的冷却速度。
2)降低残余应力,并减少构件的焊后变形。
3)防止焊接区域的金属温度梯度突然变化。
4)有利于氢的逸出,防止氢在金属内部起破坏作用。
5)消除焊接时产生气孔和熔合性飞溅物的产生。
6)防止焊接加热过程中产生热裂纹,焊缝终止冷却时产生冷裂纹或延迟性冷裂纹及再加热裂纹。

(2)如果焊接操作地点温度低于0 ℃时,需要预热的温度应根据试验来确定,试验确定的结果应符合下列要求。
1)焊接加热过程中在焊缝及热影响区域不发生热裂纹。
2)焊接完成冷却后,在焊接范围的焊缝金属及母材上不产生即时性冷裂纹和延迟性冷裂纹。
3)焊缝及热影响区的金属强度、塑性等性能应符合设计要求。
4)在刚性固定的情况下进行焊接有较好的塑性,不致产生较大的裂纹或约束应力。
5)焊接部位不产生过大的应力,焊后不需做热处理等调质措施。
6)焊后接点处的各项机械性能指标,均符合设计结构要求。

(3)当焊接重要钢结构构件时,应注意对施工现场焊接环境的监测与管理。如果出现下列情况时,应采取相应有效的防护措施。
1)雨雪天气。
2)环境温度在-5 ℃以下或相对湿度在90%以上。
3)风速超过8 m/s。

为保证钢结构的焊接质量,应改善上述不良的焊接环境,一般的做法是在具有保证质量条件的厂房、车间内施工,在安装现场制作与安装时,应在临建的防雨、雪棚内施工,棚内应设有提高温度、降低湿度的设施,以保证规定的正常焊接环境。

【实 务】

◆加工制作前的准备工作

1.图纸审查

图纸审查的目的,一方面是检查图纸设计的深度是否能满足施工的要求,核对图纸上构件的数量和安装尺寸,检查构件之间是否有矛盾等;另一方面也对图纸进行工艺审核,即审查在技术上是否合理,构造是否便于施工,图纸上的技术要求按加工单位的施工水平能否实现等,图纸审查的主要内容包括。

(1)设计文件是否齐全。设计文件包括设计图、施工图、图纸说明和设计变更通知单等。

(2)构件的几何尺寸是否标注齐全,相关构件的尺寸是否正确。

(3)加工符号、焊接符号是否齐全。

(4)构件连接是否合理,是否符合国家标准。

(5)构件分段是否符合制作、运输安装的要求。

(6)标题栏内构件的数量是否符合工程的总数量。

(7)结合本单位的设备和技术条件考虑能否满足图纸上的技术要求。

2. 备料

根据设计图纸算出各种材质、规格的材料净用量,并根据构件的不同类型和供货条件,增加一定的损耗率(一般为实际所需量的10%)提出材料预算计划。

3. 工艺装备和机具的准备

(1)根据设计图纸及国家标准定出成品的技术要求。

(2)编制工艺流程,确定各工序的公差要求和技术标准。

(3)根据用料要求和来料尺寸统筹安排、合理配料,确定拼装位置。

(4)根据工艺和图纸要求,准备必要的工艺装备。(胎、夹、模具)

◆零件加工

1. 放样

(1)放样前要熟悉施工图纸,并逐个核对图纸之间的尺寸和相互关系。以1:1的比例放出实样,制成样板(样杆)作为下料、成型、边缘加工和成孔的依据。

(2)样板一般用0.50~0.75 mm的薄钢板制作;样杆一般用扁钢制作;当长度较短时可用木杆,样板精度要求见表5.1。

表5.1 样板精度要求

项目	偏差极限
平行线距离和分段尺寸	±0.5 mm
宽、长度	±0.5 mm
孔距	±0.5 mm
两对角线差	1.0 mm
加工样板的角度	±20°

(3)样板(样杆)上应注明工号、零件号、数量及加工边、坡口部位、弯折线和弯折方向、孔径和滚圆半径等,样板(样杆)妥为保存,直至工程结束方可销毁。

(4)放样时,要边缘加工的工件应考虑加工预留量,焊接构件要按规范要求放出焊接收缩量。由于边缘加工时常成叠加工,尤其当长度较大时不易对齐,所有加工边一般要留加工余量 2~3 mm,刨边时的加工工艺参数见表 5.2。

表 5.2 刨边时的加工工艺参数

钢材性质	低碳结构钢	低碳结构钢	各种钢材	优质高强度低合金钢
边缘加工形式	剪断机剪或切割	气割	气割	气割
钢板厚度/mm	≤16	>16	各种厚度	各种厚度
最小余量/mm	2	3	>3	>3

2. 号料

(1)以样板(样杆)为依据,在原材料上划出实际图形,并打上加工记号。

(2)根据配料表和样板进行套裁,尽可能节约材料。

(3)当工艺有规定时,应按规定的方向取料。

(4)操作人员画线时,要根据材料厚度和切割方法留出适当的切割余量,气割下料的切割余量参见表 5.3。

表 5.3 气割下料的切割余量

材料厚度/mm	切割缝余量/mm
≤10	1~2
10~20	2.5
20~40	3.0
40 以上	4.0

(5)号料的允许偏差应符合表 5.4 的规定。

表 5.4 号料的允许偏差

项目	允许偏差/mm
零件外形尺寸	±1.0
孔距	±0.5

3. 切割

(1)切割下料时,根据钢材截面形状、厚度及切割边缘质量要求的不同可以采用机械切割法、气割法或等离子切割法。

(2)在钢结构制造厂,一般情况下钢板厚度 12 mm 以下的直线性切割常采用机械剪切。气割多数是用于带曲线的零件和厚板的切割。各类中小规格的型钢和钢管一般采用机械切割,较大规格的型钢和钢管可采用气割的方法,等离子切割主要用于不锈钢材料及有色金属切割。

(3)机械切割注意事项。

1)变形的型钢应预先经过矫直,方可进行锯切。

2)所选用的设备和锯片规格,必须满足构件所要求的加工精度。

3)单个构件锯切,先划出号料线,然后对线锯切。号料时,需留出锯槽宽度,(锯槽宽

度为锯片厚度 +0.5~1.0mm)。成批加工的构件,可预先安装定位挡板进行加工。

4)加工精度要求较高的重要构件,应考虑留放适当的精加工余量,以供锯割后进行端面精加工。

(4)气割注意事项。气割原则上采用自动切割机,也可以使用半自动切割机和手工切割,气体可为氧乙炔、丙烷、碳-3气及混合气等。

1)气割前,钢材切割区域表面的铁锈、污物等清除干净,并在钢材下面留出一定的空间,以利于熔渣的吹出。气割时,割矩的移动应保持匀速,被切割件表面距离焰心尖端以2~5mm为宜。距离太近,会使切口边沿熔化;太远则热量不足,易使切割中断。

2)气割时,气压要稳定;压力表、速度计等正常无损;机体行走平稳,使用轨道时要保证平直和无振动;割嘴的气流畅通,无污损;割矩的角度和位置准确。

3)气割时,大型工件的切割,应先从短边开始;在钢板上切割不同尺寸的工件时,应先割小件,后割大件;在钢板上切割不同形状的工件时,应先割较复杂的,后割较简单的;窄长条形板的切割,长度两端留出50mm不割,待割完长边后再割断,或者采用多割矩的对称气割的方法。

4)气割时应正确选择割嘴型号、氧气压力、气割速度和预热火焰的能率等工艺参数。工艺参数的选择主要是根据气割机械的类型和切割的钢板厚度,表5.5、表5.6和表5.7分别为氧、乙炔切割,氧、丙烷切割的工艺参数和切嘴倾角与割件厚度的关系。

表5.5 氧、乙炔切割工艺参数

切割板厚度/mm		<10	10~20	20~30	30~50	50~100
切割氧孔直径/mm	自动、半自动	0.5~1.5	0.8~1.5	1.2~1.5	1.7~2.1	2.1~2.2
	手工	0.6	0.8	1.0	1.3	1.6
割嘴型号	手工	G01-30	G01-30	G01-30 G01-100	G01-100	G01-100
割嘴号码	自动、半自动	1	1	2	2、3	3
	手工	1	2	3、1、2	2	3
气体压力 /(N·mm^{-2})	氧气 自动、半自动	0.1~0.3	0.15~0.34	0.19~0.37	0.16~0.41	0.16~0.41
	氧气 手工	0.1~0.49	0.39~0.59	0.59~0.69	0.59~0.69	0.59~0.78
	乙炔 自动、半自动	0.02	0.02	0.02	0.02	0.04
	乙炔 手工	—	0.001~0.12	0.001~0.12	—	—
气体流量	氧气/(m³·h^{-1}) 自动、半自动	0.5~3.3	1.8~4.5	3.7~4.9	5.2~7.4	5.2~10.9
	氧气/(m³·h^{-1}) 手工	0.8	1.4	2.2	3.5~4.3	5.5~7.3
	乙炔/(L·h^{-1}) 自动	0.14~0.31	0.23~0.43	0.39~0.45	0.39~0.57	0.45~0.74
	乙炔/(L·h^{-1}) 手工	210	240	310	460~500	550~600
气割速度 /(mm·min^{-1})	自动	450~800	360~600	350~480	250~380	160~350
	半自动	500~600	500~600	400~500	400~500	200~400

表5.6　氧、丙烷切割工艺参数

切割板厚度/mm		<10	10~20	20~30	30~40	40~50	50~60
气体压力 /(N·mm^{-2})	氧气	0.69~0.78	0.69~0.78	0.69~0.78	0.69~0.78	0.69~0.78	0.69~0.78
	丙烷	0.02~0.03	0.03~0.04	0.04	0.04~0.05	0.04~0.05	0.05
切割速度/(mm·min^{-1})		400~500	400~500	400~420	350~400	350~400	200~350
割嘴与钢板距离		预热焰的3/4					

表5.7　切嘴倾角与割件厚度的关系

割件厚度/mm	<6	6~30	>30		
			起割	割穿后	停割
倾角方向	后倾	垂直	前倾	垂直	后倾
倾角度数/°	25~45	0	5~10	0	5~10

(5)等离子切割注意事项。等离子切割是应用特殊的割矩,在电流、气流及冷却水的作用下,产生高达20 000~30 000 ℃的等离子弧熔化金属而进行切割的设备。

1)等离子切割的回路采用直流正接法,即工件接正,钨极接负,减少电极的烧损,以保证等离子弧的稳定燃烧。

2)手工切割时不得在切割线上引弧,切割内圆或内部轮廓时,应先在板材上钻出12~16 mm的孔,切割由孔开始进行。

3)自动切割时,应调节好切割规范和小车行走速度。切割过程中要保持割轮与工件垂直,避免产生熔瘤,保证切割质量。

4. 成型

(1)在钢结构制作中,成型的主要方法有卷板(滚圈)、弯曲(煨弯)、折边和模具压制等,成型是由热加工或冷加工来完成。

(2)热加工时所要求的加热温度。对于低碳钢一般在1 000~1 100 ℃,热加工终止温度不应低于700 ℃。加热温度过高,加热时间过长,都会引起钢材内部组织的变化,破坏原材料的机械性能。加热温度在500~550 ℃时,钢材产生蓝脆性。在这个温度范围内,严禁锤打,否则,容易使部件断裂。

(3)冷加工是利用机械设备和专用工具进行加工。在低温时不宜进行冷加工。对于普通碳素结构钢在环境温度低于-16 ℃,低合金结构钢在环境温度低于-12 ℃时,不得进行冷矫正。

(4)型材弯曲方法有冷弯、热弯,并应按型材的截面形状、材质、规格及弯曲半径制作相应的胎具,进行弯曲加工。

1)型材冷弯加工时,其最小曲率半径和最大弯曲矢高应符合设计要求。制作冷压弯和冷拉弯胎具时,应考虑材料的回弹性。胎具制成后,应先用试件制作,确认符合要求后方可正式加工。

2)型材热弯曲加工时,应严格控制加热温度,满足工艺要求,防止因温度过高而使胎具变形。

5. 矫正

钢结构制作中矫正可视变形大小、制作条件、质量要求采用冷矫正或热矫正方法。

(1)冷矫正。应采用机械矫正,冷矫正一般应在常温下进行。碳素结构钢在环境温度(现场温度)低于 $-16\ ℃$,低合金结构钢低于 $-12\ ℃$ 时,不得进行冷矫正。用手工锤击矫正时,应采取在钢材下面加放垫锤等措施。

(2)热矫正。用冷矫正有困难或达不到质量要求时,可采用热矫正。

1)火焰矫正常用的加热方法有点状加热、线状加热和三角形加热三种。点状加热根据结构特点和变形情况,可加热一点或数点;线状加热时,火焰沿直线移动或同时在宽度方向做横向摆动,宽度一般约是钢材厚度的 0.5~2 倍,多用于变形量较大或刚性较大的结构;三角形加热的收缩量较大,常用于矫正厚度较大、刚性较强的构件的弯曲变形。

2)低碳钢和普通低合金钢的热矫正加热温度一般为 600~900 ℃,800~900 ℃ 是热塑性变形的理想温度,但不应超 900 ℃,中碳钢一般不用火焰矫正。

3)矫正后,钢材表面不应有明显的凹面或损伤,划痕深度不得大于 0.5 mm。

6. 制孔

(1)螺栓孔分为精制螺栓孔(A、B 级螺栓孔 - Ⅰ类孔)和普通螺栓孔(C 级螺栓孔 - Ⅱ类孔)。精制螺栓孔的螺栓直径与孔等径,其孔的精度与孔壁表面粗糙度要求较高,一般先钻小孔,板叠组装后铰孔才能达到质量标准;普通螺栓孔包括高强度螺栓孔、普通螺栓孔、半圆头铆钉孔等,孔径应符合设计要求,其精度与孔粗糙度比 A、B 级螺栓孔要求略低。

(2)制孔方法有两种。钻孔和冲孔,钻孔是在钻床等机械上进行,可以钻任何厚度的钢结构构件(零件)。钻孔的优点是螺栓孔孔壁损伤较小,质量较好。

(3)当精度要求较高、板叠层数较多、同类孔较多时,可采用钻模制孔或预钻较小孔径、在组装时扩孔的方法,当板叠小于 5 层时,预钻小孔的直径小于公称直径一级(3.0 mm);当板叠层数大于 5 层时,小于公称直径二级(6.0 mm)。

(4)钻透孔用平钻头,钻不透孔用尖钻头。当板叠较厚,直径较大,或材料强度较高时,则应使用可以降低切削力的群钻钻头,便于排屑和减少钻头的磨损。

(5)当批量大、孔距精度要求较高时,采用钻模。钻模有通用型、组合型和专用钻模。

(6)长孔可用两端钻孔中间氧割的办法加工,但孔的长度必须大于孔直径的 2 倍。

(7)冲孔。钢结构制造中,冲孔一般只用于冲制非圆孔及薄板孔,冲孔的孔径必须大于板厚。

(8)高强度螺栓孔应采用钻成孔。高强度螺栓连接板上所有螺栓孔,均应采用量规检查,其通过率为:用比孔的公称直径小 1.0 mm 的量规检查,每组至少应通过 85%;用比螺栓直径大 0.2~0.3 mm 的量规检查,应全部通过。

按上述方法检查时,凡量规不能通过的孔,必须经施工图编制单位同意后,方可扩钻或补焊后重新钻孔。扩钻后的孔径不得大于原设计孔径 2.0 mm。补焊时,应用与母材力学性能相当的焊条,严禁用钢块填塞。每组孔中补焊重新钻孔的数量不得超过 20%,处理后的孔应做好记录。

◆钢构件组装

1. 组装分类

钢结构构件的组装是遵照施工图的要求,把已加工完成的各零件或半成品构件,用装配的手段组合成为独立的成品,这种装配的方法通常称为组装。组装根据钢构件的特性及组装程度,可分为部件组装、组装和预总装。

(1)部件组装是装配的最小单元的组合,它一般是由两个或两个以上零件按照施工图的要求装配成为半成品的结构部件。

(2)组装也称拼装、装配、组立,是把零件或半成品按照施工图的要求装配成为独立的成品构件。

(3)预总装是根据施工总图把相关的两个以上成品构件,在工厂制作场地上,按其各构件空间位置总装起来。其目的是直观地反映出各构件装配节点,保证构件安装质量。目前在采用高强度螺栓连接的钢结构构件制造中已广泛使用。

2. 组装工具

在工厂组装时,常用的组装工具有卡兰、铁楔子夹具、矫正夹具、槽钢夹紧器及正反螺纹推撑器等,其作用如下。

(1)卡兰或铁楔子夹具,利用螺栓压紧或铁楔子塞紧的作用将两个零件夹紧在一起,起定位作用。

(2)钢结构构件组装接头矫正夹具,用于装配钢板结构,拉紧两零件之间缝隙的拉紧器。

(3)槽钢夹紧器,可用于装配钢结构构件对接接头的定位。

(4)正反螺纹推撑器,用于装配圆筒体钢结构构件时,调整接头间隙和矫正筒体圆度时用。

3. 组装方法

钢构件的组装方法较多,但较常用地样法组装和胎模组装法。

(1)地样法组装,也叫画线法组装,是钢构件组装中最简便的装配方法。它是根据图纸划出各组装零件具体装配定位的基准线,来进行各零件相互之间的装配。这种组装方法只适用于少批量零部件的组装,不适用于大批量的零部件组装。

(2)胎模组装法,是目前制作大批量构件组装中普遍采用的组装方法之一,其特点是装配质量高、工效快,它的具体操作是用胎模把各零部件固定在其装配的位置上,然后焊接定位,使其一次性成型。

选择构件组装方法时,必须根据构件的结构特性和技术要求,结合制造厂的机械设备、加工能力等情况,选择能有效控制组装精度、耗工少、效益高的方法进行,也可根据表5.8进行选择。

表5.8 钢结构件组装方法

名称	装配方法	适用范围
地样法	用1:1的比例在装配平台上放出构件实样,然后根据零件在实样上的位置,分别组装起来成为构件	桁架、框架等小批量结构组装
仿形复制装配法	先用地样法组装成单面(单片)的结构,并且必须定位点焊,然后翻身作为复制胎模,在其上面装配另一单面的结构,往返两次组装	横断面互为对称的桁架结构
立装	根据构件的特点,及其零件的稳定位置,选择自上而下或自下而上的顺序装配	用于放置平稳,高度不大的结构或大直径的圆筒
卧装	将构件放置于卧的位置进行的装配	用于断面不大,但长度较大的细长构件
胎模装配法	将构件的零件用胎模定位在其装配位置上的组装	用于制造构件批量大、精度高的产品

4. 组装要求

(1)组装应按工艺方法的组装次序进行。当有隐蔽焊缝时,必须先施焊,经检验合格后方可覆盖。当复杂部位不易施焊时,也需按工序次序分别先后组装和施焊,严禁不按次序组装和强力组对。

(2)为减小大件组装焊接的变形,一般应先采取小件组焊,经矫正后,再整体大部件组装。胎具及装出的首个成品须经过严格检验,方可大批进行组装工作。

(3)组装前,连接表面及焊缝每边30~50 mm范围内的铁锈、油污、毛刺及潮气等必须清除干净,并露出金属光泽。

(4)应根据金属结构的实际情况,选用或制作相应的装配胎具(如组装平台、胎架、铁凳等)或工(夹)具,如简易手动杠杆夹具、螺栓千斤顶、螺栓拉紧器、丝杆卡具和楔子矫正夹具等,如图5.1所示,应尽可能避免在结构上焊接临时固定件、支撑件,工夹具及吊耳必须焊接固定在构件上时,材质与焊接材料应与该构件相同,用后需除掉时,不应用锤强力打击,而应用气割或机械方法进行,对于残留痕迹应进行打磨、修整。

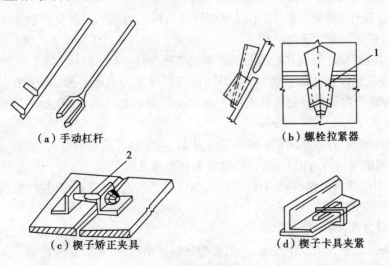

(a)手动杠杆 (b)螺栓拉紧器 (c)楔子矫正夹具 (d)楔子卡具夹紧

1—楔子卡具;2—丝杆卡具
图5.1 装配式工夹具

(5)除工艺要求外板叠上所有铆钉孔、螺栓孔等应采用量规检查,其通过率应符合下列规定。

用比孔直径小 1.0 mm 的量规检查,应通过每组孔数的 85%;用比螺栓公称直径大 0.2~0.3 mm 的量规检查应全部通过。量规不能通过的孔,应经施工图编制单位同意后,才能扩钻或补焊后重新钻孔。扩钻后的孔径不得比原设计孔径大 2.0 mm,补孔应制定焊补工艺方案并经过审查批准,用与母材强度相应的焊条补焊,不允许用钢块填塞,处理后应做出记录。

◆钢构件预拼装

1. 预拼装要求

(1)钢构件预拼装的比例应符合施工合同和设计要求,一般按实际平面情况预装 10%~20%。

(2)拼装构件一般应设拼装工作台,如果在现场拼装,则应放在较坚硬的场地上用水平仪抄平。拼装时构件全长应拉通线,并在构件有代表性的点上用水平尺找平,符合设计尺寸后电焊点固焊牢。刚性较差的构件,翻身前要进行加固,构件翻身后也应进行找平,否则构件焊接后无法矫正。

(3)构件在制作、拼装、吊装中所用的钢尺应一致,且必须经计量检验,并相互核对,测量时间宜在早晨日出前,下午日落后最佳。

(4)各支承点的水平度应符合以下规定。

1)当拼装总面积不大于 300~1 000 m² 时,允许偏差 ≤2 mm。

2)当拼装总面积在 1 000~5 000 m² 之间时,允许偏差 <3 mm。

单构件支承点不论柱、梁、支撑,应不少于两个支承点。

(5)钢构件预拼装地面应坚实,胎架强度、刚度必须经设计计算而定,各支承点的水平精度可用已计量检验的各种仪器逐点测定调整。

(6)在胎架上预拼装过程中,不得对构件动用锤击、火焰等,各杆件的重心线应交汇于节点中心,并应完全处于自由状态。

(7)预拼装钢构件控制基准线与胎架基线必须保持一致。

(8)高强度螺栓连接预拼装时,使用冲钉直径必须与孔径一致,每个节点要多于三只,临时普通螺栓数量一般为螺栓孔的三分之一。对孔径检测,试孔器必须垂直自由穿落。

(9)所有需要进行预拼装的构件制作完毕后,必须经专检员验收,并应符合质量标准的要求。相同的单构件可以互换,也不会影响到整体几何尺寸。

(10)大型框架露天预拼装的检测时间,建议在日出前、日落后定时进行,所用卷尺精度应与安装单位相一致。

2. 预拼装方法

(1)平装法。平装法操作方便,不需要稳定加固措施,也不需要搭设脚手架。焊缝焊接大多数为平焊缝,焊接操作简易,不需要技术很高的焊接工人,焊缝质量易于保证,校正及起拱方便、准确。

平装法适用于拼装跨度较小,构件相对刚度较大的钢结构,如长度为18 m以内钢柱、跨度6 m以内天窗架及跨度21 m以内的钢屋架的拼装。

(2)立拼拼装法。立拼拼装法可一次拼装多榀,块体占地面积小,不用铺设或搭设专用拼装操作平台或枕木墩,节省材料和工时,省却翻身工序,质量易于保证,不用增设专供块体翻身、倒运、就位、堆放的起重设备,缩短工期。块体拼装连接件或节点的拼接焊缝可两边对称施焊,可避免预制构件连接件或钢构件由于节点焊接变形而使整个块体产生侧弯。

但需搭设一定数量的稳定支架,块体校正、起拱较难,钢构件的连接节点及预制构件的连接件的焊接立缝较多,增加焊接操作的难度。

立拼拼装法可适用于跨度较大、侧向刚度较差的钢结构,如长度为18 m以上钢柱、跨度9 m及12 m窗架、24 m以上钢屋架以及屋架上的天窗架。

(3)利用模具拼装法。模具是指符合工件几何形状或轮廓的模型(外模或内模)。用模具来拼装组焊钢结构,具有产品质量好、生产效率高等许多优点,对成批的板材结构、型钢结构,应当考虑采用模具拼组装。

桁架结构的装配模,往往是以两点连直线的方法制成,其结构简单,使用效果好,构架装配模示意图如图5.2所示。

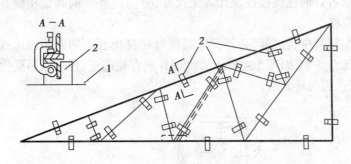

1—工作台;2—模板

图5.2 构架装配模

3.钢柱拼装

(1)施工步骤。

1)平装。先在柱的适当位置用枕木搭设3～4个支点,如图5.3(a)所示。各支承点高度应拉通线,使柱轴线中心线成一水平线,先吊下节柱找平,再吊上节柱,对准两端头,然后找中心线,并将安装螺栓或夹具上紧,最后进行接头焊接,采取对称施焊,焊完一面再翻身焊另一面。

2)立拼。在下节柱适当位置设2～3个支点,上节柱设1～2个支点,如图5.3(b)所示,各支点用水平仪测平垫平。拼装时先吊下节,使牛腿向下,并找平中心,再吊上节,对准两节的节头端,然后找正中心线,并将安装螺栓拧紧,最后进行接头焊接。

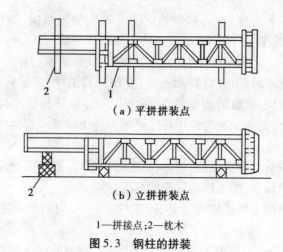

(a) 平拼拼装点

(b) 立拼拼装点

1—拼接点；2—枕木

图5.3 钢柱的拼装

(2)柱底座板和柱身组合拼装。柱底座板与柱身组合拼装时，应符合下列规定。

1)将柱身按设计尺寸先行拼装焊接，使柱身达到横平竖直，符合设计和验收标准的要求。如果不符合质量要求，可进行矫正以达到质量要求。

2)将事先准备好的柱底板按设计规定尺寸，分清内外方向画结构线并焊挡铁定位，以免在拼装时位移。

3)柱底板与柱身拼装之前，必须将柱底板与柱身接触的端面用刨床或砂轮加工平。同时将柱身分几点垫平，如图5.4所示。使柱身垂直柱底板，使安装后受力均称，防止产生偏心压力，以达到质量要求。

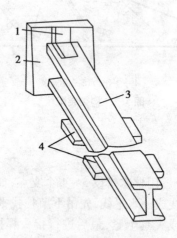

1—定位角钢；2—柱底板；3—柱身；4—水平垫基

图5.4 钢柱拼装示意图

4)端部铣平面允许偏差，见表5.9。

表 5.9 端部铣平面的允许偏差

项目	允许偏差/mm
两端铣平时构件长度	±2.0
两端铣平时零件长度	±0.5
铣平面的平面度	0.3
铣平面对轴线的垂直度	$l/1\,500$

5) 拼装时,将柱底座板用平面型钢或角钢头按位置点固,作为定位倒吊挂在柱身平面,并用直角尺检查垂直度和间隙大小,待合格后进行四周全面点固。为防止焊接变形,应采用对称或对角方法进行焊接。

6) 如果柱底板左右有梯形板时,可先将底板与柱端接触焊缝焊完后,再组对梯形板,并同时焊接,这样可避免梯形板妨碍底板缝的焊接。

5.2 钢结构连接施工

【基 础】

◆焊接方法选择

焊接是钢结构使用最主要的连接方法之一。在钢结构制作和安装领域中,广泛使用的是电弧焊。在电弧焊中又以药皮焊条、手工焊条、自动埋弧焊、半自动与自动 CO_2 气体保护焊为主。在某些特殊场合,则必须使用电渣焊。焊接的类型、特点和适用范围见表 5.10。

表 5.10 钢结构焊接方法选择

焊接的类型		特点	适用范围
电弧焊	手工焊 交流焊机	利用焊条与焊件之间产生的电弧热焊接,设备简单,操作灵活,可进行各种位置的焊接,是建筑工地应用最广泛的焊接方法	焊接普通钢结构
	手工焊 直流焊机	焊接技术与交流焊机相同,成本比交流焊机高,但焊接时电弧稳定	焊接要求较高的钢结构
	埋弧自动焊	利用埋在焊剂层下的电弧热焊接,效率高,质量好,操作技术要求低,劳动条件好,是大型构件制作中应用最广的高效焊接方法	焊接长度较大的对接、贴角焊缝,一般是有规律的直焊缝
	半自动焊	与埋弧自动焊基本相同,操作灵活,但使用不够方便	焊接较短的或弯曲的对接、贴角焊缝
	CO_2 气体保护焊	用 CO_2 或惰性气体保护的实芯焊丝或药芯焊接,设备简单,操作简便,焊接效率高,质量好	用于构件长焊缝的自动焊
电渣焊		利用电流通过液态熔渣所产生的电阻热焊接,能焊大厚度焊缝	用于箱型梁及柱隔板与面板全焊透连接

◆焊接分类及形式

1.建筑钢结构中常用的焊接方法分类

焊接方法分类如图 5.5 所示。

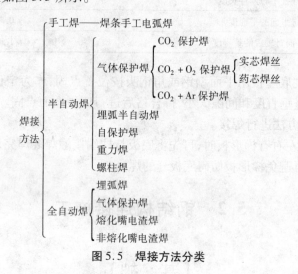

图 5.5 焊接方法分类

2.焊缝形式

焊缝形式如图 5.6 所示。

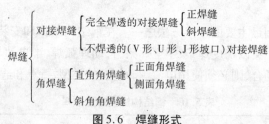

图 5.6 焊缝形式

◆焊条的组成

焊条是涂有药皮供手工电弧焊用的熔化电极,由药皮和焊芯两部分组成,如图 5.7 所示。焊条直径是指不包括药皮的焊芯直径。焊条药皮与焊芯(不包括夹持端)的重量比,称为药皮重量系数。

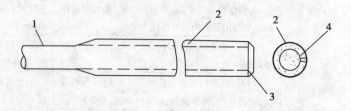

1—夹持端;2—药皮;3—引弧端;4—焊芯

图 5.7 焊条组成示意图

◆ 焊丝的牌号

(1)管状焊丝牌号的表示方法,基本是由五部分组成的。有特殊性能和用途的管状焊丝在其牌号后加注,说明起主要作用的元素或主要用途的汉字(一般不超过两个字)。如"管结422-1",表示用于结构钢焊接,焊缝金属抗拉强度不低于 420 N/mm²,钛钙型,交直流两用,气保护的管状焊丝。

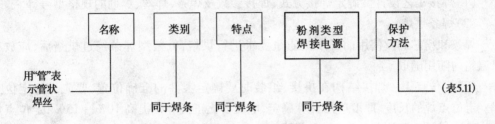

表 5.11 管状焊丝保护方法代号

代号	代号含义(焊接时保护方法)
1	气保护
2	自保护
3	气保护、自保护两用
4	其他保护形式

(2)有色金属焊丝和铸铁焊丝牌号的表示方法,是由三部分组成的。如"丝221",表示化学组成为铜及铜合金,牌号编号为21的焊丝。

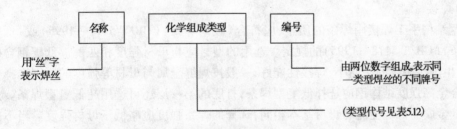

表 5.12 焊丝化学组成类型代号

代号	代号含义(化学组成类型)
1	堆焊硬质合金
2	铜及铜合金
3	铝及铝合金
4	铸铁

【实 务】

◆焊接连接

1. 焊接工艺要求

(1)焊接工艺设计。确定焊接方式、焊接参数及焊条、焊丝、焊剂的规格型号等。

(2)焊条烘烤

焊条和粉芯焊丝使用前必须按质量要求进行烘焙,低氢型焊条经过烘焙后,应放在保温箱内随用随取。

(3)定位点焊。焊接结构在拼接、组装时要确定零件的准确位置,要先进行定位点焊。定位点焊的长度、厚度应由计算确定,电流要比正式焊接提高10%~15%,定位点焊的位置应尽量避开构件的端部、边角等应力集中的地方。

(4)焊前预热。预热可降低热影响区冷却速度,防止焊接延迟裂纹的产生。预热区焊缝两侧,每侧宽度均应大于焊件厚度的1.5倍以上,且不应小于100 mm。

(5)焊接顺序确定。一般从焊件的中心开始向四周扩展;先焊收缩量大的焊缝,后焊收缩量小的焊缝;尽量对称施焊;焊缝相交时,先焊纵向焊缝,待冷却至常温后,再焊横向焊缝,钢板较厚时分层施焊。

(6)焊后热处理。焊后热处理主要是对焊缝进行脱氢处理,以防止冷裂纹的产生。焊后热处理应在焊后立即进行,保温时间应根据板厚按每25 mm板厚1 h确定,预热及后热均可采用散发式火焰枪进行。

2. 质量控制要点

(1)焊接材料。

1)钢结构手工焊接用焊条的质量,应符合《碳钢焊条》(GB/T 5117—1995)或《低合金钢焊条》(GB/T 5118—1995)的规定。选用的型号应与母材强度相匹配。低碳钢含碳量低,产生焊接裂纹的倾向小,焊接性能好,一般按焊缝金属与母材等强度的原则选择焊条。低合金高强度结构钢应选择低氢型焊条,打底的第一层还可选用超低氢型焊条。为了使焊缝金属的机械性能与母材基本相同,选择的焊条强度应略低于母材强度。当不同强度等级的钢材焊接时,宜选用与低级强度钢材相适应的焊接材料。

2)自动焊接或半自动焊接采用的焊丝和焊剂,应与母材强度相适应,焊丝应符合《熔化焊用钢丝》(GB/T 14957—1994)的规定。

3)施工单位应按设计要求对采购的焊接材料进行验收,并经监理认可。

4)焊接材料应存放在通风干燥、适温的仓库内,存放时间超过一年的,原则上应进行焊接工艺及机械性能复检。

5)根据工程部位、特点、重要性,必须进行同环境焊接工艺评定试验,其试验标准、内容及其结果均应得到监理及质量监督部门的认可。

6)对重要结构必须有经焊接专家认可的焊接工艺,施工过程中必须有焊接工程师做现场指导。

(2)焊缝裂纹。

1)焊缝裂纹分类

①液化裂纹。减少焊接线能量,限制母材与焊缝金属的碳、硫、磷含量,提高锰含量,减少焊缝熔透深度。

②结晶裂纹。限制焊缝钢材中碳、硫含量,在焊接工艺上调整焊缝形状系数,减小线能量,减小深度比,采取预热措施,减少焊件约束度。

③再热裂纹。防止未焊透、咬边、正式焊或定位焊的凹陷弧坑,减少约束、应力集中,降低残余应力,尽量减少工件的刚度,合理预热和焊后热处理,延长后热时间,预防再热裂纹产生。

④氢致延迟裂纹。选择合理的焊接方法及线能量,改善焊缝及热影响区组织状态。焊前预热,控制层间温度及焊后缓慢冷却或后热,加快氢分子逸出。焊前认真清除焊丝及坡口的水分、油锈,焊条严格按规定温度烘干,酸性焊条 100~150 ℃保温 1 h;焊剂 200~250 ℃保温 2 h;低氢型焊条 300~350 ℃保温 1 h。

2)钢结构焊缝一旦出现裂纹,焊工不得擅自处理,应及时通知焊接工程师,找有关单位的焊接专家及原结构设计人员进行分析采取处理措施,再进行返修,返修次数不宜超过两次。

3)受负荷的钢结构出现裂纹,应根据情况进行补强或加固。

①卸荷补强加固。

②负荷状态下进行补强加固,应尽量减少活荷载和恒载,通过验算其应力不大于设计的 80%,拉杆焊缝方向应与构件拉应力方向一致。

③轻钢结构不宜在负荷情况下进行焊接补强或加固,尤其对受拉构件更要禁止。

4)焊缝金属中的裂纹在修补前应用超声波探伤确定裂纹长度及深度,用碳弧气刨刨掉的实际长度应比实测裂纹长,两端各加 50 mm,而后修补。对焊接母材中的裂纹,原则上应更换母材。

(3)焊件变形。

1)焊接工件线膨胀系数不同,焊后焊缝收缩量也随之有大小,焊缝横向和纵向参数参考收缩值见表 5.13。

表 5.13 焊缝横向和纵向参数

结构类型	焊接特征和板厚	焊缝收缩量/mm
钢板对接	各种板厚	长度方向:0.7/m 宽度方向:1.0/每个接口
实腹结构及焊接 H 型钢	断面高≤1 000 mm 板厚≤25 mm	4 条纵向焊缝 0.6/m,焊透梁高收缩 1.0,每对加劲焊缝,梁的长度收缩 0.3
	断面高≤1 000 mm 板厚>25 mm	4 条纵向焊缝 1.4/m,焊透梁高收缩 1.0,每对加劲焊缝,梁的长度收缩 0.7
	断面高>1 000 mm 的各种板厚	4 条纵向焊缝 0.2/m,焊透梁高收缩 1.0,每对加劲焊缝,梁的长度收缩 0.5

续表 5.13

结构类型	焊接特征和板厚		焊缝收缩量/mm
格构式结构	屋架、托架、支架等轻型桁架		接头焊缝每个接口1.0,搭接贴角焊缝0.5/m
	实腹柱及重型桁架		搭接贴角焊缝0.25/m
圆筒形结构	板厚≤16 mm		直焊缝每个接口周长1.0;环焊缝每个接口周长1.0
	板厚>16 mm		直焊缝每个接口周长2.0;环焊缝每个接口周长2.0
焊接球节点网架杆件下料长度预加焊接收缩量	钢管厚度	≤6 mm	每端焊缝放1~1.5(参考值)
		≥8 mm	每端焊缝放1~2.0(参考值)

2)工件焊前根据经验及有关试验所得数据,按变形的反方向变形装配。如60°左右的坡口对接焊,约在2~3°之间反变形。焊接网架结构支座时,为防止变形,应用螺栓将两支座拧紧在一起,以增加其刚性。钢梁或钢桁架为防止在焊接过程中由于自重影响产生挠度变形,应在焊前先起拱后再焊。

3)高层或超高层钢柱,构件大,刚性强,无法用人工反变形时,可在钢柱安装时人为预留偏差值。钢柱之间焊缝焊接过程如果发现钢柱偏向一方,可让两个焊工以不同焊接速度和焊接顺序来调整变形。

4)钢梁钢框架为防止焊接在钢梁内产生残余应力和防止梁端焊缝收缩拉偏钢柱,可采取跳焊的焊接顺序,梁一端焊接,另一端自由,由内向外焊接。

5)必须先焊收缩量最大的焊缝,由于先焊的焊缝收缩时阻力小,变形就小。

6)利用胎具和支撑杆件加强刚度,增加约束达到减小变形。

7)对碳素结构钢可通过焊缝热影响区附近的热量迅速冷却达到减小变形,而对低合金结构钢必须缓冷以防热裂纹。

8)在焊接过程中除第一层和表面层以外,用小锤敲击其他各层焊缝,可减小焊接变形和残余应力。

9)对接接头、十字接头和T形接头的坡口焊接,在工件放置条件允许或易于翻面的情况下,宜采用双面坡口对称顺序焊接;对于有对称截面的构件,宜采用对称于构件中和轴的顺序焊接;对双面非对称坡口焊接,宜采用先焊深坡口侧,后焊浅坡口侧的顺序。

10)对长焊缝宜采用分段退焊法或与多人对称焊法同时运用,采用跳焊法可避免工件局部加热集中。

11)在焊缝布置、节点形式、焊接顺序确定的情况下,宜采用药芯焊丝自保护电弧焊或熔化极气体保护电弧焊等能量密度相对较高的焊接方法,并采用较小的热输入。

12)对一般构件可用定位焊固定同时限制变形;对厚型、大型构件宜用刚性固定法增加结构焊接时的刚性;对于大型结构宜采取分部组装焊接、分别矫正变形后再进行总装焊接或连接的施工方法。

13)焊接收缩值,对重要结构建议进行1:1试验。对一般结构可参考公式计算,制作单位应将焊接收缩值加到构件制作长度中去。

◆钢结构紧固件连接

1. 高强度螺栓连接施工

高强度螺栓连接是目前与焊接并举的钢结构主要连接方法之一。其特点是可拆可换,施工方便,传力均匀,承载能力大,接头刚性好,疲劳强度高,螺母不易松动,结构安全可靠。高强度螺栓从外形上可分为大六角头高强度螺栓(即扭矩形高强度螺栓)和扭剪型高强度螺栓两种。高强度螺栓和与之配套的螺母、垫圈总称为高强度螺栓连接副。

(1)一般要求。

1)使用高强度螺栓前,应按有关规定对高强度螺栓的各项性能进行检验。运输过程应轻装轻卸,以免损坏。当发现螺栓有污染、包装破损等异常现象时,应用煤油清洗,按高强度螺栓验收规程进行复验,经复验扭矩系数合格后才能使用。

2)工地储存高强度螺栓时,应放在干燥、通风、防雨、防潮的仓库内,并不得沾染异物。

3)安装时,应按当天需用量领取,当天没有用完的螺栓,必须装回容器内,妥善保管,不得乱扔、乱放。

4)安装高强度螺栓时接头摩擦面上不允许有毛刺、油污、铁屑、焊接飞溅物,摩擦面应干燥,没有结露、积雪、积霜,并不得在雨天进行安装。

5)使用定扭矩扳子紧固高强度螺栓时,每天上班前应对定扭矩扳子进行校核,合格后才能使用。

(2)安装工艺。

1)一个接头上的高强度螺栓连接,应从螺栓群中部开始安装,向四周扩展,逐个拧紧。扭矩型高强度螺栓的初拧、复拧、终拧,每完成一次应涂上相应的颜色或标记,防止漏拧。

2)如果接头有高强度螺栓连接又有焊接连接时,按先栓后焊的方式施工,先终拧完高强度螺栓再焊接焊缝。

3)高强度螺栓应自由穿入螺栓孔内,当板层发生错孔时,允许用铰刀扩孔。扩孔时,铁屑不得掉入板层间。扩孔数量不应超过一个接头螺栓的1/3,扩孔后的孔径不应大于$1.2d$(d为螺栓直径),严禁使用气割进行高强度螺栓孔的扩孔。

4)一个接头多个高强度螺栓穿入方向应一致。垫圈有倒角的一侧应朝向螺栓头和螺母,螺母有圆台的一面应朝向垫圈,螺母和垫圈不应装反。

5)高强度螺栓连接副在终拧以后,螺栓丝扣外露应为2~3扣,其中允许有10%的螺栓丝扣外露1扣或4扣。

(3)紧固方法。

1)大六角头高强度螺栓连接副紧固。大六角头高强度螺栓连接副一般采用转角法和扭矩法紧固。

①转角法。转角法是根据构件紧密接触后,螺母的旋转角度与螺栓的预拉力成正比的关系确定的一种方法。操作时分初拧和终拧两次施拧。初拧可用短扳手将螺母拧至附件靠拢,并作标记。终拧用长扳手将螺母从标记位置拧至规定的终拧位置。转动角度

的大小在施工前由试验确定。

②扭矩法。使用可直接显示扭矩值的专用扳手,分初拧和终拧两次拧紧。初拧扭矩为终拧扭矩的60%~80%,其目的是通过初拧使接头各层钢板达到充分密贴,终拧扭矩是拧紧螺栓。

2)扭剪型高强度螺栓紧固具有一特制尾部,采用带有两个套筒的专用电动扳手紧固。紧固时用专用扳手的两个套筒分别套住螺母和螺栓尾部的梅花头,电源接通后,按反向旋转两个套筒,拧断尾部后即达相应的扭矩值。一般用定扭矩扳手初拧,用专用电动扳手终拧。

2. 质量验收标准

(1)主控项目。紧固件连接工程主控项目的质量检查与验收见表5.14。

表5.14 紧固件连接主控项目质量检验标准

工程	项目	质量标准	检验方法	检查数量
普通紧固件连接	螺栓实物复验	普通螺栓作为永久性连接螺栓时,当设计有要求或对其质量有疑义时,应进行螺栓实物最小拉力载荷复验,试验方法见《钢结构工程施工质量验收规范》(GB 50205—2001)附录B,其结果应符合现行国家标准《紧固件机械性能 螺栓、螺钉和螺柱》(GB/T 3098.1—2000)的规定	检查螺栓实物复验报告	每一规格螺栓抽查8个
	匹配及间距	连接薄钢板采用的自攻钉、拉铆钉、射钉等其规格尺寸应与被连接钢板相匹配,其间距、边距等应符合设计要求	观察和尺量检查	按连接节点数抽查1%,且不应少于3个
高强度螺栓连接	抗滑移系数试验	钢结构制作和安装单位应按《钢结构工程施工质量验收规范》(GB 50205—2001)附录B的规定分别进行高强度螺栓连接摩擦面的抗滑移系数试验和复验,现场处理的构件摩擦面应单独进行摩擦面抗滑移系数试验,其结果应符合设计要求	检查摩擦面抗滑移系数试验报告和复验报告	见《钢结构工程施工质量验收规范》(GB 50205—2001)附录B
	高强度大六角头螺栓连接副终拧扭矩	高强度大六角头螺栓连接副终拧完成1 h后、4 h内应进行终拧扭矩检查,检查结果应符合《钢结构工程施工质量验收规范》(GB 50205—2001)附录B的规定	见《钢结构工程施工质量验收规范》(GB 50205—2001)附录B	按节点数抽查10%,且不应少于10个;每个被抽查节点按螺栓数抽查10%,且不应少于2个
高强度螺栓连接	扭剪型高强度螺栓连接副终拧扭矩	扭剪型高强度螺栓连接副终拧后,除因构造原因无法使用专用扳手终拧掉梅花头者外,未在终拧中拧掉梅花头的螺栓数不应大于该节点螺栓数的5%。对所有梅花头未拧掉的扭剪型高强度螺栓连接副应采用扭矩法或转角法进行终拧并做标记,且按上述规定进行终拧扭矩检查	观察检查及《钢结构工程施工质量验收规范》(GB 50205—2001)附录B	按节点数抽查10%,但不应少于10个节点,被抽查节点中梅花头未拧掉的扭剪型高强度螺栓连接副全数进行终拧扭矩检查

(2)一般项目,紧固件连接工程一般项目的质量检查与验收见表5.15。

表5.15 紧固件连接一般项目质量检验标准

工程	项目	质量标准	检验方法	检查数量
普通紧固件连接	螺栓紧固	永久性普通螺栓紧固应牢固、可靠,外露丝扣不应少于2扣	观察和用小锤敲击检查	按连接节点数抽查10%,且不应少于3个
	外观质量	自攻螺钉、钢拉铆钉、射钉等与连接钢板应紧固密贴,外观排列整齐	观察和用小锤敲击检查	按连接节点数抽查10%,且不应少于3个
高强度螺栓连接	初拧、复拧扭矩	高强度螺栓连接副的施拧顺序和初拧、复拧扭矩应符合设计要求和国家现行行业标准《钢结构高强度螺栓连接的设计施工及验收规程》(JGJ 82—1991)的规定	检查扭矩扳手标定记录和螺栓施工记录	全数检查资料
	连接外观质量	高强度螺栓连接副终拧后,螺栓丝扣外露应为2~3扣,其中允许有10%的螺栓丝扣外露1扣或4扣	观察检查	按节点数抽查5%,且不应少于10个
	摩擦面外观	高强度螺栓连接摩擦面应保持干燥、整洁,不应有毛边、毛刺、焊接飞溅物、焊疤、氧化铁皮、污垢等,除设计要求外摩擦面不应涂漆	观察检查	全数检查
高强度螺栓连接	扩孔	高强度螺栓应自由穿入螺栓孔。高强度螺栓孔不应采用气割扩孔,扩孔数量应征得设计同意,扩孔后的孔径不应超过1.2d(d为螺栓直径)	观察检查及用卡尺检查	被扩螺栓孔全数检查
	螺栓长度	螺栓球节点网架总拼完成后,高强度螺栓与球节点应紧固连接,高强度螺栓拧入螺栓球内的螺纹长度不应小于1.0d(d为螺栓直径),连接处不应出现间隙、松动等未拧紧情况	普通扳手及尺量检查	按节点数抽查5%,且不应少于10个

5.3 钢结构安装工程

【基础】

◆**钢结构标准单元施工顺序**

一般钢结构标准单元施工顺序如图5.8所示。

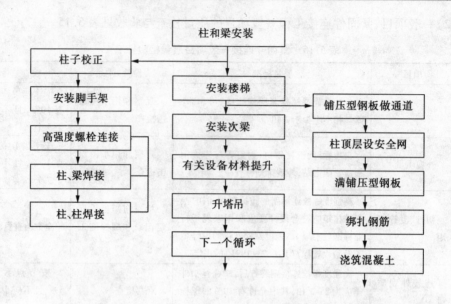

图 5.8 钢结构标准单元施工顺序

◆ 多层及高层钢结构安装机械的选择

(1)多、高层钢结构安装机械一般采用 1~2 台塔式起重机做吊装主机,另用一台履带式起重机做副机,用做现场钢构件卸车、堆放、递送之用。塔吊形式一般根据构件单件重量、起吊高度、塔楼平面使用范围、工程量大小与工期要求、单机台班产量等选定;副机一般根据场地、道路情况、构件重量和一次输送距离选定,另配备 1~2 台人货两用垂直运输机(人货电梯),供施工人员上下及各种连接、焊接材料、零星工具的垂直运输,人货电梯随钢框架的安装进度而逐渐增加高度。

(2)当采用塔式起重机(内爬式、外附式)进行钢结构安装时,应对塔吊基础及塔吊与结构相连接的附着装置进行受力验算,并应采取相应的安全技术措施。

【实 务】

◆ 单层钢结构安装

1. 基础和支承面

(1)基础。

1)基础准备。基础准备包括轴线测量、基础支承面的准备、支承表面标高与水平度的检查、地脚螺栓和伸出支承面长度的测量等。安装前应进行检测,符合下列要求后办理交接验收。

①基础混凝土强度达到设计要求。

②基础周围回填夯实完毕。

③基础的轴线标志和标高基准点准确齐全。
④地脚螺栓位置应符合设计要求及允许偏差应符合表5.16的规定。

表5.16 地脚螺栓(锚栓)尺寸的允许偏差　　　　　　　　　　　　　单位:mm

项目	允许偏差
螺栓(锚栓)露出长度	+30.0 0.0
螺纹长度	+30.0 0.0

⑤基础表面应平整,二次浇灌处的基础表面应凿毛;地脚螺栓预留孔应清洁;地脚螺栓应完好无损。

2)当基础顶面或支座直接作为柱的支承面时,支承面标高及水平度应符合表5.17的规定,同时要求支承面应平整,无蜂窝、孔洞、夹渣、裂纹、疏松及坑凸等外观缺陷。

表5.17 支承面、地脚螺栓(锚栓)位置的允许偏差　　　　　　　　　单位:mm

项目		允许偏差
支承面	标高	±3.0
	水平度	$l/1\ 000$
地脚螺栓(锚栓)	螺栓中心偏移	5.0
	预留孔中心偏移	10.0

注:l为支承面长度。

3)当基础顶面有预埋钢板作为柱的支承面时,钢板顶面标高及水平度应符合表5.17的规定,同时要求钢板表面应平整,无焊疤、飞溅及水泥砂浆等污物。

4)对钢柱脚和基础之间加钢垫板、再进行二次浇灌细石混凝土的基础,钢垫板应符合下列规定。

①钢垫板面积应根据混凝土的强度等级、柱脚底板承受的荷载和地脚螺栓(锚栓)的紧固拉力计算确定。

钢垫板的面积推荐下式进行近似计算:

$$A = \frac{1\ 000(Q_1 + Q_2)}{C}K \tag{5.1}$$

式中:A——钢垫板面积(mm^2);
　　Q_1——二次浇筑前结构(建筑)重量及施工荷载等(kN);
　　Q_2——地脚螺栓紧固拉力(kN);
　　C——基础混凝土强度等级(N/mm^2);
　　K——安全系数,一般为3~5。

②钢垫板应设置在靠近地脚螺栓(锚栓)的柱脚底板加劲板或柱肢下,每根地脚螺栓(锚栓)侧应设1~2组垫板,每组垫板不得多于5块,垫板与基础顶面和柱脚底面的接触应平整、紧密。

③当采用成对斜垫板时,两块垫板斜度应相同,其叠合长度不应小于垫板长度的2/3。

④垫板边缘应清除毛刺、飞边、氧化铁渣,每组垫板之间应贴合紧密,钢柱校正、地脚螺栓(锚栓)紧固后,二次浇灌混凝土前,垫板与柱脚底板、垫板与垫板之间均应焊接固定。

5)当采用坐浆垫板时,应符合下列规定。

①坐浆垫板设置位置、数量和面积,应根据无收缩砂浆的强度、柱脚底板承受的荷载和地脚螺栓(锚栓)的紧固拉力计算确定。

②坐浆垫板的标高、水平度、位置的允许偏差应符合《钢结构工程施工质量验收规范》(GB 50205—2001)第10章的要求。

③采用坐浆垫板时,应采用无收缩砂浆混凝土,砂浆试块强度等级应高于基础混凝土强度一个等级。砂浆试块的取样、制作、养护、试验和评定应符合现行国家标准《混凝土强度检验评定标准》(GBJ 107—1987)的规定。

坐浆垫板是安装行业在近几年来所采用的一项重大革新工艺,它不仅可以减轻施工人员的劳动强度,提高工效,而且可以节约数量可观的钢材。坐浆垫板要承受结构的全部荷载。考虑到坐浆垫板设置后不可调节的特性,因此对坐浆垫板的顶面标高要求较严格,规定误差为 $-3.0 \sim 0$ mm。

(2)基础支承面准备的两种方法。

1)基础一次浇筑到设计标高,即基础表面先浇筑到设计标高以下 20~30 mm 处,然后在设计标高处设角钢或钢制导架,测量其标高,再以导架为依据,用水泥砂浆仔细铺筑支座表面。

2)基础预留标高,即基础表面先浇筑至距设计标高 50~60 mm 处,柱子吊装时,在基础面上放钢垫板(不得多于5块)以调整标高,待柱子吊装就位后,再在钢柱脚底板下浇筑细石混凝土。

2. 钢柱安装

(1)吊装。钢柱的吊装一般采用自行式起重机,根据钢柱的重量和长度、施工现场条件,可采用单机、双机或三机吊装,吊装方法可采用滑行法、旋转法、递送法等。

钢柱吊装时,吊点位置和吊点数,根据钢柱形状、长度及起重机性能等具体情况确定。

一般钢柱刚性都较好,可采用一点起吊,吊耳设在柱顶处,吊装时要保持柱身垂直,易于校正。对细长钢柱,可采用二点或三点起吊,以免变形。

如果不采用焊接吊耳,直接用钢丝绳在钢柱本身绑扎时要注意二点:一是在钢柱四角做包角,以防钢丝绳割断;二是在绑扎点处,为防止工字形钢柱局部受挤压破坏,可增设加强肋板,吊装格构柱,绑扎点处设支撑杆。

(2)就位、校正。

1)柱子吊起前,为防止地脚螺栓螺纹损伤,宜用薄钢板卷成套筒套在螺栓上,钢柱就位后,取去套筒。柱子吊起后,当柱底距离基准线达到准确位置,指挥吊车下降就位,并拧紧全部基础螺栓,临时用缆风绳将柱子加固。

2)柱的校正包括平面位置、标高和垂直度的校正,由于柱的标高校正在基础抄平时已进行,平面位置校正在临时固定时已完成,因此,柱的校正主要是垂直度校正。

3)钢柱校正方法是:垂直度用吊线坠或经纬仪检验,如果有偏差,采用液压千斤顶或丝杠千斤顶进行校正,底部空隙塞紧铁片或铁垫,或在柱脚和基础之间打入钢楔抬高,以增减垫板校正(图5.9a、b);位移校正可用千斤顶顶正(图5.9c);标高校正用千斤顶将底座少许抬高,然后增减垫板使达到设计要求。

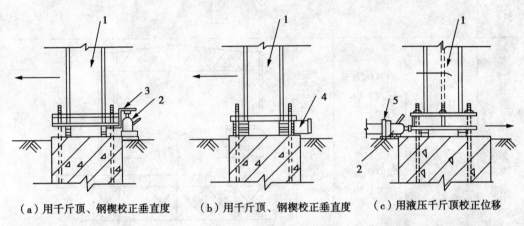

(a)用千斤顶、钢楔校正垂直度　　(b)用千斤顶、钢楔校正垂直度　　(c)用液压千斤顶校正位移

1—钢柱;2—小型液压千斤顶;3—工字钢顶架;4—钢楔;5—千斤顶托座

图5.9　钢柱校正

4)对于杯口基础,柱子对位时应从柱四周向杯口放入8个楔块,并用撬棍拨动柱脚,使柱的吊装中心线对准杯口上的吊装准线,并使柱基本保持垂直。柱对位后,应先把楔块略为打紧,再放松吊钩,检查柱沉至杯底后的对中情况,如果符合要求,即可将楔块打紧作柱的临时固定,然后起重钩便可脱钩。吊装细长柱或重型柱时除需按上述进行临时固定外,必要时应增设缆风绳拉锚。

5)柱最后固定:柱脚校正后柱的垂直度偏差应符合表5.18的规定,此时缆风绳不受力,紧固地脚螺栓,并将承重钢垫板上下点焊固定,防止走动;对于杯口基础,钢柱校正后应立即进行固定,及时在钢柱脚底板下浇筑细石混凝土和包柱脚,以防已校正好的柱子倾斜或移位。其方法是在柱脚与杯口的空隙中浇筑比柱混凝土强度等级高一级的细石混凝土。混凝土浇筑应分两次进行,第一次浇至楔块底面,待混凝土强度达25%时拔去楔块,再将混凝土浇满杯口。待第二次浇筑的混凝土强度达70%后,才能吊装上部构件。对于其他基础,当吊车梁、屋面结构安装完毕,并经整体校正检查无误后,在结构节点固定之前,再在钢柱脚底板下浇筑细石混凝土固定,如图5.10所示。

表5.18 钢屋(托)架、桁架、梁及受压杆件垂直度和侧向弯曲矢高的允许偏差 单位:mm

项目	允许偏差		图例
跨中的垂直度	h/250,且不大于15.0		
侧向弯曲矢高 f	l≤30 m	l/1 000,且不应大于10.0	
	30 m<l≤60 m	l/1 000,且不应大于30.0	
	l>60 m	l/1 000,且不应大于50.0	

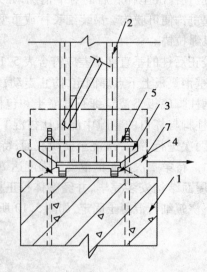

1—柱基础;2—钢柱;3—钢柱脚;4—钢垫板;5—地脚螺栓;6—二次灌浆细石混凝土;7—柱脚外包混凝土

图5.10 钢柱底脚固定方式

6）钢柱校正固定后,随即将柱间支撑安装并固定,使成稳定体系。

7）钢柱垂直度校正宜在无风天气的早晨或下午16点以后进行,以免由于太阳照射受温差影响,柱子向阴面弯曲,出现较大的水平位移值,而影响其垂直度。

8）除定位点焊外,不得在柱构件上焊其他无用的焊点,或在焊缝以外的母材上起弧、熄弧和打火。

◆ 多层及高层钢结构安装

1.定位轴线、标高和地脚螺栓

(1)钢结构安装前,应对建筑物的定位轴线、平面封闭角、底层柱的位置线进行复查,合格后才能开始安装工作。

(2)测量基准点由邻近城市坐标点引入,经复测后以此坐标作为该项目钢结构工程平面控制测量的依据。必要时通过平移、旋转的方式换算成平行(或垂直)于建筑物主轴线的坐标轴,方便应用。

(3)按照《工程测量规范》(GB 50026—2007)规定的四等平面控制网的精度要求(此精度能满足钢结构安装轴线的要求),在±0.00面上,运用全站仪放样,确定4~6个平面控制点。对由各点组成的闭合导线进行测角(六测回)、测边(两测回),并与原始平面控制点进行联测,计算出控制点的坐标。在控制点位置埋设钢板,做十字线标记,打上冲眼,如图5.11所示。在施工过程中,做好控制点的保护,并定期进行检测。

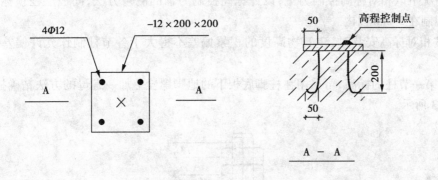

图5.11 控制点设置示意图

(4)以邻近的一个水准点作为原始高程控制测量基准点,并选另一个水准点按二等水准测量要求进行联测,同样在±0.000的平面控制点中设定二个高程控制点。

(5)框架柱定位轴线的控制,应从地面控制轴线直接引上去,不得从下层柱的轴线引出。一般平面控制点的竖向传递可采用内控法。用天顶准直仪(或激光经纬仪)按图5.12方法进行引测,在新的施工层面上构成一个新的平面控制网。对此平面控制网进行测角、测边,并进行自由网平差和改化。以改化后的投测点作为该层平面测量的依据。运用钢卷尺配合全站仪(或经纬仪),放出所有柱顶的轴线。

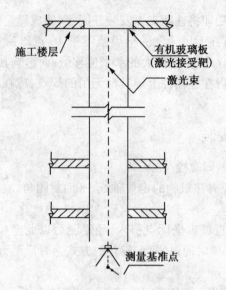

图 5.12 平面控制点竖向投点示意图

(6)结构的楼层标高可按设计标高或相对标高进行控制。

1)按设计标高安装时,应以每节柱为单位进行柱标高的调整工作,将每节柱接头焊缝的收缩变形和在荷载下的压缩变形值,加到柱的制作长度中去。楼层(柱顶)标高的控制一般情况下以相对标高控制为主,设计标高控制为辅的测量方法,同一层柱顶标高的差值应控制在 5 mm 以内。

2)按相对标高安装时,建筑物高度的积累偏差不得大于各节柱制作允许偏差的总和。

(7)第一节柱的标高,可采用在柱脚底板下的地脚螺栓上加一螺母的方法精确控制,如图 5.13 所示。

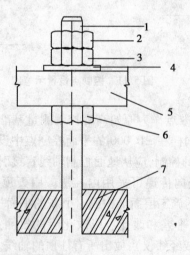

1—地脚螺栓;2—止退螺母;3—紧固螺母;4—螺母垫板;5—柱脚底板;6—调整螺母;7—钢筋混凝土基础

图 5.13 第一节柱标高的确定

(8)柱的地脚螺栓位置应符合设计文件或有关标准的要求,并应有保护螺纹的措施。

(9)底层柱地脚螺栓的紧固轴力,应符合设计文件的规定。螺母止退可采用双螺母或用电焊焊牢螺母。

◆钢网架结构安装

1. 钢网架高空散装法安装

(1)小拼单元的划分与拼装。

1)将网架根据实际情况合理地分割成各种单主体。直接由单根杆件、单个节点、一球一杆、两球一杆总拼成网架;由小拼单元——一球四杆(四角锥体)、一球三杆(三角锥体)总拼成网架;由小拼单元—中拼单元—总拼成网架。

2)划分小拼单元时,应考虑网架结构的类型及施工方案等条件。小拼单元一般可分为平面桁架型和锥体型两种。斜放四角锥型网架小拼单元划分成平面桁架型小拼单元时,该桁架缺少上弦,需要加设临时上弦。如果采取锥体型小拼单元,则在工厂中的电焊工作量占75%左右,因此斜放四角锥网架以划分成锥体型小拼单元较有利。两向正交斜放网架小拼单元划分时考虑到总拼时标高控制,每行小拼单元的两端均应在同一标高上。

(2)网架单元预拼装。采取先在地面预拼装后拆开,再行吊装的措施。但当场地不够时,也利用"套拼"的方法,即两个或三个单元,在地面预拼装,吊取一个单元后,再拼装下一个单元。

(3)确定合理的高空拼装顺序。安装顺序应根据网架形式、支承类型、结构受力特征、杆件小拼单元、临时稳定的边界条件、施工机械设备的性能和施工场地情况等诸多因素综合确定。

选定的高空拼装顺序应能保证拼装的精度、减少积累的误差,常用的网架拼装顺序有以下内容。

1)平面呈矩形的周边支承两向正交斜放网架

①总的安装顺序由建筑物的一端向另一端呈三角形推进。

②因考虑网片安装中,为避免积累的误差,应由网脊线分别向两边安装。

2)平面呈矩形的三边支承两向正交斜放网架。总的安装顺序由建筑物的一端向另一端呈平行四边形推进,在横向由三边框架内侧逐渐向大门方向(外侧)逐条安装。

3)平面呈方形由两向正交正放桁架和两向正交斜放拱、索桁架组成的周边支承网架。总的安装顺序应先安装拱桁架,再安装索桁架,在拱索桁架已固定且已形成能够承受自重的结构体系后,再对称安装周边四角、三角形网架。

(4)严格控制基准轴线位置、标高及垂直偏差,并及时纠正。

1)网架安装应对建筑物的定位轴线(即基准轴线)、支座轴线和支承的标高、预埋螺栓(锚栓)位置进行检查,做出检查记录,办理交接验收手续。支承面、预埋螺栓(锚栓)的允许误差见表 5.19。

表5.19 支承面、预埋螺栓(锚栓)的允许误差 单位:mm

项目		允许偏差
支承面	标高	0 -30
	水平度	$L/1000$(L为短边长度)
预埋螺栓(锚栓)	螺栓中心偏移	5.0
	螺栓露出长度	±30.0 0
	螺纹长度	±30.0 0
预留孔中心偏移		10.0
检查数量		按柱基数抽查10%,且不少于3个

2)网架安装过程中,应对网架支座轴线、支承面标高(或网架下弦标高、网架屋脊线、檐口线位置和标高)进行跟踪控制,发现误差积累要及时纠正。

3)采用网片和小拼单元进行拼装时,要严格控制网片和小拼单元的定位线和垂直度。

4)各杆件与节点连接时中心线应汇交于一点;焊接球、螺栓球应汇交于球心。

5)网架结构总拼完成后,纵横向长度偏差、支座中心偏移、相邻支座偏移、相邻支座高差、最低最高支座差等指标均应符合网架规程要求。

(5)拼装支架的设置。支架既是操作平台支架,又是网架拼装成型的承力架。因此,支架搭设位置必须对准网架下弦节点。

支架一般用扣件和钢管搭设。它应具有整体稳定性和在荷载作用下有足够的刚度。应将支架本身的弹性压缩、接头变形、地基沉降等引起的总沉降值控制在5 mm以下。因此,为了调整沉降值和卸荷方便,可在网架下弦节点与支架之间设置调整标高用的千斤顶。

拼装支架必须牢固,设计时应对单肢稳定、整体稳定进行验算,并估算沉降量,其中单肢稳定验算可按一般钢结构设计方法进行。

(6)拼装操作。总的拼装顺序是从建筑物的一端开始向另一端以两个三角形同时推进,当两个三角形相交后,则按人字形逐榀向前推进,最后在另一端的正中合拢。每榀块体的安装顺序,在开始两个三角形部分是由屋脊部分开始分别向两边拼装,两个三角形相交后,则由交点开始同时向两边拼装。

吊装分块用两台履带式或塔式起重机进行,钢制拼装支架可局部搭设成活动式,也可满堂红搭设。分块拼装后,在支架上分别用方木和千斤顶顶住网架中央竖杆下方进行标高调整,其他分块则随拼装随拧紧高强螺栓,与已拼好的分块连接即可。

(7)焊接。在钢管球节点的网架结构中,当钢管厚度大于6 mm时,必须开坡口。在要求钢管与球全焊透连接时,钢管与球壁之间必须留有1~2 mm的间隙并加衬管,来保证焊缝与钢管的等强连接。

如果将坡口(不留根)钢管直接与环壁顶紧后焊接,则必须用单面焊接双面成型的焊接工艺。

(8)支顶点的拆除。

1)拼装支承点(临时支座)拆除必须遵循"变形协调,卸载均衡"的原则,否则会导致临时支座超载失稳,或者网架结构局部甚至整体受损。

2)临时支座拆除顺序和方法:将中央、中间和边缘三个区分阶段按比例下降。由中间向四周,中心对称进行。为防止个别支承点集中受力,应根据各支撑点的结构自重挠度值,采用分区分阶段按 2:1.5:1 的比例下降或用每步不大于 10 mm 等步下降法拆除临时支承点。

3)拆除临时支承点应注意的事项。检查千斤顶行程是否满足支承点下降高度,关键支承点要增设备用千斤顶。降落过程中,统一指挥责任到人,遇有问题由总指挥处理解决。

(9)螺栓球节点网架总拼。

1)螺栓球节点网架拼装时,一般是先拼下弦,将下弦的标高和轴线调整好后,全部拧紧螺栓,起定位作用。

2)开始连接腹杆,螺栓不应拧紧,但必须使其与下弦连接端的螺栓吃上劲,若吃不上劲,在周围螺栓都拧紧后,这个螺栓就可能偏歪(因锥头或封板的孔较大),导致无法拧紧。

3)连接上弦时,开始不能拧紧。当分条拼装时,安装好三行上弦球后,即可将前两行抄到中轴线,这时可通过调整下弦球的垫块高低进行,然后固定第一排锥体的两端支座,同时将第一排锥体的螺栓拧紧。

下面的拼装按以上各条循环进行:

4)在整个网架拼装完成后,必须进行一次全面检查,检查螺栓是否拧紧。

5)高空拼装时,一般从一端开始,以一个网格为一排,逐排步进。

拼装顺序为:下弦节点→下弦杆→腹杆及上弦节点→上弦杆→校正→全部拧紧螺栓校正前的各个工序螺栓均不拧紧。

如果经过试拼确有把握时,也可以一次拧紧。

(10)空心球节点网架总拼。

1)空心球节点网架高空拼装是将小单元或散件(单根杆件及单节点)直接在设计位置进行总拼。

2)为保证网架在总拼过程中具有较少的焊接应力和利于调整尺寸,合理的总拼顺序应该是从中间向两边或从中间向四周发展。

3)焊接网架结构严禁形成封闭圈,固定在封闭圈中焊接会产生很大的收缩应力。

4)为确保安装精度,在操作平台上选一个适当位置进行一组试拼,检查无误后,才能正式开始拼装。

网架焊接时一般先焊下弦,使下弦收缩而略向上拱,然后焊接腹杆及上弦,如果先焊上弦,则易导致不易消除的人为挠度。

5)为防止网架在拼装过程中(由于网架自重和支架网度较差)出现挠度,可预先设施工起拱,起拱度一般在 10~15 mm。

(11)防腐处理。

1)网架的防腐处理包括制作阶段对构件及节点的防腐处理和拼装后最终的防腐处理。

2)焊接球与钢管连接时,钢管及球均不与大气相通,对于新轧制的钢管的内壁可不除锈,直接刷防锈漆即可,对于旧钢管内外均应认真除锈,并刷防锈漆。

3)螺栓球与钢管的连接应属于与大气相通的状态,尤其是拉杆,杆件在受拉力后变形,必然产生缝隙,南方地区较潮湿,水汽有可能进入高强度螺栓或钢管中,不利于高强度螺栓。

网架承受大部分荷载后,对各个接头用油腻子将所有空余螺孔及接缝处填嵌密实,并补刷防锈漆,以确保不留渗漏水汽的缝隙。

4)电焊后对已刷油漆破坏掉及焊缝漏刷油漆的情况,按规定补刷好油漆。

2. 钢网架高空滑移法安装

(1)滑移方式的选择。

1)单条滑移法。将条状单元一条一条地分别从一端滑移到另一端就位安装,各条之间分别在高空再行连接,即逐条滑移,逐条连成整体。

2)逐条累计滑移法。先将条状单元滑移一段距离(能连接上第一单元的宽度即可),连接好第二单元后,两条一起再滑移一段距离(宽度同上),再连接第三单元,三条又一起滑移一段距离,如此循环操作直到接上最后一条单元为止。

3)按摩擦方式可分为滑动式和滚动式两类。滑动式滑移即网架支座直接搁置在滑轨上,网架滑移时通过支座底板与滑轨的滑动摩擦方式进行;滚动式滑移即网架装上滚轮,网架滑移时通过滚轮与滑轨的滚动摩擦方式进行。

4)按滑移坡度可分为水平滑移、上坡滑移和下坡滑移三类,当建筑平面为矩形时,可采用水平滑移或下坡滑移;当建筑平面为梯形时,长边低、短边高、上弦节点支承式网架,则可采用上坡滑移。

5)按滑移时力作用方向可分为顶推法和牵引法两类。顶推法即用千斤顶顶推网架后方,使网架前进,作用点受压力;牵引法即将钢丝绳钩扎于网架前方,用卷扬机或手扳葫芦拉动钢丝绳,牵引网架前进,作用点受拉力。

(2)架设拼装平台。

1)拼装平台位置选择。高空平台一般设在网架的端部、中部或侧部,应尽可能搭在已建结构物上,利用已建结构物的局部或全部作为高空平台。

高空拼装平台搭设要求。搭设宽度应由网架分割条(块)状尺寸确定,一般应大于两个网架节间的宽度,高空拼装平台标高应由滑轨顶面标高确定。

2)在确定滑移轨道数量和位置时,应对网架进行以下验算。

①当跨度中间有支点时,杆件内力、支点反力和挠度值。

②当跨度中间无支点时,杆件内力和跨中挠度值。

当网架滑移单元由于增设中间滑轨引起杆件内力变化时,应采取临时加固措施。

3)滑移平台由钢管脚手架或升降调平支撑组成,起始点尽可能利用已建结构物,如门厅、观众厅,高度应比网架下弦低40 cm,便于在网架下弦节点与平台之间设置千斤顶,用来调整标高,平台上面铺设安装模架,平台宽应略大于两个节间。

(3)网架滑移安装。先在地面将杆件拼装成两球一杆和四球五杆的小拼构件,然后用悬臂式桅杆、塔式或履带式起重机,按组合拼接顺序吊到拼接平台上进行扩大拼装。先就位点焊,焊接网架下弦方格,再点焊立起横向跨度方向角腹杆。每节间单元网架部件点焊拼接顺序,由跨中向两端对称进行,焊完后临时加固。滑移准备工作完毕,进行全面检查无误,开始试滑50 cm,再检查无误,正式滑行。牵引可用铰链或慢速卷扬机进行,并设减速滑轮组。牵引点应分散设置,滑移速度不宜大于1 m/min,并要求做到两边同步滑移。当网架跨度大于50m时,应在跨中增设一条平稳滑道或辅助支顶平台。

(4)同步控制。当拼装精度要求不高时,控制同步可在网架两侧的梁面上标出尺寸,牵引时同时报滑移距离。当同步要求较高时可采用自整角机同步指示装置。以便集中于指挥台随时观察牵引点移动情况,读数精度为1 mm,网架规程规定当网架滑移时,两端不同步值不应大于50 mm。

(5)支座降落。当网架滑移完毕,经检查,各部尺寸、标高和支座位置等符合设计要求后,可用千斤顶或起落器抬起网架支承点,抽出滑轨,使网架平稳过渡到支座上。待网架下挠稳定,装配应力释放完后,才能进行支座固定。

(6)挠度控制。当网架单条滑移时,施工挠度情况与分条安装法相同。当逐条累计滑移时,滑移过程中仍然是两端自由搁置立体桁架。如果网架设计时未考虑分条滑移的特点,网架高度设计得较小,这时网架滑移时的挠度将会超过形成整体后的挠度,处理办法是增加施工起拱度、开口部分增加三层网架、在中间增设滑轨等。

组合网架由于无上弦而是钢筋混凝土板,不得在施工中产生一定挠度后又再抬高等反复变形,因此,设计时应验算组合网架分条后的挠度值,一般应适当加高,施工中不应进行抬高调整。

(7)滑轨与导向轮。

1)滑轨。滑轨的形式较多,可根据各工程实际情况选用,滑轨与圈梁顶预埋件连接可用螺栓或电焊连接。

滑轨位置与标高根据工程具体情况而定。

滑轨的接头必须垫实、光滑,当采用滑动式滑移时,还应在滑轨上涂刷润滑油。滑撬前后都应做成圆弧导角,否则易产生"卡轨"。

2)导向轮。导向轮是保险装置,在正常情况下,滑移时导向轮是脱开的,只有当同步差超过规定值或拼装偏差在某处较大时才顶上导轨。但在实际工程中,由于制作拼装上的偏差,卷扬机不同时间的启动或停车也会导致导向轮顶上导轨。

导向轮一般安装在导轨内侧,间隙10~20 mm。

(8)牵引力与牵引速度

1)牵引力。网架水平滑移时的牵引力,可按下式计算。

①当为滑动摩擦时:

$$F_t \geq \mu_1 \xi G_{0k} \tag{5.2}$$

式中:F_t——总启动牵引力;

G_{0k}——网架总自重标准值;

μ_1——滑动摩擦系数。在自然轧制表面经粗除锈充分润滑的钢与钢之间可取 0.12~0.15；

ξ——阻力系数，当有其他因素影响牵引力时，可取 1.3~1.5。

②当为滚动摩擦时：

$$F_t \geq \left(\frac{k}{r_1} + \mu_2 \frac{r}{r_1}\right) G_{0k} \tag{5.3}$$

式中：F_t——总启动牵引力；

G_{0k}——网架总自重标准值；

k——钢制轮与钢之间滚动摩擦系数，取 5 mm；

μ_2——摩擦系数。在滚轮与滚轮轴之间，或经机械加工后充分润滑的钢与钢之间可取 0.1；

r_1——滚轮的外圆半径(mm)；

r——轴的半径(mm)。

计算的结果系指总的牵引力。如果选用两点牵引滑移，将上式结果除 2 得每边卷扬机所需的牵引力。两台卷扬机牵引力在滑移过程中是不等的，当正常滑移时，两台卷扬机牵引力之比约为 1:0.7，个别情况为 1:0.5，因此建议选用卷扬机功率应适当放大。

2) 牵引速度。为了保证网架滑移时的平稳性，牵引速度不宜太快，根据经验牵引速度控制在 1 m/min 左右较好。因此，如果采用卷扬机牵引应通过滑轮组降速。为使网架滑移时受力均匀和滑移平稳，当滑移单元逐条积累较长时，宜增设钩扎点。

◆钢结构安装质量验收

1.单层钢结构安装工程

(1) 主控项目。单层钢结构安装工程主控项目质量标准及检验方法应符合表 5.20 的规定。

表5.20 单层钢结构安装工程主控项目质量检验标准

项目	质量标准	检验方法	检查数量
基础和支承面控制	建筑物的定位轴线、基础轴线和标高、地脚螺栓的规格及其紧固应符合设计要求	用经纬仪、水准仪、全站仪和钢尺现场实测	按柱基数抽查10%，且不应少于3个
	基础顶面直接作为柱的支承面和基础顶面预埋钢板或支座作为柱的支承面时，其支承面、地脚螺栓(锚栓)位置的允许偏差应符合表5.17的规定	用经纬仪、水准仪、全站仪、水平尺和钢尺实测	按柱基数抽查10%，且不应少于3个
	采用坐浆垫板时，坐浆垫板的允许偏差应符合表5.21的规定	用水准仪、全站仪、水平尺和钢尺现场实测	资料全数检查。按柱基数抽查10%，且不应少于3个
	采用杯口基础时，杯口尺寸的允许偏差应符合表5.22的规定	观察及尺量检查	按基础数抽查10%，且不应少于4处

续表 5.20

项目	质量标准	检验方法	检查数量
钢构件质量控制	钢构件应符合设计要求和《钢结构工程施工质量验收规范》(GB 50205—2001)的规定。运输、堆放和吊装等造成的钢构件变形及涂层脱落,应进行矫正和修补	用拉线、钢尺现场实测或观察	按构件数抽查10%,且不应少于3个
节点接触面控制	设计要求顶紧的节点,接触面不应少于70%紧贴,且边缘最大间隙不应大于0.8 mm	用钢尺及0.3 mm和0.8 mm厚的塞尺现场实测	按节点数抽查10%,且不应少于3个
钢屋架等垂直度与弯曲矢高控制	钢屋(托)架、桁架、梁及受压杆件的垂直度和侧向弯曲矢高的允许偏差应符合表5.18的规定	用吊线、拉线、经纬仪和钢尺现场实测	按同类构件数抽查10%,且不应少于3个
钢结构主体安装允许偏差	单层钢结构主体结构的整体垂直度和整体平面弯曲的允许偏差应符合表5.23的规定	采用经纬仪、全站仪等测量	对主要立面全部检查。对每个所检查的立面,除两列角柱外,尚应至少选取一列中间柱

表 5.21 坐浆垫板的允许偏差 　　　　　　　　单位:mm

项目	允许偏差
顶面标高	0.0 −3.0
水平度	$l/1\,000$
位置	20.0

表 5.22 杯口尺寸的允许偏差 　　　　　　　　单位:mm

项目	允许偏差
底面标高	0.0 −5.0
杯口深度 H	±5.0
杯口垂直度	$H/100$,且不应大于10.0
位置	10.0

表 5.23 整体垂直度和整体平面弯曲的允许偏差 单位：mm

项目	允许偏差	图例
主体结构的整体垂直度	$H/1\,000$，且不应大于 25.0	
主体结构的整体平面弯曲	$l/1\,500$，且不应大于 25.0	

(2)一般项目。单层钢结构安装工程一般项目质量标准及检验方法应符合表 5.24 的规定。

表 5.24 单层钢结构安装工程一般项目质量检验标准

项目	质量标准	检验方法	检查数量
地脚螺栓尺寸控制	地脚螺栓(锚栓)尺寸的偏差应符合表 5.16 的规定	用钢尺现场实测	按柱基数抽查 10%，且不应少于 3 个
钢桩安装控制	钢柱等主要构件的中心线及标高基准点等标记应齐全	观察检查	按同类构件数抽查 10%，且不应少于 3 件
钢桁架安装控制	当钢桁架(或梁)安装在混凝土柱上时，其支座中心对定位轴线的偏差不应大于 10 mm；当采用大型混凝土屋面板时，钢桁架(或梁)间距的偏差不应大于 10 mm	用拉线和钢尺现场实测	按同类构件数抽查 10%，且不应少于 3 榀
钢柱安装允许偏差	钢柱安装的允许偏差应符合表 5.25 的规定	见表 5.25	按钢柱数抽查 10%，且不应少于 3 件
钢吊车梁安装允许偏差	钢吊车梁或直接承受动力荷载的类似构件，其安装的允许偏差应符合表 5.26 的规定	见表 5.26	按钢吊车梁数抽查 10%，且不应少于 3 榀
次要构件安装允许偏差	檩条、墙架等次要构件安装的允许偏差应符合表 5.27 的规定	见表 5.27	按同类构件数抽查 10%，且不应少于 3 件

续表 5.24

项目	质量标准	检验方法	检查数量
钢平台、钢梯、栏杆安装控制	钢平台、钢梯、栏杆安装应符合现行国家标准《固定式钢梯及平台安全要求 第1部分:钢直梯》(GB 4053.1—2009)、《固定式钢梯及平台安全要求 第2部分:钢斜梯》(GB 4053.2—2009)和《固定式钢梯及平台安全要求 第3部分:工业防护栏杆及钢平台》(GB 4053.3—2009)的规定。钢平台、钢梯和防护栏杆安装的允许偏差应符合表5.28的规定	见表5.28	按钢平台总数抽查10%,栏杆、钢梯按总长度各抽查10%,但钢平台不应少于1个,栏杆不应少于5 m,钢梯不应少于1跑
焊缝组对间隙允许偏差	现场焊缝组对间隙的允许偏差应符合表5.29的规定	尺量检查	按同类节点数抽查10%,且不应少于3个
钢结构表面控制	钢结构表面应干净,结构主要表面不应有疤痕、泥沙等污垢	观察检查	按同类构件数抽查10%,且不应少于3件

表 5.25 单层钢结构中柱子安装的允许偏差 单位:mm

项目		允许偏差	图例	检验方法
柱脚底座中心线对定位轴线的偏移		5.0		用吊线和钢直尺检查
柱基准点标高	有吊车梁的柱	+3.0 −5.0		用水准仪检查
	无吊车梁的柱	+5.0 −8.0		
弯曲矢高		$H/1\,200$,且不应大于15.0		用经纬仪或拉线和钢直尺检查

续表5.25 单位:mm

项目			允许偏差	图例	检验方法
柱轴线垂直度	单层柱	$H \leq 10$ m	$H/1000$		用经纬仪或吊线和钢直尺检查
		$H > 10$ m	$H/1000$,且不应大于25.0		
	多层柱	单节柱	$H/1000$,且不应大于10.0		
		柱全高	35.0		

表5.26 钢吊车梁安装的允许偏差 单位:mm

项目		允许偏差	图例	检验方法
梁的跨中垂直度△		$h/500$		用吊线和钢直尺检查
侧向弯曲矢高		$l/1500$,且不应大于10.0		用拉线和钢直尺检查
垂直上拱矢高		10.0		
两端支座中心位移△	安装在钢柱上时,对牛腿中心的偏移	5.0		用拉线和钢直尺检查
	安装在混凝土柱上时,对定位轴线的偏移	5.0		
吊车梁支座加劲板中心与柱子承压加劲板中心的偏移△		$t/2$		用吊线和钢直尺检查

第5章 钢结构工程

续表5.26 单位:mm

项目		允许偏差	图例	检验方法
同跨间内同一横截面吊车梁顶面高差△	支座处	10.0		用经纬仪、水准仪和钢直尺检查
	其他处	15.0		
同跨间内同一横截面下挂式吊车梁底面高差△		10.0		
同列相邻两柱间吊车梁顶面高差△		l/1 500,且不应大于10.0		用水准仪和钢直尺检查
相邻两吊车梁接头部位△	中心错位	3.0		用钢直尺检查
	上承式顶面高差	1.0		
	下承式底面高差	1.0		
同跨间任一截面的吊车梁中心跨距△		±10.0		用经纬仪和光电测距仪检查;跨度小时,可用钢直尺检查
轨道中心对吊车梁腹板轴线的偏移△		t/2		用吊线和钢直尺检查

表 5.27 墙架、檩条等次要构件安装的允许偏差　　　　　　　　单位:mm

项目		允许偏差	检验方法
墙架立柱	中心线对定位轴线的偏移	10.0	用钢直尺检查
	垂直度	$H/1\,000$,且不应大于 10.0	用经纬仪或吊线和钢直尺检查
	弯曲矢高	$H/1\,000$,且不应大于 15.0	用经纬仪或吊线和钢直尺检查
抗风桁架的垂直度		$h/250$,且不应大于 15.0	用吊线和钢直尺检查
檩条、墙梁的间距		±5.0	用钢直尺检查
檩条的弯曲矢高		$L/750$,且不应大于 12.0	用拉线和钢直尺检查
墙梁的弯曲矢高		$L/750$,且不应大于 10.0	用拉线和钢直尺检查

注:1. H 为墙架立柱的高度。
　　2. h 为抗风桁架的高度。
　　3. L 为檩条或墙梁的高度。

表 5.28 钢平台、钢梯和防护栏杆安装的允许偏差　　　　　　　　单位:mm

项目	允许偏差	检验方法
平台高度	±15.0	用水准仪检查
平台梁水平度	$l/1\,000$,且不应大于 20.0	用水准仪检查
平台支柱垂直度	$H/1\,000$,且不应大于 15.0	用经纬仪或吊线和钢直尺检查
承重平台梁侧向弯曲	$l/1\,000$,且不应大于 10.0	用拉线和钢直尺检查
承重平台梁垂直度	$h/250$,且不应大于 15.0	用吊线和钢直尺检查
直梯垂直度	$l/1\,000$,且不应大于 15.0	用吊线和钢直尺检查
栏杆高度	±15.0	用钢直尺检查
栏杆立柱间距	±15.0	用钢直尺检查

表 5.29 现场焊缝组对间隙的允许偏差　　　　　　　　单位:mm

项目	允许偏差
无垫板间隙	+3.0 0.0
有垫板间隙	+3.0 -2.0

2. 多层及高层钢结构安装工程

(1)主控项目。多层及高层钢结构安装主控项目质量标准及检验方法应符合表 5.30 的规定。

表5.30 多层及高层钢结构安装工程主控项目质量检验标准

项目	质量标准	检验方法	检查数量
基础验收	建筑物的定位轴线、基础上柱的定位轴线和标高、地脚螺栓(锚栓)的规格和位置、地脚螺栓(锚栓)紧固应符合设计要求。当设计无要求时,应符合表5.31的规定	采用经纬仪、水准仪、全站仪和钢尺实测	按柱基数抽查10%,且不应少于3个
	多层建筑以基础顶面直接作为柱的支承面,或以基础顶面预埋钢板或支座作为柱的支承面时,其支承面、地脚螺栓(锚栓)位置的允许偏差应符合表5.17的规定	用经纬仪、水准仪、全站仪、水平尺和钢尺实测	按柱基数抽查10%,且不应少于3个
	多层建筑采用坐浆垫板时,坐浆垫板的允许偏差应符合表5.21的规定	用水准仪、全站仪、水平尺和钢尺现场实测	资料全数检查。按柱基数抽查10%,且不应少于3个
	当采用杯口基础时,杯口尺寸的允许偏差应符合表5.22的规定	观察及尺量检查	按基础数抽查10%,且不应少于4处
构件验收	钢构件应符合设计要求和《钢结构工程施工质量验收规范》(GB 50205—2001)的规定。运输、堆放和吊装等造成的钢构件变形及涂层脱落,应进行矫正和修补	用拉线、钢尺现场实测或观察	按构件数抽查10%,且不应少于3个
钢柱安装精度	柱子安装的允许偏差应符合表5.32的规定	用全站仪或激光经纬仪和钢尺实测	标准柱全部检查;非标准柱抽查10%,且不应少于3根
顶紧接触面	设计要求顶紧的节点,接触面不应少于70%紧贴,且边缘最大间隙不大于0.8 mm	用钢尺及0.3 mm和0.8 mm厚的塞尺现场实测	按节点数抽查10%,且不应少于3个
垂直度和侧弯矢高	钢主梁、次梁及受压杆件的垂直度和侧向弯曲矢高的允许偏差应符合表5.18中有关钢屋(托)架允许偏差的规定	用吊线、拉线、经纬仪和钢尺现场实测	按同类构件数抽查10%,且不应少于3个
主体结构尺寸	多层及高层钢结构主体结构的整体垂直度和整体平面弯曲的允许偏差应符合表5.33的规定	对于整体垂直度,可采用激光经纬仪、全站仪测量,也可根据各节柱的垂直度允许偏差累计(代数和)计算。对于整体平面弯曲,可按产生的允许偏差累计(代数和)计算	对主要立面全部检查。对每个所检查的立面,除两列角柱外,尚应至少选取一列中间柱

表 5.31　建筑物定位轴线、基础上柱的定位轴线和标高、地脚螺栓(锚栓)的允许偏差　单位:mm

项目	允许偏差	图例
建筑物定位轴线	$l/20\,000$,且不应大于 3.0	
基础上柱的定位轴线	1.0	
基础上柱底标高	±2.0	基准点
地脚螺栓(锚栓)位移	2.0	

表 5.32　柱子安装的允许偏差　单位:mm

项目	允许偏差	图例
底层柱柱底轴线对定位轴线偏移	3.0	
柱子定位轴线	1.0	
单节柱的垂直度	$h/1\,000$,且不应大于 10.0	

表 5.33 整体垂直度和整体平面弯曲的允许偏差 单位:mm

项目	允许偏差	图例
主体结构的整体垂直度	$H/1\,000$,且不应大于 25.0	
主体结构的整体平面弯曲	$l/1\,500$,且不应大于 25.0	

(2)一般项目。多层及高层钢结构安装工程一般项目质量标准及检验方法应符合表 5.34 的规定。

表 5.34 多层及高层钢结构安装工程一般项目质量检验标准

项目	质量标准	检验方法	检查数量
地脚螺栓精度	地脚螺栓(锚栓)尺寸的偏差应符合表 5.16 的规定	用钢尺现场实测	按柱基数抽查 10%,且不应少于 3 个
结构表面	钢结构表面应干净,结构主要表面不应有疤痕、泥沙等污垢	观察检查	按同类构件数抽查 10%,且不应少于 3 件
标记	钢柱等主要构件的中心线及标高基准点等标记应齐全	观察检查	按同类构件数抽查 10%,且不应少于 3 件
构件安装精度	钢构件安装的允许偏差应符合表 5.35 的规定	见表 5.35	按同类构件或节点数抽查 10%。其中柱和梁各不应少于 3 件,主梁与次梁连接节点不应少于 3 个,支承压型金属板的钢梁长度不应少于 5 m
主体结构高度	主体结构总高度的允许偏差应符合表 5.36 的规定	采用全站仪、水准仪和钢尺实测	按标准柱列数抽查 10%,且不应少于 4 列
钢梁(桁架)安装精度	当钢构件安装在混凝土柱上时,其支座中心对定位轴线的偏差不应大于 10 mm;当采用大型混凝土屋面板时,钢梁(或桁架)间距的偏差不应大于 10 mm	用拉线和钢尺现场实测	按同类构件抽查 10%,且不应少于 3 榀

续表 5.34

项目	质量标准	检验方法	检查数量
吊车梁安装精度	多层及高层钢结构中钢吊车梁或直接承受动力荷载的类似构件,其安装的允许偏差应符合表5.26的规定	见表5.26	按钢吊车梁数抽查10%,且不应少于3榀
檩条、墙架安装精度	多层及高层钢结构中檩条、墙架等次要构件安装的允许偏差应符合表5.27的规定	见表5.27	按同类构件数抽查10%,且不应少于3件
平台、钢梯安装精度	多层及高层钢结构中钢平台、钢梯、栏杆安装应符合现行国家标准《固定式钢梯及平台安全要求 第1部分:钢直梯》(GB 4053.1—2009)、《固定式钢梯及平台安全要求 第2部分:钢斜梯》(GB 4053.2—2009)和《固定式钢梯及平台安全要求 第3部分:工业防护栏杆及钢平台》(GB 4053.3—2009)的规定。钢平台、钢梯和防护栏杆安装的允许偏差应符合5.28的规定	见表5.28	按钢平台总数抽查10%,栏杆、钢梯按总长度各抽查10%,但钢平台不应少于1个,栏杆不应少于5 m,钢梯不应少于1跑
现场组对精度	多层及高层钢结构中现场焊缝组对间隙的允许偏差应符合表5.29的规定	尺量检查	按同类节点数抽查10%,且不应少于3个

表 5.35 多层及高层钢结构中构件安装的允许偏差 单位:mm

项目	允许偏差	图例	检验方法
上、下柱连接处的错口 △	3.0		用钢直尺检查
同一层柱的各柱顶高度差 △	5.0		用水准仪检查

续表 5.35

项目	允许偏差	图例	检验方法
同一根梁两端顶面的高差 $\triangle$	$l/1\,000$，且不应大于 10.0	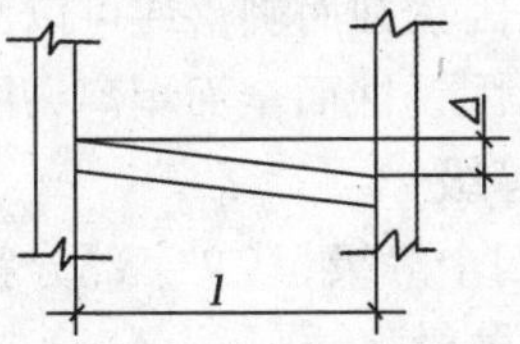	用水准仪检查
主梁与次梁表面的高差 $\triangle$	±2.0	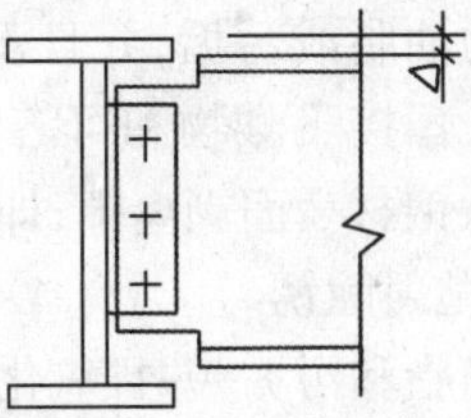	用直尺和钢直尺检查
压型金属板在钢梁上相邻列的错位 $\triangle$	15.00	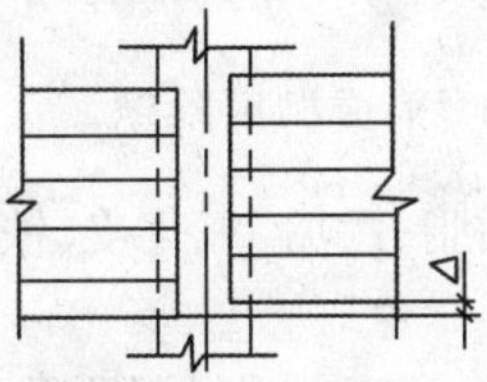	用直尺和钢直尺检查

表 5.36 多层及高层钢结构主体结构总高度的允许偏差　　单位:mm

项目	允许偏差	图例
用相对标高控制安装	$\pm \sum(\triangle_h + \triangle_n + \triangle_\omega)$	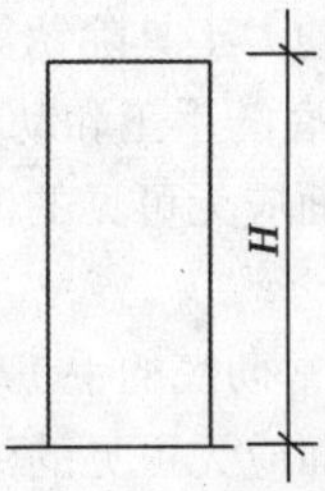
用设计标高控制安装	$H/1\,000$，且不应大于 30.0 $-H/1\,000$，且不应大于 -30.0	

5.4 钢结构涂装工程

【基　础】

◆钢材表面锈蚀等级和除锈等级

1. 锈蚀等级

钢材表面分 A、B、C 和 D 四个锈蚀等级,各等级文字说明如下:

(1) A 级指全面地覆盖着氧化皮而几乎没有铁锈的钢材表面。
(2) B 级指已发生锈蚀,并且部分氧化皮已经剥落的钢材表面。
(3) C 级氧化皮指已因锈蚀而剥落或可以刮除,并有少量点蚀的钢材表面。
(4) D 级氧化皮指已因锈蚀而全面剥离,并且已普遍发生点蚀的钢材表面。

2. 喷射或抛射除锈等级

喷射或抛射除锈分四个等级,其文字部分叙述如下:

Sa1—轻度的喷射或抛射除锈。

钢材表面应无可见的油脂或污垢,并且没有附着不牢的氧化皮、铁锈和油漆涂层等附着物,附着物是指焊渣、焊接飞溅物和可溶性盐等,附着不牢是指氧化皮、铁锈和油漆涂层等能以金属腻子刀从钢材表面剥离掉,即可视为附着不牢。

Sa2—彻底的喷射或抛射除锈。

钢材表面无可见的油脂和污垢,并且氧化皮、铁锈等附着物已基本清除,其残留物应是牢固附着的。

Sa2 $\frac{1}{2}$—非常彻底的喷射或抛射除锈。

钢材表面无可见的油脂、污垢、氧化皮、铁锈和油漆涂层等附着物,任何残留的痕迹应仅是点状或条纹状的轻微色斑。

Sa3—使钢材表观洁净的喷射或抛射除锈。

钢材表面应无可见的油脂、污垢、氧化皮、铁锈和油漆涂层等附着物,该表面应显示均匀的金属光泽。

3. 手工和动力工具除锈等级

手工和动力工具除锈等级,其文字部分叙述如下:

St2—彻底的手工和动力工具除锈。

钢材表面应无可见的油脂和污垢,并且没有附着不牢的氧化皮、铁锈和油漆涂层等附着物。

St3—非常彻底的手工和动力工具除锈。

钢材表面应无可见的油脂和污垢,并且没有附着不牢的氧化皮、铁锈和油漆涂层等附着物。除锈应比 St2 更为彻底,底材显露部分的表面应具有金属光泽。

4. 火焰除锈等级

火焰除锈等级,其文字叙述如下:

F1—火焰除锈。

钢材表面应无氧化皮、铁锈和油漆涂层等附着物,任何残留的痕迹应仅为表面变色(不同颜色的暗影)。

5. 最低除锈等级

各种底漆或防锈漆要求的最低除锈等级见表 5.37。

表5.37　各种底漆或防锈漆要求的最低除锈等级

涂料品种	除锈等级
油性酚醛、醇酸等漆或防锈漆	St2
高氯化聚乙烯、氯化橡胶、氯磺化聚乙烯、环氧树脂、聚氨酯等底漆或防锈漆	Sa2
无机富锌、有机硅、过氯乙烯等底漆	Sa2$\frac{1}{2}$

◆防腐涂料的选用

钢结构防腐涂料的种类很多,其性能也各不相同,选用时除参考表5.38的规定外,还应充分考虑以下各方面的因素,因为对涂料品种的选择是直接决定涂装工程质量好坏的因素之一。

表5.38　各种涂料性能比较表

涂料种类	优点	缺点
油脂类	耐大气性较好;适用于室内外做打底罩面用;价廉;涂刷性能好,渗透性好	干燥较慢、膜软;力学性能差,水膨胀性大;不能打磨抛光;不耐碱
天然树脂漆	干燥比油脂漆快;短油度的漆膜坚硬好打磨;长油度的漆膜柔韧,耐大气性好	力学性能差;短油度的耐大气性差;长油度的漆不能打磨、抛光
酚醛树脂漆	漆膜坚硬;耐水性良好;纯酚醛的耐化学腐蚀性良好;有一定的绝缘强度;附着力好	漆膜较脆;颜色易变深;耐大气性比醇酸漆差,易粉化;不能制白色或浅色漆
沥青漆	耐潮、耐水好;价廉;耐化学腐蚀性较好;有一定的绝缘强度;黑度好	色黑,不能制白及浅色漆;对日光不稳定;有渗色性;自干漆;干燥不爽滑
醇酸漆	光泽较亮;耐候性优良;施工性能好,可刷、可喷、可烘;附着力较好	漆膜较软;耐水、耐碱性差;干燥较挥发性漆慢;不能打磨
氨基漆	漆膜坚硬,可打磨抛光;光泽亮,丰满度好;色浅,不易泛黄;附着力较好;有一定耐热性;耐候性好;耐水性好	需高温下烘烤才能固化;经烘烤过渡,漆膜发脆
硝基漆	干燥迅速;耐油;漆漠坚韧;可打磨抛光	易燃;清漆不耐紫外光线;不能在60℃以上温度使用;固体分低
纤维素漆	耐大气性、保色性好;可打磨抛光;个别品种有耐热、耐碱性、绝缘性也好	附着力较差;耐潮性差;价格高
过氯乙烯漆	耐候性优良;耐化学腐蚀性优良;耐水、耐油、防延燃性好;三防性能较好	附着力较差;打磨抛光性能差;不能在70℃以上高温使用;固体分低
乙烯漆	有一定柔韧性;色泽浅淡;耐化学腐蚀性较好;耐水性好	耐溶剂性差;固体分低;高温易碳化;清漆不耐紫外光线
丙烯酸漆	漆膜色线,保色性良好;耐候性优良;有一定耐化学腐蚀性;耐热性较好	耐溶剂性差;固体分低
聚酯漆	固体分高;耐一定的温度;耐磨能抛光;有较好的绝缘性	干性不易掌握;施工方法较复杂;对金属附着力差
环氧漆	附着力强;耐碱、耐熔剂;有较好的绝缘性能;漆膜坚韧	室外曝晒易粉化;保光性差;色泽较深;漆膜外观较差

续表 5.38

涂料种类	优点	缺点
聚氨酯漆	耐磨性强,附着力好;耐潮、耐水、耐溶剂性好;耐化学和石油腐蚀;具有良好的绝缘性	漆膜易转化、泛黄;对酸、碱、盐、醇、水等物很敏感,因此施工要求高;有一定毒性
有机硅漆	耐高温、耐候性极优;耐潮、耐水性好;其有良好的绝缘性	耐汽油性差;漆膜坚硬较脆;一般需要烘烤干燥;附着力较差
橡胶漆	耐化学腐蚀性强;耐水性好;耐磨	易变色;清漆不耐紫外光;耐溶性差;个别品种施工复杂

(1)使用场合和环境是否有化学腐蚀作用的气体,是否为潮湿环境。

(2)是打底用,还是罩面用。

(3)选择涂料时应考虑在施工过程中涂料的毒性、稳定性及所需的温度条件。

(4)按工程质量要求、技术条件、经济效果、耐久性、非临时性工程等因素,来选择适当的涂料品种。不应将优质品种降格使用,也不应勉强使用达不到性能指标的品种。

◆除锈方法介绍

(1)在涂装之前,必须对钢构件表面进行除锈。除锈方法应符合设计要求或根据所用涂层类型的需要确定,并达到设计规定的除锈等级,常用的除锈方法有喷射除锈、抛射除锈、手工和动力工具除锈等。

(2)喷射除锈和抛射除锈。

1)喷射除锈是利用经过油、水分离处理过的压缩空气将磨料带入并通过喷嘴以高速射向钢材表面,利用磨料的冲击和摩擦力除掉铁锈、氧化皮及污物等,同时使表面获得一定的粗糙度,以利漆膜的附着。

抛射除锈是利用抛射机叶轮中心吸入磨料和叶尖抛射磨料的作用进行工作。抛射机内的磨料被叶轮加速后,射向物体表面,以高速的冲击和摩擦力除去钢材表面的铁锈和氧化皮等污物。

2)喷射和抛射除锈使用的(包括重复使用)磨料及喷射工艺指标,应符合表5.39的规定。

表5.39 磨料种类及喷射工艺标准

磨料名称	磨料籽径/mm	压缩空气压力/MPa	喷嘴最小直径/mm	喷射角/°	喷距/mm
石英砂	3.2~0.63,0.8 筛余大于 40%	0.50~0.60	6~8	35~70	100~200
金刚石	2.0~0.63,0.8 筛余大于 40%	0.35~0.45	4~5	35~75	
钢线籽	线籽直径1.0,长度等于直径,其偏差小于直径的40%	0.50~0.60			
铁丸或钢丸	1.6~0.63,0.8 筛余大于 40%				

3)施工现场环境湿度高于80%,或钢材表面温度低于空气露点温度3 ℃时,禁止喷射除锈施工。

4)喷射除锈后的钢材表面粗糙度,宜小于涂层总厚度的 1/3~1/2。

(3)手工和动力工具除锈。

手工除锈:主要是用刮刀、手锤、砂布和钢丝刷等工具除锈。

动力工具除锈:主要是用风动或电动砂轮、刷轮和除锈机等动力工具除锈。

钢材除锈后,应用刷子或无油、水的压缩空气清理钢材表面,除去锈尘等污物,并应在当天涂完底漆。

(4)钢材表面除锈等级应符合设计要求。当设计无要求时,除锈等级应符合表 5.37 的规定。

【实　务】

◆涂装施工

(1)涂料的配制应按涂料使用说明书的规定执行。当天使用的涂料应当天配制,不得随意添加稀释剂。用同一型号品种的涂料进行多层施工时,中间层应选用不同颜色的涂料,一般应选浅于面层颜色的涂料。

(2)涂装遍数、涂层厚度应符合设计要求。当设计对涂层厚度无要求时,宜涂装二底二面。涂层干漆膜总厚度:室外应为 150,室内应为 125,允许偏差为 -25。

(3)除锈后的金属表面与涂装底漆的间隔时间一般不应超过 6 h;涂层与涂层之间的间隔时间,由于各种油漆的表干时间不同,应以先涂装的涂层达到表干后才进行上一层的涂装,一般涂层的间隔时间不少于 4 h。涂装底漆前,金属表面不得有锈蚀或污垢;涂层上重涂时,原涂层上不得有灰尘、污垢。

禁止涂漆的部位:

1)高强度螺栓摩擦结合面。

2)机械安装所需的加工面。

3)设备的铭牌和标志。

4)现场待焊部位相邻两侧各 50~100 mm 的区域。

5)设计注明禁止涂漆的部位。对禁止涂漆的部位,应在涂装前采取措施遮蔽保护。

(4)不需涂漆的部位。

1)地脚螺栓和底板。

2)与混凝土紧贴或埋入的部位。

3)通过组装紧密结合的表面。

4)密封的内表面。

5)不锈钢表面。

6)设计注明不需涂漆的部位。

(5)涂装施工可采用刷涂、滚涂、空气喷涂和高压无气喷涂等方法,宜根据涂装场所的条件、被涂物体的大小、涂料品种及设计要求,选择合适的涂装方法。

1)刷涂。

①对干燥较快的涂料,应从被涂物的一边按一定顺序,快速、连续地刷平和修饰,不宜反复涂刷。

②对干燥较慢的涂料,应按涂敷、抹平和修饰三道工序操作。

③漆膜的涂刷厚度应适中,防止流挂、起皱和漏涂。

2)滚涂。

①先将涂料大致地涂布于被涂物表面,接着将涂料均匀地分布开,最后让辊子按一定方向滚动,滚平表面并修饰。

②在滚涂时,初始用力要轻,以防涂料流落。随后逐渐用力,使涂层均匀。

3)空气喷涂。空气喷涂法是以压缩空气的气流使涂料雾化成雾状,喷涂于被涂物表面的一种涂装方法,应按下列要点操作。

①喷枪压力:0.3~0.5 MPa。

②喷嘴与物面的距离:大型喷枪为20~30 mm;小型喷枪为15~25 mm。

③喷枪应依次保持与钢材表面平行地运行,移动速度为30~60 cm/s,操作要稳定。

④每行涂层的边缘的搭接宽度应一致,前后搭接宽度一般为喷涂幅度的1/4~1/3。

⑤多层喷涂时,各层应纵横交叉施工。

⑥喷枪使用后,应立即用溶剂清洗干净。

4)高压无气喷涂。高压无气喷涂是利用高压泵输送涂料,当涂料从喷嘴喷出时,体积骤然膨胀而使涂料雾化,高速地喷涂在物面上,应按下列要点操作。

①喷嘴与物面的距离:大型喷枪为32~38 mm。

②喷射角度30~60°。

③喷枪的移动速度为60~100 cm/s。

④喷流的幅度。

a. 喷射较小面积物件为15~25 cm。

b. 喷射大面积物件为30~40 cm。

⑤每行涂层的边缘的搭接宽度为涂层幅度的1/6~1/5。

⑥喷涂完毕后,立即用溶剂清洗设备,同时排出喷枪内的剩余涂料,吸入溶剂做彻底的清洗,拆下高压软管,用压缩空气吹净管内溶剂。

(6)漆膜在干燥过程中,应保持环境清洁。每一涂层完成后,均要进行外观检查。

(7)当钢结构处在有腐蚀介质或露天环境且设计有要求时,应进行涂层附着力测试,可按照现行国家标准《漆膜附着力测定法》(GB 1720—1979)或《色漆和清漆 漆膜的划格试验》(GB/T 9286—1998)执行。在检测范围内,涂层完整程度达到70%以上即为合格。

(8)二次涂装的表面处理和修补。二次涂装是指物件在工厂加工涂装完毕后,在现场安装后进行的涂装;或者涂漆间隔时间超过一个月再涂漆时的涂装。

1)二次涂装的钢材表面,在涂漆前应满足下列要求。

①现场涂装前,应彻底清除涂装件表面的泥、油、灰尘等污物,一般可用布擦、水冲或溶剂清洗等方法。

②表面清洗后,应用钢丝绒等工具对原有漆膜进行打毛处理,同时对组装符号加以保护。

③经海上运输的物件,运到港岸后,应用水清洗,将盐分彻底清洗干净。
2)修补涂层。现场安装后,应对下列部位进行修补。
①接合部的外露部位和紧固件等。
②构件上标有组装符号的部位。
③安装时焊接和烧损及因其他原因损伤的部位。

◆防火涂料施工

防火涂料分超薄型、薄涂型和厚涂型三种。
(1)超薄型、薄涂型防火涂料涂装应符合下列要求。
1)薄涂型防火涂料的底涂层(或主涂层)宜采用重力式喷枪喷涂,其压力约为 0.4 MPa。局部修补和小面积施工,可用手工抹涂。面涂层装饰涂料可刷涂、喷涂或滚涂。
2)双组分装的薄涂型涂料,现场调配应按说明书规定;单组分装的薄涂型涂料应充分搅拌。喷涂后,不应发生流淌和下坠。
3)薄涂型防火涂料底涂层施工。
①钢材表面除锈和防锈处理应符合要求,钢材表面清理干净。
②底涂层一般喷涂 2~3 次,每层喷涂厚度不超过 2.5 mm,应待前一遍干燥后,再喷涂后一遍。
③操作者应采用测厚仪随时检测涂层厚度,其最终厚度应符合有关耐火极限的设计要求。
④喷涂时涂层应完全闭合,各涂层间应黏结牢固。
⑤当设计要求涂层表面光滑平整时,应对最后一遍涂层做抹平处理。
4)薄涂型防火涂料面涂层施工。
①当底涂层厚度已符合设计要求,并基本干燥后,才能施工面涂层。
②面涂层一般涂饰 1~2 次,颜色应符合设计要求,并应全部覆盖底层,颜色均匀、轮廓清晰、搭接平整。
③涂层表面有浮浆或裂纹宽度不应大于 0.5 mm。
(2)厚涂型防火涂料涂装应符合下列要求。
1)厚涂型防火涂料宜采用压送式喷涂机喷涂,空气压力为 0.4~0.6 MPa,喷枪口直径宜为 6~10 mm。
2)厚涂型涂料配料时应严格按配合比加料或加稀释剂,并使稠度适宜,当班使用的涂料应当班配制。
3)厚涂型涂料施工时应分遍喷涂,每遍喷涂厚度宜为 5~10 mm,必须在前一遍基本干燥或固化后,再喷涂下一遍;涂层保护方式、涂层厚度与喷涂遍数应根据施工方案确定。
4)操作者应用测厚仪随时检测涂层厚度,80% 及以上面积的涂层总厚度应符合有关耐火极限的设计要求,且最薄处厚度不应低于设计要求的 85%。
5)厚涂型涂料喷涂后的涂层,应剔除乳突,表面应均匀平整。
6)厚涂型防火涂层出现下列情况之一时,应铲除重新喷涂。

①钢结构的接头、转角处的涂层有明显凹陷时。

②涂层干燥固化不好,黏结不牢或粉化、脱落、空鼓时。

③涂层表面有浮浆或裂缝宽度大于 1.0 mm 时。

(3)钢结构防火涂层不应有误涂、漏涂,涂层应闭合,无脱层、空鼓、明显凹陷、浮浆和粉化松散等外观缺陷,乳突已剔除;保护裸露钢结构及露天钢结构的防火涂层的外观应平整,颜色装饰应符合设计要求。

◆钢结构涂装工程质量验收

1. 主控项目

钢结构涂装工程主控项目质量标准及检验方法应符合表 5.40 的规定。

表 5.40 钢结构涂装工程主控项目质量标准及检验方法

检查项目	质量标准	检验方法	检查数量
表面除锈控制	涂装前钢材表面除锈应符合设计要求和国家现行有关标准的规定。处理后的钢材表面不应有焊渣、焊疤、灰尘、油污、水和毛刺等	用铲刀检查和用现行国家标准 GB/T 8923—1988 规定的图片对照观察检查	按构件数抽查10%,且同类构件不应少于3件
涂膜厚度控制	涂料、涂装遍数、涂层厚度均应符合设计要求。当设计对涂层厚度无要求时,涂层干漆膜总厚度:室外应为 150 μm,室内应为 125 μm,其允许偏差为 -25 μm。每遍涂层干漆膜厚度的允许偏差为 -5 μm	用干漆膜测厚仪检查,个构件检测 5 处,每处数值为 3 个相距 500 mm 测点涂层干漆膜厚度的平均值	按构件数抽查10%,且同类构件不应少于3件
防火涂料除锈和漆膜厚度控制	防火涂料涂装前钢材表面除锈及防锈底漆涂装应符合设计要求和国家现行有关标准的规定	表面除锈用铲刀检查和用 GB/T 8923—1988 规定的图片对照观察检查。底漆涂装用干漆膜测厚仪检查每个构件检测 5 处,每处数值为 3 个相距 50 mm 测点涂层、干漆膜厚度的平均值	按构件数抽查10%,且同类构件不应少于3件
防火涂料技术参数控制	钢结构防火涂料的黏结强度、抗压强度应符合国家现行标准《钢结构防火涂料应用技术规程》(CECS24:90)的规定。检验方法应符合现行国家标准《建筑构件防火喷涂材料性能试验方法 第 1 部分:通用要求》(GB/T 9978.1—2008)的规定	检查复检报告	每使用 100 t 或不足 100 t 薄涂型防火涂料应抽检一次黏结强度,每使用 500 t 或不足 500 t 厚涂型防火涂料应抽检一次黏结强度和抗压强度

续表 5.40

检查项目	质量标准	检验方法	检查数量
防火涂料涂层厚度与耐火极限控制	薄涂型防火涂料的涂层厚度应符合有关耐火极限的设计要求。厚涂型防火涂料涂层的厚度 80% 及以上面积应符合有关耐火极限的设计要求,且最薄处厚度不应低于设计要求的 85%	用涂层厚度测量仪、测针和钢尺检查,测量方法应符合 CECS24:90 的规定和 GB 50205—2001 的规定附录 F	按同类构件数抽查 10%,且均不应少于 3 件
涂层表面裂纹控制	薄涂型防火涂料涂层表面裂纹宽度不应大于 0.5 mm;厚涂型防火涂料涂层表面裂纹宽度不应大于 1 mm	观察和尺量检查	按同类构件数抽查 10%,且均不应少于 3 件

2. 一般项目

钢结构涂装工程一般项目质量标准及检验方法应符合表 5.41 的规定。

表 5.41 钢结构涂装工程一般项目质量标准及检验方法

检查项目	质量标准	检验方法	检查数量
涂装表面控制	构件表面不应误涂、漏涂涂层不应脱皮和返锈等。涂层应均匀、无明显皱皮、流坠、针眼和气泡等	观察检查	全数检查
涂层附着力测试	钢结构处在有腐蚀介质环境或外露且设计有要求时,应进行涂层附着力测试,在检测处范围内,当涂层完整程度达到 70% 以上时,涂层附着力达到合格质量标准的要求	按《漆膜附着力测定法》(GB 1720—1979)或《色漆和清漆、漆膜的划格试验》(GB/T 9286—1998)规定	按构件数抽查 1%,且不应少于 3 件,每件测 3 处
构件标记要求	涂装完成后,构件的标志标记和编号应清晰完整	观察检查	全数检查
防火涂料基面控制	防火涂料涂装基层不应有油污、灰尘和泥砂等污垢	观察检查	全数检查
防火涂层外观控制	防火涂料不应有误涂、漏涂、涂层应闭合无脱层、空鼓、明显凹陷、粉化松散和浮浆等外观缺陷,乳突已剔除	观察检查	

第6章 防水工程

6.1 卷材防水屋面

【基　础】

◆卷材屋面构造层次

卷材防水屋面主要采用沥青防水卷材、高聚物改性沥青防水卷材、合成高分子防水卷材等柔性材料作屋面覆盖层,卷材屋面的构造如图6.1所示。

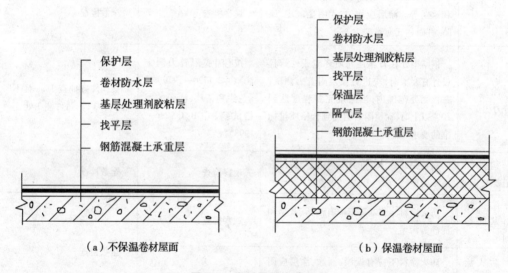

(a) 不保温卷材屋面　　　　　　(b) 保温卷材屋面

图6.1 卷材屋面构造层次

◆材料选择

1. 基层处理剂

基层处理剂是为了增强防水材料与基层之间的黏结力,在防水层施工前,预先涂刷在基层上的涂料,其选择应与所用卷材的材性相容。常用的基层处理剂有用于沥青卷材防水屋面的冷底子油,用于高聚物改性沥青防水卷材屋面的氯丁胶沥青乳液、橡胶改性沥青溶液、沥青溶液(即冷底子油)和用于合成高分子防水卷材屋面的聚氨酯煤焦油系的二甲苯溶液、氯丁胶乳溶液、氯丁胶沥青乳液等。

2. 胶粘剂

卷材防水层的黏结材料,必须选用与卷材相应的胶粘剂。沥青卷材可选用沥青胶作为胶粘剂;高聚物改性沥青卷材可选用橡胶或再生橡胶改性沥青的汽油溶液或水乳液作为胶粘剂,其黏结剪切强度应大于 0.05 MPa,黏结剥离强度应大于 8 N/10 mm;合成高分子防水卷材可选用以氯丁橡胶和丁基酚醛树脂为主要成分的胶粘剂或以氯丁橡胶乳液制成的胶粘剂,其粘结剥离强度不应小于 15 N/10 mm,其用量为 0.4~0.5 kg/m^2。

3. 卷材

屋面施工所选用各种防水材料卷材及制品均应符合设计要求,具有质量合格证明,进场前应按照规范要求进行抽样检验,严禁使用不合格品。

【实　务】

◆ 基层处理要求

基层施工质量的好坏,将直接影响屋面工程的质量。因此基层应具有足够的强度和刚度,保证承受荷载时不致产生显著变形。基层一般采用沥青砂浆或水泥砂浆找平,做到平整、清洁、坚实、无凹凸形及尖锐颗粒,其平整度用 2 m 直尺检查,基层与直尺间的最大空隙不应超过 5 mm。铺设屋面隔气层和防水层之前,基层必须清理干净,找平层必须干燥、洁净。

基层与突出屋面结构(女儿墙、立墙、天窗壁、变形缝、烟囱等)的连接处,及基层的转角处(各水落口、檐口、天沟、檐沟、屋脊等),均应做成圆弧,找平层圆弧半径应根据卷材种类按表 6.1 选用。

表 6.1　找平层圆弧半径　　　　　　　　　　　单位:mm

卷材种类	圆弧半径
沥青防水卷材	100~150
高聚物改性沥青防水卷材	50
合成高分子防水卷材	20

为防止由于温差及混凝土构件收缩而使防水屋面开裂,找平层宜留分格缝,并嵌填密封材料,缝宽一般为 20 mm。分格缝应留设在板端缝处,其纵横向最大间距:当找平层采用沥青砂浆时,不宜大于 4 m;采用水泥砂浆时,则不宜大于 6 m。分格缝应附加宽度为 200~300 mm 的油毡,并用沥青胶结材料单边点贴覆盖。涂刷基层处理剂不得露底,基层处理剂(或称冷底子油)的选用应与卷材的材性相容。基层处理剂可采用喷涂、刷涂施工。喷、涂应均匀,待第一遍干燥后再进行第二遍喷、涂,待最后一遍干燥后,方可铺设卷材。

◆卷材防水施工

1. 沥青防水卷材施工

(1)施工前准备。在阴凉干燥处打开卷材,清除其表面的撒布料,清除时应避免损伤卷材,并保持表面干燥,直立放置在干净、通风、阴凉的地方,为了保证施工安全,应设置防护栏杆等必要的措施,并准备好灭火器材。

(2)涂刷冷底子油。涂刷冷底子油之前,检查找平层表面,要求干净、平整,涂刷要薄而均匀,不得有空白、气泡、麻点,如果基层表面较粗糙,宜先刷一遍慢挥发性冷底子油,待其干燥后,再刷一遍快挥发性冷底子油。涂刷时间宜在铺卷材前1~2 d进行,使油层干燥而又不沾灰尘。

(3)卷材铺贴。

1)施工顺序。大面积卷材铺贴前,在整个工程中,应先做好节点密封、附加层和屋面排水较集中部位(屋面与水落口连接处、天沟、檐口等)与分格缝的空铺条处理等,然后由屋面最低标高处向上施工。铺贴多跨和有高低跨的屋面时,应按照"先高后低、先远后近"的施工顺序,即高低跨屋面,先铺高跨后铺低跨;等高的大面积屋面,先铺离上料地点较远的部位,后铺较近部位。

2)铺设方向。卷材铺贴方向应根据屋面坡度和屋面是否有振动来确定。当屋面坡度小于3%时,卷材宜平行屋脊铺贴;屋面坡度在3%~15%时,卷材可平行或垂直屋脊铺贴;屋面坡度大于15%或屋面受震动时,沥青防水卷材应垂直屋脊铺贴,高聚物改性沥青防水卷材和合成高分子防水卷材可平行或垂直屋脊铺贴;上下层卷材不得相互垂直铺贴;卷材屋面的坡度不宜超过25%,当坡度超过25%时应采取防止卷材下滑的措施。

3)搭接方法。卷材铺贴应采用搭接法,上下层及相邻两幅卷材的搭接缝应错开。叠层铺贴,上下层两幅卷材的搭接缝也应错开1/3幅宽;相邻两幅卷材的接头还应相互错开300 mm以上,以免接头处多层卷材相重叠而黏结不实。平行于屋脊的搭接缝,应顺流水方向搭接;垂直于屋脊的搭接缝,应顺年最大频率风向搭接。叠层铺贴的各层卷材,在天沟与屋面的交接处,应采用叉接法搭接,搭接缝应错开;搭接缝宜留在屋面或天沟侧面,不宜留在沟底,各种卷材的搭接宽度应符合规范要求。

4)铺贴方法。沥青防水卷材的铺贴方法有实铺法(又称满粘法、全粘法)、空铺法、条粘法和点粘法(后三种方法仅限于排气屋面铺第一层卷材时采用),铺贴立面或大坡面卷材时,应采用实铺法。

2. 高聚物改性沥青防水卷材施工

根据高聚物改性沥青防水卷材的特性,其施工方法有冷粘法、热熔法和自粘法三种。目前,使用最多的是热熔法。

冷粘法(冷施工)是采用胶粘剂或冷玛脂进行卷材与基层、卷材与卷材的黏结,而不需要加热施工的方法。采用冷粘法施工,胶粘剂涂刷应均匀,不露底,不堆积。卷材空铺、点粘、条粘时,应按规定的位置及面积涂刷胶粘剂。根据胶粘剂的性能,应控制胶粘剂涂刷与卷材铺贴的间隔时间。铺贴卷材时,应排除卷材下面的空气,并辊压黏贴牢固。铺贴卷材时应平整顺直,搭接尺寸准确,不得扭曲、皱折,搭接部位的接缝应满涂胶粘剂,辊压黏结牢固,搭接缝口应用材性相容的密封材料封严。

热熔法施工是采用火焰加热器熔化热熔型防水卷材底面的热熔胶进行黏结的施工方法。操作时,火焰喷嘴距卷材面的距离应适中,幅宽内加热应均匀,以卷材表面熔融至光亮黑色为度,不得过分加热卷材;卷材表面热熔后应立即滚铺卷材,滚铺时应排除卷材下面的空气,使之平展并粘贴牢固。采用条粘法时,每幅卷材与基层黏结面不应少于两条,每条宽度不应小于 150 mm。

以使用热熔法施工为主的 APP 和 SBS 两种改性沥青防水卷材,由于其改性材料分子结构的不同,对施工要求有严格限制。APP 改性沥青由于其热稳定性好,卷材使用热熔法铺贴不会因受短时间高温而造成损坏。SBS 改性沥青当被高温热熔、温度超过 250 ℃时,其弹性网状体结构就会遭到破坏,影响卷材特性,而喷灯熔化改性沥青的温度往往超过这一限值,因此必须选用具有足够厚度(4 mm)的卷材。否则,宜使用材质相容的热玛脂以热铺法粘贴。

自粘法是采用带有自粘胶的防水卷材,不用热施工,也不需涂刷胶结材料而进行黏结的施工方法。采用自粘法施工,基层表面应均匀涂刷基层处理剂,铺贴卷材时,应将自粘胶底面隔离纸完全撕净,排除卷材下面的空气,并辊压黏结牢固。搭接部位宜采用热风机加热,加热后随即黏贴牢固,并在接缝口用材性相容的密封材料封严。铺贴立面、大坡面卷材时,应加热后粘贴牢固。

3. 合成高分子防水卷材施工

合成高分子防水卷材的铺贴方法有:冷粘法、自粘法和热风焊接法,目前国内采用最多的是冷粘法。

采用冷粘法施工,不同品种的卷材和不同的粘结部位,应使用与卷材材质配套的胶粘剂和接缝专用胶粘剂。铺贴卷材前,基层表面应涂刷基层处理剂;铺贴卷材时,胶粘剂可涂刷在基层或卷材的底面,并应根据胶粘剂的特性,控制涂层厚度及涂刷胶粘剂与铺贴卷材的间隔时间。铺贴卷材不得皱折,也不得用力拉伸卷材,并应排除卷材下面的空气,辊压黏结牢固。接缝口应采用材性相容的密封材料封严,铺贴大坡面和立面卷材应采用满粘法,并宜减少短边搭接。立面卷材收头的端部应裁齐,并用压条或垫片钉压固定,最大钉距不应大于 900 mm,上口应用密封材料封固。

采用自粘法铺贴合成高分子防水卷材的施工方法,与铺贴高聚物改性沥青防水卷材的方法基本相同。

采用热风焊接法铺设合成高分子防水卷材,焊接前,卷材铺放应平整顺直,搭接尺寸准确。焊接缝的结合面应清扫干净,焊接顺序应先焊长边搭接缝,后焊短边搭接缝。

◆卷材防水层质量要求

(1)本部分适用于防水等级为 Ⅰ~Ⅳ 级的屋面防水。

(2)卷材防水层应采用高聚物性沥青防水卷材、合成高分子防水卷材或沥青防水卷材。所选用的基层处理剂、接缝胶粘剂、密封材料等配套材料应与铺贴的卷材料性相容。

(3)在坡度大于25%的屋面上采用卷材做防水层时,应采取固定措施,固定点应密封严密。

(4)铺设屋面隔气层和防水层前,基层必须干净、干燥,干燥程度的简易检验方法,是将 1 m² 卷材平坦地干铺在找平层上,静置 3~4 h 后掀开检查,找平层覆盖部位与卷材上未见水印即可铺设。

(5)卷材铺贴方向应符合下列规定。

1)屋面坡度小于3%时,卷材宜平行屋脊铺贴。

2)屋面坡度在3%~15%时,卷材可平行或垂直屋脊铺贴。

3)屋面坡度大于15%或屋面受震动时,沥青防水卷材应垂直屋脊铺贴,高聚物改性沥青防水卷材和合成高分子防水卷材可平行或垂直屋脊铺贴。

4)上下层卷材不得相互垂直铺贴。

(6)卷材厚度选用应符合表6.2的规定。

表6.2 卷材厚度选用表

屋面防水等级	设防道数	合成高分子防水卷材	高聚物改性沥青防水卷材	沥青防水卷材
Ⅰ级	三道或三道以上设防	不应小于1.5 mm	不应小于3 mm	—
Ⅱ级	二道设防	不应小于1.2 mm	不应小于3 mm	—
Ⅲ级	一道设防	不应小于1.2 mm	不应小于4 mm	三毡四油
Ⅳ级	一道设防	—	—	二毡三油

(7)铺贴卷材采用搭接法时,上下层及相邻两幅卷材的搭接缝应错开,各种卷材搭接宽度应符合表6.3的要求。

表6.3 卷材搭接宽度 单位:mm

卷材种类	铺贴方法	短边搭接		长边搭接	
		满粘法	空铺、点粘、条粘法	满粘法	空铺、点粘、条粘法
沥青防水卷材		100	150	70	100
高聚物改性沥青防水卷材		80	100	80	100
自粘聚合物改性沥青防水卷材		60	—	60	—
合成高分子防水卷材	胶粘剂	80	100	80	100
	胶粘带	50	60	50	60
	单缝焊	60,有效焊接宽度不小于25			
	双缝焊	80,有效焊接宽度10×2+空腔宽			

(8)冷粘法铺贴卷材应符合下列规定。

1)胶粘剂涂刷应均匀,不露底,不堆积。

2)根据胶粘剂的性能,应控制胶粘剂涂刷与卷材铺贴的间隔时间。

3)铺贴的卷材下面的空气应排尽,并辊压黏结牢固。

4)铺贴卷材应平整顺直,搭接尺寸准确,不得扭曲、皱折。

5)接缝口应用密封材料封严,宽度不应小于10 mm。

(9)热熔法铺贴卷材应符合下列规定。

1)火焰加热器加热卷材应均匀,不得过分加热或烧穿卷材,厚度小于3 mm的高聚物改性沥青防水卷材严禁采用热熔法施工。

2)卷材表面热熔后应立即滚铺卷材,卷材下面的空气应排尽,并辊压黏结牢固,不得空鼓。

3)卷材接缝部位必须溢出热熔的改性沥青胶。

4)铺贴的卷材应平整顺直,搭接尺寸准确,不得扭曲、皱折。

(10)自粘法铺贴卷材应符合下列规定。

1)铺贴卷材前基层表面应均匀涂刷基层处理剂,干燥后应及时铺贴卷材。

2)铺贴卷材时,应将自粘胶底面的隔离纸全部撕净。

3)卷材下面的空气应排尽,并辊压黏结牢固。

4)铺贴的卷材应平整顺直,搭接尺寸准确,不得扭曲、皱折,搭接部位宜采用热风加热,随即粘贴牢固。

5)接缝口应用密封材料封严,宽度不应小于10 mm。

(11)卷材热风焊接施工应符合下列规定。

1)焊接前卷材的铺设应平整顺直,搭接尺寸准确,不得扭曲、皱折。

2)卷材的焊接面应清扫干净,无水滴、油污及附着物。

3)焊接时应先焊长边搭接缝,后焊短边搭接缝。

4)控制热风加热温度和时间,焊接处不得有漏焊、跳焊、焊焦或焊接不牢现象。

5)焊接时不得损害非焊接部位的卷材。

(12)沥青玛瑞脂的配制和使用应符合下列规定。

1)配制沥青玛瑞脂的配合比应视使用条件、坡度和当地历年极端最高气温,并根据所用的材料经试验确定,施工中应按确定的配合比严格配料,每工作班应检查软化点和柔韧性。

2)热沥青玛瑞脂的加热不应高于240 ℃,使用不应低于190 ℃。

3)冷沥青玛瑞脂使用时应搅匀,稠度太大时可加少量溶剂稀释搅匀。

4)沥青玛瑞脂应涂刮均匀,不得过厚或堆积。

黏结层厚度:热沥青玛瑞脂宜为1~1.5 mm,冷沥青玛瑞脂宜为0.5~1 mm。

面层厚度:热沥青玛瑞脂宜为2~3 mm,冷沥青玛瑞脂宜为1~1.5 mm。

(13)天沟、檐沟、檐口、泛水和立面卷材收头的端部应裁齐,塞入预留凹槽内,用金属压条钉压固定,最大钉距不应大于900 mm,并用密封材料嵌填封严。

(14)卷材防水层完工并经验收合格后,应做好成品保护。保护层的施工应符合下列规定。

1)绿豆砂应清洁、预热、铺撒均匀,并使其与沥青玛瑞脂黏结,不得残留未黏结的绿豆砂。

2)云母或蛭石保护层不得有粉料,撒铺应均匀,不得露底,多余的云母或蛭石应清除。

3)水泥砂浆保护层的表面应抹平压光,并设表面分格缝,分格面积宜为1 m^2。

4)块体材料保护层应留设分格缝,分格面积不宜大于100 m^2,分格缝宽度不宜小于20 mm。

5)细石混凝土保护层,混凝土应密实,表面抹平压光,并留设分格缝,分格面积不大于 36 m²。

6)浅色涂料保护层应与卷材黏结牢固,厚薄均匀,不得漏涂。

7)水泥砂浆、块材或细石混凝土保护层与防水之间应设置隔离层。

8)刚性保护层与女儿墙、山墙之间应预留宽度为 30 mm 的缝隙,并用密封材料嵌填严密。

1. 主控项目

卷材防水层主控项目质量标准及检验方法应符合表 6.4 的规定。

表6.4 卷材防水层主控项目质量标准及检验方法

项目	质量标准	检验方法
卷材及配套材料质量	卷材防水层所用卷材及其配套材料,必须符合设计要求	检查出厂合格证、质量检验报告和现场抽样复验报告
卷材防水层	卷材防水层不得有渗漏或积水现象	雨后或淋水、蓄水检验
防水细部构造	卷材防水层在天沟、檐沟、檐口、水落口、泛水、变形缝和伸出屋面管道的防水构造,必须符合设计要求	观察检查和检查隐蔽工程验收记录

2. 一般项目

卷材防水层一般项目质量标准及检验方法应符合表 6.5 的规定。

表6.5 卷材防水层一般项目质量标准及检验方法

项目	质量标准	检验方法
卷材搭接缝与收头质量	卷材防水层的搭接缝应粘(焊)结牢固,密封严密,不得有皱折、翘边和鼓泡等缺陷;防水层的收头应与基层黏结并固定牢固,缝口封严,不得翘边	观察检查
卷材保护层	卷材防水层上的撒布材料和浅色涂料保护层应铺撒或涂刷均匀,黏结牢固;水泥砂浆、块材或细石混凝土保护层与卷材防水层间应设置隔离层;刚性保护层的分格缝留置应符合设计要求	观察检查
排气屋面孔道留置	排汽屋面的排汽道应纵横贯通,不得堵塞。排气管应安装牢固,位置正确封闭严密	观察检查
卷材铺贴方向及搭接宽度允许偏差	卷材的铺贴方向应正确,卷材搭接宽度的允许偏差为 -10 mm	观察和尺量检查

◆屋面防水工程冬期施工的一般规定

(1)冬期进行屋面防水工程施工应选择无风晴朗天气进行,并应依据使用的防水材料控制其施工气温界限,及利用日照条件提高面层温度,在迎风面宜设置活动的挡风装置。

(2)屋面找平层应符合下列要求。

1)找平层应牢固坚实、表面无凹凸、起鼓、起砂现象,如果有积雪、残留冰霜、杂物等应清扫干净。

2)铺设屋面隔气层和防水层前,找平层应干净、干燥。

注:干燥程度的简易检测方法:将 1 m² 卷材平坦地铺在找平层上,静置 3~4 h 后掀开检查,找平层覆盖部位与卷材上未见水印即可铺设。

3)找平层与女儿墙、立墙、天窗壁、变形缝、烟囱等突出屋面结构的连接处,以及找平层的转角处(水落口、檐口、天沟、檐沟、屋脊等),均应做成圆弧。当采用沥青防水卷材时圆弧半径宜为 100~150 mm;采用高聚物改性沥青防水卷材时,圆弧半径宜为 50 mm;采用合成高分子防水卷材时,圆弧半径宜为 20 mm。

(3)屋面防水施工时,应先做好层面排水比较集中的部位,凡节点部位均应加铺一层附加层。

(4)在施工中有交叉作业时,应做到合理安排隔气层、保温层、找平层、防水层的各项工序,并宜做到连续操作。对已完成部位应及时覆盖,以免受潮、受冻。穿过屋面防水层的管道设备或预埋件,应在防水施工前安装完毕并做好防水处理。

屋面防水层完工后,不得在其上凿眼打洞及堆放施工机具或尖硬物等,并应按国家现行标准《屋面工程技术规范》(GB 50345—2004)要求进行验收。

6.2 刚性防水屋面

【基 础】

◆特点及适用范围

与卷材防水屋面相比,刚性防水屋面所用材料易得,耐久性好,价格便宜,维修方便。但刚性防水层材料的表观密度大,抗拉强度低,极限拉应变小,易受砂浆或混凝土的温度变形、干湿变形和结构变位而产生裂缝。主要适用于防水等级为Ⅲ级的屋面防水,也可用作Ⅰ、Ⅱ级屋面多道防水设防中的一道防水层,不适用于设有松散材料保温层的屋面及受较大震动或冲击的建筑屋面。

【实 务】

◆材料要求

防水层的细石混凝土宜用普通硅酸盐水泥或硅酸盐水泥,用矿渣硅酸盐水泥时应注意采取减少泌水性措施。水泥强度等级不宜低于 42.5 级;不得使用火山灰水泥;防水层的细石混凝土和砂浆中,粗集料的最大粒径不宜超过 15 mm,含泥量不应大于 1%;细集料应采用中砂或粗砂,含泥量不应大于 2%;拌和用水应采用不含有害物质的洁净水。混凝土水灰比不应大于 0.55,每立方米混凝土水泥最小用量不应小于 330 kg,含砂率宜为 35%~40%,灰砂比应为 1:(2~2.5),并宜掺入外加剂。普通细石混凝土、补偿收缩混凝土的自由膨胀率应为 0.05% ~0.1%。

块体刚性防水层使用的块体应无裂纹、无石灰颗粒、无灰浆泥角,质地密实,表面平整。

◆施工工艺

1. 基层处理

整体现浇的钢筋混凝土结构层混凝土浇捣密实后,终凝前用铁抹子抹平,以便于隔离层施工。装配式钢筋混凝土板时应用强度等级不低于 C20 的细石混凝土灌缝,灌缝的细石混凝土宜掺膨胀剂。当屋面板板缝宽度大于 40 mm 或上窄下宽时,板缝内必须设置构造钢筋,板端缝应进行密封处理。

2. 隔离层施工

在结构层与防水层之间宜增加一层低强度等级砂浆、卷材、塑料薄膜等材料起隔离作用,使结构层和防水层变形互不受约束,以减少防水混凝土产生拉应力而导致混凝土防水层开裂。

3. 分格缝的设置

为防止大面积的刚性防水层因温差、混凝土收缩等影响而产生裂缝,应按设计要求设置分格缝。其位置一般应设在结构应力变化较突出的部位,如结构层屋面板的支承端、屋面转折处、防水层与突出屋面结构的交接处,并应与板缝对齐。分格缝纵横间距一般不大于 6 m。

分格缝的一般做法是在施工刚性防水层前,先在隔离层上定好分格缝位置,再安放分格条,然后按分隔板块浇筑混凝土,待混凝土初凝后,将分格条取出即可。分格缝处可采用嵌填密封材料并加贴防水卷材的办法进行处理,以增加防水的可靠性。

4. 防水层施工

(1)普通细石混凝土防水层施工。混凝土浇筑应按"先高后低、先远后近"的施工顺序进行,一个分格缝内的混凝土必须一次浇筑完毕,不得留施工缝。钢筋网片应放置在混凝土的中上部。混凝土的质量要严格保证,加入外加剂时,应准确计量,投料顺序得当,搅拌均匀。混凝土搅拌应采用机械搅拌,搅拌时间不少于 2 min,混凝土运输过程中应防止漏浆和离析。混凝土浇筑时,先用平板振动器振实,再用辊筒滚压至表面平整、泛浆,然后用铁抹子压实抹平,并确保防水层的设计厚度和排水坡度。抹压时严禁在表面洒水、加水泥浆或撒干水泥。待混凝土初凝收水后,应进行二次表面压光,或在终凝前三次压光成活。混凝土浇筑 12 ~24 h 后应进行养护,养护时间不应少于 14 d。养护初期屋面不得上人,施工时的气温宜在 5 ~35 ℃,以保证防水层的施工质量。

(2)补偿收缩混凝土防水层施工。补偿收缩混凝土防水层是在混凝土中掺入膨胀剂拌制而成,硬化后的混凝土产生微膨胀,以补偿普通混凝土的收缩,它在配筋情况下,由于钢筋限制其膨胀,从而使混凝土产生自应力,起到自密实混凝土、提高混凝土抗裂性和抗渗性的作用。其施工要求与普通细石混凝土防水层大致相同。当用膨胀剂拌制补偿收缩混凝土孔应按照配合比准确计量,搅拌投料时应与水泥同时加入,混凝土搅拌时间不少于 3 min。

◆质量要求

1. 细石混凝土防水层

(1)本部分适用于防水等级为Ⅰ~Ⅲ级的屋面防水,不适用于设有松散材料保温层的及受较大震动或冲击的和坡度大于15%的建筑屋面。

细石混凝土防水包括普通细石混凝土防水层和补偿收缩混凝土防水层。由于刚性防水材料的表观密度大、抗拉强度低、极限拉应变小,常因混凝土的干缩变形、温度变形及结构变形而产生裂缝。因此,对于屋面防水等级为Ⅱ级及以上的重要建筑,只有在刚性与柔性防水材料结合做两道防水设防时方可使用。细石混凝土防水层所用材料易得,耐穿刺能力强,耐久性能好,维修方便,所以在Ⅲ级屋面中推广应用较为广泛。为了解决细石混凝土防水层裂缝问题,除采取设分格缝等构造措施外,还可加入膨胀剂拌制补偿收缩混凝土。对于混凝土防水层的基层,因松散材料保温层强度低、压缩变形大,易使混凝土防水层产生受力裂缝,故不得在松散材料保温层上做细石混凝土防水层。至于受较大震动或冲击的屋面,易使混凝土产生疲劳裂缝。当屋面坡度大于15%时,混凝土不易振捣密实,所以均不能采用细石混凝土防水层。

(2)细石混凝土不得使用火山灰质水泥。当采用矿渣硅酸盐水泥时,应采用泌水性的措施。粗集料含泥量不应大于1%,细集料含泥量不应大于2%。

混凝土水灰比不应大于0.55;每立方米混凝土水泥用量不得少于330 kg,含砂率宜为35%~40%;灰砂比宜为1:2~1:2.5;混凝土强度等级不应低于C20。

由于火山灰质水泥干缩率大、易开裂,所以在刚性防水屋面上不得采用。矿渣硅酸盐水泥泌水性大、抗渗性能差,应采用减少泌水性的措施。普通硅酸水泥或硅盐水泥早期强度高、干缩性小、性能较稳定、耐风化,同时比用其他品种水泥拌制的混凝土碳化速度慢,所以宜在刚性防水屋面上使用。

粗、细集料的含泥量大小,直接影响细石混凝土防水层的质量。如粗、细集料中的含泥量过大,则易导致混凝土产生裂纹。所以确定其含泥量要求时,应与强度等级等于或高于C30的普通混凝土相同。

提高混凝土的密实性,有利于提高混凝土的抗风化能力和减缓碳化速度,也有利于提高混凝土的抗渗性。混凝土水灰比是控制密实度的决定性因素,过多的水分蒸发后在混凝土中形成微小的孔隙,降低了混凝土的密实性,故限定水灰比不得大于0.55。至于最小水泥用量、含砂率、灰砂比的限制都是为了形成足够的水泥砂浆包裹粗集料表面,并充分堵塞集料间的空隙,以保证混凝土的密实性和提高混凝土的抗渗性。

(3)混凝土中掺加膨胀剂、减水剂、防水剂等外加剂时,应按配合比准确计量,投料顺序得当,并应用机械搅拌、机械振捣。

为了改善普通细石混凝土的防水性能,提倡在混凝土中加入膨胀剂、减水剂、防水剂等外加剂。外加剂掺量是关键的工艺参数,应按所选用的外加剂使用说明或通过试验确定掺量,并决定采用先掺法还是后掺法或同掺法,按配合比做到准确计量。细石混凝土应用机械充分搅拌均匀和振捣密实,以提高其防水性能。

(4)细石混凝土防水层的分格缝,应设在屋面板的支承端、屋面转折处、防水层与结构的交接处，其纵横不宜大于 6 m。分格缝内应嵌密封材料。

混凝土构件受温度影响产生热胀冷缩，混凝土本身的干缩及荷载作用下挠曲引起的角变位，都能导致混凝土构件的板端裂缝，而装配式混凝土屋面适应变形的能力更差。根据全国各地实践经验，在这些有规律的裂缝处设置分格缝，并用密封材料嵌填，以柔适变，刚柔结合，达到减少裂缝和增强防水的目的。分格缝的位置应设在变形较大或较易变形的屋面板支承端、屋面转折处、防水层与突出屋面结构的交接处。至于分格缝的间距，考虑到我国工业建筑柱网以 6 m 为模数，而民用建筑的开间模数多数也小于 6 m，所以规定分格缝宜大于 6 m。

(5) 细石混凝土防水层的厚度不应小于 40 mm，并应配置双向钢筋网片。钢筋网片在分格缝处应断开，其保护层厚度不应小于 10 mm。

细石混凝土防水层的厚度，目前国内多采用 40 mm。如厚度小于 40 mm，则混凝土失水很快，水泥水化不充分，降低了混凝土的抗渗性能。另外由于混凝土防水层过薄，一些石子粒径可能超过防水层厚度的一半，上部砂浆收缩后容易在此处出现微裂而造成渗水的通道，故规定其厚度不应小于 40 mm。混凝土防水层中宜配置双向钢筋网片，当钢筋间距为 100～200 mm 时，可满足刚性防水屋面的构造及计算要求。分格缝处钢筋应断开，以利于各分格中的混凝土防水层能自由伸缩。

(6) 细石混凝土防水层与立墙及突出屋面结构等交接处，均应做柔性密封处理，细石混凝土防水层与基层间宜设置隔离层。

刚性防水层与山墙、女儿墙及突出屋面交接处变形复杂，易于开裂而造成渗漏。同时，由于刚性防水层温度和干湿度变形，造成推裂女儿墙的现象在历次调研中均有发现，故规定在这些部位应留设缝隙，并用柔性密封材料进行处理，以防渗漏。

由于温差、干缩、荷载作用等因素，常使结构层发生变形、开裂而导致刚性防水层产生裂缝。根据一些施工单位的经验及有关资料表明，在刚性防水层与基层之间设置隔离层，这样防水层就可以自由伸缩，减少结构变形对刚性防水层产生的不利影响，故规定在刚性防水层与基层之间宜设置隔离层。补偿收缩混凝土防水层虽有一定的抗裂性，但在刚性防水层与基层之间仍以设置隔离层为佳。

(7) 主控项目。细石混凝土防水层主控项目质量标准及检验方法应符合表 6.6 的规定。

表 6.6 细石混凝土防水层主控项目质量标准及检验方法

检查项目	质量标准	检验方法	检查数量
材料质量及配合比	细石混凝土的原材料及配合比必须符合设计要求	检查出厂合格证、质量检验报告、计量措施和现场抽样复验报告	按屋面面积每 100 m² 抽查 1 处，每处 10 m²，且不得少于 3 处
细石混凝土防水层不得渗漏或积水	细石混凝土防水层不得有渗漏或积水现象	雨后或淋水、蓄水检验	
细部防水构造	细石混凝土防水层在天沟、檐沟、檐口、水落口、泛水、变形缝和伸出屋面管道的防水构造，必须符合设计要求	观察检查和检查隐蔽工程验收记录	

(8) 一般项目，细石混凝土防水层一般项目质量标准及检验方法应符合表 6.7 的规定。

表 6.7 细石混凝土防水层一般项目质量标准及检验方法

检查项目	质量标准	检验方法	检查数量
防水层施工表面质量	细石混凝土防水层应表面平整、压实抹光，不得有裂缝、起壳、起砂等缺陷	观察检查	按屋面面积每 100 m^2 抽查 1 处，每处 10 m^2，且不得少于 3 处
防水层厚度和钢筋位置	细石混凝土防水层的厚度和钢筋位置应符合设计要求	观察和尺量检查	
分格缝位置和间距	细石混凝土分格缝的位置和间距应符合设计要求		
表面平整度允许偏差	细石混凝土防水层表面平整度的允许偏差为 5 mm	用 2 m 靠尺和楔形塞尺检查	

2. 密封材料嵌缝

（1）本部分适用于刚性防水屋面分格缝及天沟、檐沟、泛水、变形缝等细部构造的密封处理。

屋面工程中构件与构件、构件与配件的拼接缝，及天沟、檐沟、泛水、变形缝等细部构造的防水层收头，都是屋面渗漏水的主要通道。密封防水处理质量直接影响屋面防水的连续性和整体性。屋面密封防水处理不能视为独立的一道防水层，应与卷材防水屋面、涂膜防水屋面、刚性防水屋面及隔热屋面配套使用，并且适用于防水等级为Ⅰ~Ⅲ级屋面。

（2）密封防水部位的基层质量应符合下列要求。

1) 基层应牢固，表面应平整、密实，不得有蜂窝、麻面、起皮和起砂现象。

2) 嵌填密封材料的基层应干净、干燥。

如果接触密封材料的基层强度不够，或有蜂窝、麻面、起皮、起砂现象，都会降低密封材料与基层的黏结强度。基层不平整、不密实或嵌填密封材料不均匀，接缝位移时会造成密封材料局部拉坏，失去密封防水的作用。

（3）密封防水处理连接部位的基层，应涂刷密封材料相配套的基层处理剂。基层处理剂应配比准确，搅拌均匀。采用多组分基层处理剂时，应根据有效时间确定使用量。

改性沥青密封材料的基层处理剂一般现场配制，为保证基层处理剂的质量，配比应准确，搅拌应均匀。多组分基层处理剂属于反应固化型材料，配制时应根据固化前的有效时间确定一次使用量，应用多少配制多少，未用完的材料不得下次使用。

基层处理剂涂刷完毕后再铺放背衬材料时，将会对接缝壁的基层处理剂有一定的破坏，削弱基层处理剂的作用。这里需要说明的是，设计时应选择与背衬材料不相容的基层处理剂。

基层处理剂配制时一般均加有溶剂，当溶剂尚未完全挥发时嵌填密封材料，会影响密封材料与基层处理剂的黏结性能，降低基层处理剂的作用。因此，嵌填密封材料待基层处理剂达到表干状态后方可进行。基层处理剂表干后应立即嵌填密封材料,否则基层处理剂被污染,也会削弱密封材料与基层的粘结强度。

(4)接缝处的密封材料底部应填放背衬材料,外露的密封材料上应设置保护层,其宽度不应小于100 mm。

背衬材料应填塞在接缝处的密封材料底部,其作用是控制密封材料的嵌填深度,预防密封材料与缝的底部黏结而形成三面粘,避免造成应力集中和破坏密封防水。因此,背衬材料应尽量选择与密封材料不黏结或黏结力弱的材料。背衬材料的圆形、方形或片状,应根据实际需要决定,常用的有泡沫棒或油毡条。

(5)密封材料嵌填完成后不得碰损及污染,固化前不得踩踏。嵌填完毕密封材料,一般应养护2~3d。接缝密封防水处理通常在下一道工序施工前,应对接缝部位的密封材料采取保护措施。如施工现场清扫、隔热层施工时,对已嵌填的密封材料宜采用卷材或木板保护,以防止污染及碰损。因为密封材料嵌填对构造尺寸和形状都有一定的要求,未固化的材料不具备一定的弹性,踩踏后密封材料会发生塑性变形,导致密封材料构造尺寸不符合设计要求,所以对嵌填的密封材料固化前不得踩踏。

(6)主控项目,密封材料嵌缝主控项目质量标准及检验方法应符合表6.8的规定。

表6.8　密封材料嵌缝主控项目质量标准及检验方法

检查项目	质量标准	检验方法	检查数量
密封材料质量	密封材料的质量必须符合设计要求	检查产品出厂合格证、配合比和现场抽样复验报告	每50 m应抽查1处,每5 m,且不得少于3处
嵌缝施工质量	密封材料嵌填必须密实、连续、饱满,黏结牢固,无气泡、开裂、脱落等缺陷	观察检查	

(7)一般项目,密封材料嵌缝一般项目质量标准及检验方法应符合表6.9的规定。

表6.9　密封材料嵌缝一般项目质量标准及检验方法

检查项目	质量标准	检验方法	检查数量
嵌缝基层处理	嵌填密封材料的基层应牢固、干净、干燥,表面应平整、密实	观察检查	每50 m应抽查1处,每5 m,且不得少于3处
外观质量	嵌填的密封材料表面应平滑,缝边应顺直,无凹凸不平现象	尺量检查	
接缝宽度允许偏差	密封防水接缝宽度的允许偏差为±10%,接缝深度为宽度的0.5~0.7倍		

◆刚性防水屋面冬期施工

刚性防水屋面冬期施工及养护方法见表6.10。

表6.10 刚性防水屋面冬期施工及养护方法

类型	施工方法及特点	适用条件
蓄热法	(1)对拌和水和集料适当加热 (2)用热的拌和物浇筑,浇筑完成后用塑料薄膜覆盖,上盖保温材料,防止水分和热量散失 (3)利用原材料中预加的热量和水泥放出的水化热,使混凝土缓慢冷却,于温度降至0℃前达到允许受冻临界强度 (4)施工简单,费用低廉,但养护时间较长	(1)气温不低于 -15℃ (2)混凝土结构表面系数不大于15
掺外加剂法	(1)原材料适当加热,使混凝土浇筑完毕时的温度不低于5℃ (2)拌和物中掺入防冻剂等外加剂 (3)混凝土浇筑后用塑料薄膜覆盖或适当保温,避免脱水和防止霜、雪袭击 (4)终凝前混凝土本身温度可降至0℃以下,然后在负温中硬化,于温度降至冰点前达到允许受冻临界强度 (5)施工简单,费用低,养护时间长	(1)日平均气温不低于 -10℃,极端最低气温不低于 -20℃ (2)混凝土冰点温度不低于 -15℃ (3)结构表面系数不大于15 (4)表面系数大于18的结构在日平均气温低于 -8℃的条件下施工时,在冷却过程中须用保温材料适当围护,以延长其冷却时间
暖棚法	(1)建筑物上面搭设暖棚,人工加热使棚内保持正温。或封闭工程的外围结构,设热源使室内为正温 (2)原材料是否加热视气情况而定,混凝土的浇筑和养护均在棚(室)内进行 (3)养护工艺简单,与常温施工无异;劳动条件较好;施工质量可靠 (4)施工费用高,混凝土强度增长较慢	(1)工程量集中的结构 (2)有外围护结构的工程 (3)室外温度低于 -20℃的结构 (4)结构尺寸复杂或表面系数大于8的结构
综合法	原材料加热;掺适量防冻剂;用高效保温材料覆盖	自浇筑之日起6d内日平均气温不低于 -10℃或极端最低气温不低于 -16℃的条件下施工

注:1. 结构表面系数 = $\dfrac{结构表面积(m^2)}{结构体积(m^3)}$。

2. 允许受冻临界强度:新浇混凝土达到某一初期强度后遭受冻结时,当恢复正温养护后,混凝土强度可达设计强度标准值的95%以上,这一冻结前的初期强度值称为混凝土的允许受冻临界强度。

6.3 涂膜防水屋面

【基 础】

◆涂膜防水层的施工方法和适用范围

1. 抹压法

抹压法的做法是将涂料用刮板刮平,待表面收水而尚未结膜时用铁抹子压光。适用于流塑性差的沥青基厚质防水涂膜施工。

2. 涂刮法

涂刮法是用胶皮刮板涂布防水涂料,将防水涂料倒在基层上用刮板来回涂刮使涂料厚薄均匀。适用于黏度较大的高聚物改性沥青防水涂料和合成高分子防水涂料在大面积上的施工。

3. 涂刷法

涂刷法是用棕刷、长柄刷或圆滚刷蘸防水涂料进行涂刷,适用于涂刷立面防水层和节点部位的细部处理。

4. 机械喷涂法

机械喷涂法是将防水涂料倒入机械设备的容器中,通过喷枪将防水涂料均匀地喷涂在屋面基层上。适用于黏度较小的高聚物改性沥青防水涂料和合成高分子防水涂料的大面积施工。

◆涂膜防水层的施工顺序

(1)施工准备。
(2)板缝处理及基层施工。
(3)基层质量检查及问题的处理。
(4)涂刷基层处理剂。
(5)节点和特殊部位附加层的处理。
(6)涂刷防水涂料粘贴胎体增强材料。
(7)防水层清理与检查修整。
(8)施工保护层。

◆涂膜防水屋面的适用范围及厚度规定

根据国家现行施工规范,涂膜防水屋面施工的运用范围及厚度要求,如表6.11所示。

表6.11 涂膜防水屋面的适用范围及厚度规定

防水涂料类别	屋面防水等级	使用条件	厚度规定/mm
沥青基防水涂料	Ⅲ级	单独使用	不小于8,厚质涂料
	Ⅲ级	复合使用	不小于4,厚质涂料
	Ⅳ级	单独使用	不小于4,厚质涂料
高聚物改性沥青防水涂料	Ⅱ级	作为一道防水层	不小于3,厚质涂料
	Ⅲ级	单独使用	不小于3,厚质涂料
	Ⅲ级	复合使用	不小于1.5,薄质涂料
	Ⅳ级	单独使用	不小于3,厚质涂料
合成高分子防水涂料	Ⅰ级	只能用一道	不小于2,薄质涂料
	Ⅱ级	作为一道防水层	不小于2,薄质涂料
	Ⅲ级	单独使用	不小于2,薄质涂料
	Ⅲ级	复合使用	不小于1,薄质涂料

【实 务】

◆涂膜施工技术

涂膜防水施工对气温、气候及基层的要求都比较严格,选择适宜的气温、处理好基层是做好涂膜防水的关键。

(1)基层表面用 2 m 靠尺检查,其缝隙不应大于 5 mm,且应平缓过渡,每米内不应多于一处。

(2)坡度不应太小,严防积水或流水不畅使涂料出现再乳化;屋面坡度应符合以下规定:结构找坡为 3%;材料找坡为 2%。

(3)基层表面不应有起砂、松散和大的裂缝;避免由于粘贴不牢,产生渗漏现象。

(4)基层应晾晒干后方可涂刷涂膜防水层。

◆涂膜防水做法

涂膜防水涂料有水乳型再生橡胶沥青涂料、水性石棉沥青防水涂料、水乳型氯丁橡胶沥青防水涂料、聚氨酯防水涂料,随着社会的发展和进步,新兴的防水材料的品种不断更新,由国外引进的新品种逐步充实了市场,如环保型丙烯酸酯涂料、改性沥青防水涂料、饮用水工程专用涂料、PCC-501 水泥基渗透结晶型防水涂料、环保型聚氨酯 JS 复合涂料、聚氨酯防水涂料、水乳型 SBS 改性沥青防水涂料、氯丁胶乳沥青防水涂料、水必克超强除锈抗锈防水涂料、水皮优 SPU 超强弹性防水涂料等,其防水性能一代更比一代好。2002 年全国新型防水材料产量达 1.96 亿每平方米,其中防水涂料 21 万吨、6 400 万每平方米。现仅把聚氨酯防水涂料屋面的构造做法介绍如下:

(1)107 胶水泥砂浆保护层,不保温、不上人屋面。

1)保护层做法。用 107 胶水泥砂浆,抹 20 mm 厚。

2)防水层做法。涂刷聚氨酯防水涂料三遍,涂膜厚度 2 mm。

3)结构层做法。各种构件式的轻型屋盖包括槽瓦、钢丝网水泥瓦、预应力 V 形板、单肋板等,其板缝是借助于加盖瓦或板间搭接、用油膏嵌缝、铺贴 300 mm 宽无纺布等方法来处理防水。

(2)水泥花阶砖保护层,不保温、上人屋面。

1)保护层做法。水泥花阶砖用 1:2 水泥砂浆铺粘。

2)防水层做法。涂聚氨酯防水涂料三遍,涂膜厚度为 2.5 mm。

3)找平层做法。抹 1:2 水泥砂浆,厚 25 mm。大跨度、大面积屋面宜设分格缝,缝内嵌聚氨酯弹性密封膏。

4)找坡层做法。用 C10 焦渣混凝土,厚 30 mm。

5)结构层做法。空心板及大型屋面板板缝间应用嵌缝材料嵌严,嵌缝油膏深度应大于 20 mm,下部用细石混凝土捣实。

(3)水泥花阶砖保护层;有保温且上人屋面。

1)保护层做法。水泥花阶砖,用1:2水泥砂浆铺贴。

2)防水层做法。涂聚氨酯防水涂料三遍,涂膜厚度为3 mm。

3)找平层做法。抹1:2水泥砂浆,厚25 mm,大面积大跨度屋面宜设分格缝(分格的横竖尺寸由设计确定),缝内填充嵌缝膏。

4)保温层做法。抹微孔硅酸钙保温材料,厚60~120 mm。

5)找坡层做法。抹C10焦渣混凝土,最薄处为30 mm厚。

6)结构层做法。钢筋混凝土板。(用预制钢筋混凝土板时,其板缝必须用混凝土填捣密实,铺贴300 mm宽玻纤布。嵌缝油膏深不大于20 mm、下部用C20细石混凝土填捣密实)

(4)水泥花阶砖保护层,保温且有隔气层上人屋面。

1)保护层做法。水泥花阶砖,用1:2水泥砂浆铺贴。

2)防水层做法。涂聚氨酯防水涂料三遍,涂膜厚度为3 mm。

3)找平层做法。抹1:2水泥砂浆,厚25 mm,大面积、大跨度屋门宜设置分格缝(分格缝的宽度由设计单位确定),分格缝以嵌缝膏填充。

4)保温层做法。用微孔硅酸钙保温材料填实,厚度为60~120 mm。

5)找坡层做法。抹C10焦渣混凝土,最薄处为30 mm。

6)隔气层做法。涂聚氨酯防水涂料二遍。

7)找平层做法。抹1:2.5水泥砂浆,厚20 mm。

8)结构层做法,现浇钢筋混凝土板。

(5)倒山字形混凝土预制构件保护层,不保温、无隔气层、上人屋面。

1)保护层做法:600 mm×600 mm×300 mm(高)倒山字形C20混凝土预制构件,内配4@100冷拔钢丝网,1:2水泥砂浆铺砌,预制块间缝隙用1:2水泥砂浆刮贴,聚氨酯嵌缝膏嵌缝。用无纺布铺一层,每边比预制构件的底部宽出50mm。

2)防水层做法。涂三遍聚氨酯防水涂料,涂膜厚3 mm。

3)找平层做法。抹1:2水泥砂浆,厚25 mm;设分格缝,长宽尺寸由设计确定,缝内用聚氨酯嵌缝膏填充。

4)找坡层做法。抹C10焦渣混凝土,最薄处厚30 mm。

5)结构层做法,钢筋混凝土板。(用钢筋混凝土预制板时其板缝必须用嵌缝材料填捣密实,用300 mm宽玻纤布铺贴,嵌缝油膏深度应大于20 mm,下部用C20细石混凝土填捣密实)

(6)倒山字形钢筋混凝土预制构件保护层,有保温,有隔气层,并上人屋面。

1)保护层做法:倒山字形C20钢筋混凝土预制构件,600 mm×600 mm×300 mm(高),配筋$\Phi 4@100$ mm冷拔钢丝网,1:2水泥砂浆铺砌、预制块间缝隙用1:2水泥砂浆刮贴,聚氨酯嵌缝膏嵌缝,用宽出50 mm的无纺布铺于倒山字预制构件的下部。

2)防水层的做法。涂聚氨酯防水涂料三遍,涂膜厚度为3 mm。

3)找平层的做法。用1:2水泥砂浆抹25 mm厚,设置分格缝的纵、横尺寸,用嵌缝膏填充严密。

4)保温层做法。用微孔硅酸钙保温材料,铺设厚度60~120 mm。

5）找坡层做法。抹 C10 焦渣混凝土、铺设厚度最薄处厚 30 mm。

6）隔气层做法，用聚氨酯防水涂料涂二遍。

7）找平层做法，用 1:2.5 水泥砂浆抹 20 mm 厚。

8）结构层做法，钢筋混凝土板。（用钢筋混凝土板时，其板缝用嵌缝材料填捣密实，铺贴 300 mm 宽玻纤布、嵌缝油膏深度应大于 20 mm，下部以 C20 细石混凝土填捣密实）

◆涂膜防水层质量要求

（1）本部分适用于防水等级为Ⅰ～Ⅳ级屋面防水。涂膜防水层用于Ⅲ、Ⅳ级防水屋面时均可单独采用一道设防，也可用Ⅰ、Ⅱ级屋面多道防水设防中的一道防水层。二道以上设防时，防水涂料与防水卷材应采用相容类材料；涂膜防水层与防水层之间（如刚性防水层在其上）应设隔离层；防水涂料与防水卷材复合使用形成一道防水层，涂料与卷材应选择相容类材料。

（2）防水涂料应采用高聚物改性防水涂料、合成高分子防水涂料。

将适用于涂膜防水层的涂料分成两类：

1）高聚物改性沥青防水涂料。水乳型阳离子氯丁胶乳改性沥青防水涂料、溶剂型氯丁胶改性沥青防水涂料、再生胶改性沥青防水涂料、SBS(APP)改性沥青防水涂料等。

2）合成高分子防水涂料。聚合物水泥防水涂料、丙烯酸酯防水涂料、单组分（双组分）聚氨酯防水涂料等。

除此之外，无机盐类防水涂料不适用于屋面防水工程，聚氯乙烯改性煤焦油防水涂料有毒和污染，施工时动用明火，目前已限制使用。

（3）防水涂膜施工应符合下列规定。

1）涂膜应根据防水涂料的品种分层分遍涂布，不得一次涂成。

2）应待先涂的涂层干燥成膜后，方可涂后一遍涂料。

3）需铺设胎体增强材料时，屋面坡度小于 15% 时可平行屋脊铺设，屋面坡度大于 15% 时应垂直于屋脊铺设。

4）胎体长边搭接宽度不应小于 50 mm，短边搭接宽度不应小于 70 mm。

5）采用二层胎体增强材料时，上下层不得相互垂直铺设，搭接缝应错开，其间距不应少于幅度的 1/3。

防水涂膜在满足厚度要求的前提下，涂刷的遍数越多对成膜的密实度越好。因此涂刷时应多遍涂刷，不论是厚质涂料还是薄质涂料均不得一次成膜；每遍涂刷应均匀，不得有露底、漏涂和堆积现象；多遍涂刷时，应待涂层干燥成膜后，方可涂刷后一遍涂料；两涂层施工间隔时间不宜过长，否则易形成分层现象。

屋面坡度小于 15% 时，胎体增强材料平行或垂直屋脊铺设应视方便施工而定。屋面坡度大于 15% 时，为防止胎体增强材料下滑应垂直于屋脊铺设。平行于屋脊铺设时，必须由最低标高处向上铺设，胎体增强材料顺着流水方向搭接，避免呛水；胎体增强材料铺贴时，应边涂刷边铺贴，避免两者分离；为了便于工程质量验收和确保涂膜防水层的完整性，规定长边搭接宽度不小于 50 mm，短边搭接宽度不小于 70 mm，没有必要按卷材搭接宽度来规定。当采用两层胎体增强材料时，上、下两层不得垂直铺设，使其两层胎体材料同方向有一致的延伸性；上、下层的搭接缝应错开不小于1/3幅宽，避免上、下层胎体材料产生重缝及防水层厚薄不均匀。

（4）涂膜厚度选用应符合表6.12的规定。

表6.12 涂膜厚度选用表

屋面防水等级	设防道数	高聚物改性沥青防水涂料	合成高分子防水涂料和聚合物水泥防水涂料
Ⅰ级	三道或三道以上设防	—	不应小于1.5 mm
Ⅱ级	二道设防	不应小于3 mm	不应小于1.5 mm
Ⅲ级	一道设防	不应小于3 mm	不应小于2 mm
Ⅳ级	一道设防	不应小于2 mm	—

涂膜防水屋面涂刷的防水涂料固化后，形成有一定厚度的涂膜。如果涂膜太薄就起不到防水作用和很难达到合理使用年限的要求，所以对各类防水涂料的涂膜厚度作了规定。

高聚物改性沥青防水涂料（如溶剂型和水乳型防水涂料）称之为薄质涂料，涂布固化后很难形成较厚的涂膜，但此类涂料对沥青进行了较好的改性，材料性能优于沥青基防水涂料。所以规定了在防水等级为Ⅱ、Ⅲ级屋面上使用时厚度不应小于3 mm，它可通过薄涂多次或多布多涂来达到厚度的要求。合成高分子防水涂料（如多组分聚氨酯防水涂料、丙烯酸酯类浅色防水涂料等），其性能大大优于高聚物性沥青防水涂料。由于价格较贵，所以规定其厚度不应小于2 mm，它可分遍涂刮来达到厚度的要求。合成高分子防水涂料与其他防水材料复合使用时的综合防水效果好，涂膜本身厚度可适当减薄一些，但不应小于1.5 mm。

（5）屋面基层的干燥程度应视所用涂料特性确定。当采用溶剂型涂料时，屋面基层应干燥。

一般来说，涂膜防水层基层含水率越低越有利于防水层与基层的黏结，涂膜防水层不易形成气泡。水乳型防水涂料或聚合物水泥防水涂料，对基层干燥程度的要求不如溶剂性防水涂料严格。当基层干燥程度不符合规范的要求时，防水涂膜施工应按产品说明书要求操作。

（6）多组分涂料应按配合比准确计量，搅拌均匀，并应根据有效时间确定使用量。采用多组分涂料时，由于各组分的配料计量不准搅拌不均匀，将会影响混合料的充分化学反应，造成涂料性能指标下降。一般配成的涂料固化时间比较短，应按照一次涂布用量确定配料的多少，在固化前用完。已固化的涂料不能和未固化的涂料混合使用，否则将会降低防水涂膜的质量。当涂料黏度过大或涂料固化过快或涂料固化过慢时，可分别加入适量的稀释剂、缓凝剂或促凝剂，调节黏度或固化时间，但不得影响防水涂膜的质量。

（7）天沟、檐沟、檐口、泛水和立面涂膜防水层的收头，应用防水涂料多遍涂刷或用密封材料封严。

天沟、檐口、泛水和涂膜防水层的收头是涂膜防水屋面的薄弱环节，施工时应确保涂膜防水层收头与基层黏结牢固，密封严密。

（8）涂膜防水层完工并经验收合格后，应做好成品保护。保护层的施工应符合"卷材防水屋面"中"卷材防水层质量要求"14)的规定。

1. 主控项目

涂膜防水屋面主控项目质量标准及检验方法应符合表 6.13 的规定。

表 6.13 涂膜防水屋面主控项目质量标准及检验方法

检查项目	质量标准	检验方法	检查数量
涂料及膜体质量	防水涂料和胎体增强材料必须符合设计要求	检查出厂合格证、质量检验报告和现场抽样复验报告	按屋面面积每 100 m² 抽查 1 处,每处 10 m²,且不得少于 3 处
涂膜防水层不得渗漏或积水	涂膜防水层不得有渗漏或积水现象	雨后或淋水、蓄水检验	
防水细部构造	涂膜防水层在天沟、檐沟、檐口、水落口、泛水、变形缝和伸出屋面管道的防水构造,必须符合设计要求	观察检查和检查隐蔽工程验收记录	

2. 一般项目

涂膜防水屋面一般项目质量标准及检验方法应符合表 6.14 的规定。

表 6.14 涂膜防水屋面一般项目质量标准及检验方法

检查项目	合格质量标准	检验方法	检查数量
涂膜施工	涂膜防水层与基层应黏结牢固,表面平整,涂刷均匀,无流淌、褶皱、鼓泡、露胎体和翘边等缺陷		全数检查
涂膜保护层	涂膜防水层上的撒布材料或浅色涂料保护层应铺撒或涂刷均匀,黏结牢固;水泥砂浆、块材或细石混凝土保护层与涂膜防水层间应设置隔离层;刚性保护层的分格缝留置应符合设计要求	观察检查	按屋面面积每 100 m² 抽查 1 处,每处 10 m²,且不得少于 3 处
涂膜厚度及最小厚度	涂膜防水层的平均厚度应符合设计要求,最小厚度应不小于设计厚度的 80%	针测法或取样量测	

◆ 涂膜防水屋面冬期施工

1. 溶剂型高聚物改性沥青防水涂膜

溶剂型高聚物改性沥青防水涂料可在最低气温 -10 ℃ 以内进行施工。该涂料与玻璃纤维网格布或聚酯纤维无纺布等胎体增强材料复合铺粘在屋面上,经干燥固化形成无缝整体的涂膜防水层,宜先用"两布六涂"做法:

(1)清理基层,并涂刷基层处理剂。

(2)处理剂表干 4 h 后,可涂刷第一遍涂料。

(3)第一遍涂料实干 24 h 后,再涂刷第二遍涂料,紧接铺贴第一层胎体增强材料。

(4)第一层胎体表干 24 h 后,涂刷第三遍涂料,实干 24 h,涂刷第四遍涂料,紧接铺贴第二层胎体增强材料。

(5)第二层胎体表干 4 h 后,涂刷第五遍涂料,实干 24 h 后,涂刷第六遍涂料,涂膜总厚度不应小于规范规定的 3 mm。

(6)保护层施工。在采用细砂、云母或蛭石等撒布料做保护层时,可在涂刷最后一遍涂料过程中,边涂刷涂料边撒布已筛除粉料的撒布材料。当涂料干燥后,应将未粘牢的多余的撒布料清除干净。

在采用其他保护层时,其做法与卷材防水的保护层相同。

2. 反应型聚氨酯防水涂膜

(1)清扫基层。

(2)涂布基层处理剂(将聚氨酯甲料、乙料和二甲苯按 1:1.5:2 的质量比例配合)。涂布后应固化干燥 4h 以上,方可进行下道工序施工。

(3)涂膜防水层的施工[将聚氨酯甲料、乙料和二甲苯按 1:1.5:(0.1~0.2)配合比]。平面涂布 3~4 遍,立面涂布 4~5 遍。其涂膜防水层的总厚度不应小于 2 mm,阴角应做胎体附加层。

(4)保护层与溶剂型高聚物改性沥青防水涂膜保护层的施工方法相同。

6.4 地下防水工程

【基 础】

◆地下工程防水原则

地下工程防水原则应紧密结合水文地质、工程地质、区域地形、环境条件、埋置深度、地下水位高低、工程结构特点及修建方法、防水标准、工程用途和使用要求、材料来源、技术经济指标等综合考虑并在吸取国内外地下防水的经验基础上,坚持遵循"防、排、截、堵,以防为主、多道设防、刚柔结合、因地制宜、综合治理"的原则进行设计。

◆地下工程防水等级和设防标准

为使建筑防水工程设计合理、经济,体现重要工程和一般工程在防水耐用年限、设防要求,防水层材料的选择等方面的不同,将建筑防水划分成不同的等级。地下工程的防水等级分为 4 级,各级标准应符合表 6.15 的规定。

表 6.15 地下工程的防水标准

防水等级	防水标准
一级	不允许渗水,结构表面无湿渍
二级	不允许漏水,结构表面可有少量湿渍 工业与民用建筑:总湿渍面积不应大于总防水面积(包括顶板、墙面、地面)的 1/1 000;任意 100 m² 防水面积上的湿渍不超过 2 处,单个湿渍的最大面积不大于 0.1 m² 其他地下工程:总湿渍面积不应大于总防水面积的 2/1 000;任意 100 m² 防水面积上的湿渍不超过 3 处,单个湿渍的最大面积不大于 0.2 m²;其中,隧道工程还要求平均渗水量不大于 0.05 L/(m²·d),任意 100 m² 防水面积上的渗水量不大于 0.15 L/(m²·d)

续表6.15

防水等级	防水标准
三级	有少量漏水点,不得有线流和漏泥砂 任意 100 m² 防水面积上的漏水或湿渍点数不超过 7 处,单个漏水点的最大漏水量不大于 2.5 L/d,单个湿渍的最大面积不大于 0.3 m²
四级	有漏水点,不得有线流和漏泥砂 整个工程平均漏水量不大于 2 L/(m²·d);任意 100 m² 防水面积上的平均漏水量不大于 4 L/(m²·d)

◆地下建筑防水机理

地下建筑围护结构主体所采用的混凝土,是一种多孔性材料,在地下水压力作用下,其结构内表会出现微少渗水现象,这可以认为是正常的。由于墙内表面的渗水与蒸发同时存在,当渗水量小于人工通风的蒸发散失量——0.012~0.024 L/(m²·d)时,内表面无湿润现象。从表面现象看,一般认为围护墙体是不渗水的,可满足工程的防水要求。而事实上,一些已建成的地下围护结构的表面渗水量大于蒸发量,其表面渗水潮湿,渗水量 >0.1~0.2 L/(m²·d)。有时渗水量更大,对有较高要求的工程如商店、医院、旅餐馆等,是不能满足正常使用要求。如果通过增设可靠的结构内防渗层,可保证达到正常的使用功能,该措施对于一般抗渗等级工程是适宜的。

混凝土围护体渗水量(q)的大小与使用材料的渗透系数(φ)、压力水头(h)、墙体厚度(d)有关,其渗水量可按达西渗流定律建立如下关系式

$$q = \varphi \cdot \frac{h}{d} = \varphi \cdot j \tag{6.1}$$

式中:h——渗水出溢点 A 处作用水头(m);

　　d——围护体厚度(m);

　　j——渗透坡降,如图 6.2(a)所示。

从上式中可以看出,在原墙体混凝土渗透系数 φ 值不变的情况下,减少渗透的方法是减缓渗透坡降 j。

设在原围护体内壁厚度为 d_1、渗透系数为 φ_1($\varphi_1 \leq \varphi$),且与围护体界面完全为一体的防水层。此时,原来透过墙体的渗水当进入防水层后,由于 $\varphi_1 \leq \varphi$,渗透阻力很大,渗流不通时必然造成原内表面渗水出溢点 A 升高,使渗水穿过原围护体的实际渗透坡降减缓为 j_1,即 $j_1 < j$,如图 6.2(b)所示。因此,通过式(6.1)可以确定,增设防水层后墙体渗水量将由于 j_1 的变小而减少。渗透坡降 j_1 可由下式确定

$$j_1 = \frac{h}{d + d_{代}} = \frac{\varphi_1 h}{\varphi_1 d + \varphi d_1} \tag{6.2}$$

式中:$d_{代}$——防水层厚度相当于墙体的等代厚度(m),$d_{代} = \frac{\varphi}{\varphi_1} d_1$。

由式(6.2)中看出,设置抗渗性能优良的防水层后,渗水坡降将明显趋于平缓,防渗较好。

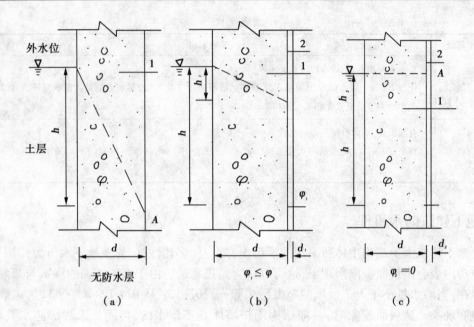

1—混凝土墙体;2—防水层
图6.2 混凝土墙体渗透模型

如果选择完全不透水的材料做围护体,$\varphi_2 = 0$,如图6.2(c)所示。即使渗入墙体内的水会完全阻住,则出溢点A的位置最终抬至与外侧水位相同,$h_2 = 0$、$j_2 = 0$、$q = \varphi \cdot j_2 = 0$。即增设$\varphi_2 = 0$的防水层后,原围护体无渗水通过。

通过上述分析可知,即使围护体较薄,如果在内设置高性能的防水层,也会起到防渗的作用。

【实 务】

◆地下工程的防水方法

1.结构自防水法(刚性防水)

结构自防水法是利用结构本身的密实性、憎水性及刚度,提高结构本身的抗渗性能,通常又称为刚性防水,其防水材料主要有防水砂浆、防水混凝土等。

2.隔水法

隔水法是利用不透水材料或弱透水材料,将地下水(包括无压水、承压水、潜水、毛细管水)与结构隔开,起到防水防潮作用,隔水法的作法主要分内防水和外防水两种,其采用的主要材料有卷材、金属板、防水涂料等。

3.注浆止水法

各种防水混凝土虽然在地下工程中已经广泛采用,但仍有不少工程存在着渗漏,人们发现,渗漏水的部分或大部分都发生在裂缝、施工缝、蜂窝麻面、穿墙孔、埋设件及变形缝部位,这种渗漏水一般是由于基础沉降或施工不慎所造成的。

在新开挖地下工程中,同时也会遇到大量的地下水涌出,尤其是在岩石中构筑的地下工程,地下水通过岩石裂隙对地下工程造成严重的危害,此时如果不先止水,工程则无法开展。因此注浆止水法在地下工程中有其重要的意义,已成为一种地下工程防水施工中必不可少的手段。

注浆止水法一般有两个方面的用途:一是在新开挖地下工程时对围岩进行防水处理。它的基本原理就是将制成的浆液压入岩石裂隙,使它沿裂隙流动扩散,形成具有一定强度的低透水性的结合体,从而堵塞裂隙、截断水流。围岩处理一般采用水泥浆液和水泥化学浆液,只有在碰到流沙层、粉砂、细砂冲积层时,才采用可灌性好的化学浆液注浆;二是对防水混凝土地下工程的堵漏修补。修补堵漏技术,是根据工程特点,针对不同的渗水情况,分析原因,选择相应的工艺、材料、机具设备等处理地下工程渗漏的一项专门性技术。

4. 接缝防水法

接缝防水法是指在地下工程设计时,合理地设置变形缝以防止混凝土结构开裂导致渗漏的重要措施。

变形缝是伸缩缝和沉降缝的总称,伸缩缝是为了适应温度变化引起混凝土伸缩而设置的。沉降缝是为了适应地下工程相邻部位由于不同荷载、不同地基承载力可能引起不均匀沉降而设置的。施工缝是指在混凝土施工中不能一次完成第一次浇筑和第二次浇筑时产生的缝。

伸缩缝、沉降缝和施工缝等三缝及其他细部(如阴角、穿墙孔等)构造的处理在地下工程防水施工中占有重要的位置,必须引起高度的重视。

伸缩缝、沉降缝的防水处理一般可采用中埋式、内表可卸式和灌入不定式密封材料等构造形式,所采用材料有橡胶、氯丁胶板和塑料止水带、各种胶泥等。

施工缝一般采用卷材止水、钢板止水等方法防水。

5. 疏水法

疏水法是采用有引导地将地下水泄入工程内边的排水系统,使之不作用在衬砌结构上的一种防水方法。

◆ 地下防水混凝土

1. 防水混凝土设防要求

防水混凝土,又称抗渗混凝土,是以改进混凝土配合比、掺加外加剂或采用特种水泥等手段提高混凝土密实性、抗渗性和憎水性,使其满足抗渗等级不小于 P6(抗渗压力 0.6 MPa)要求的不透水性混凝土。

地下工程常年受到各种地下水、地表水的作用,因此地下工程的防渗漏处理比屋面防水工程要求更高,技术难度更大。地下工程的防水方案,应根据使用要求,全面考虑地质、地貌、水文地质、工程地质、冻结深度、地震烈度、环境条件、结构形式、施工工艺及材料来源等因素合理确定。

(1)防水混凝土抗渗等级的选择。防水混凝土的设计抗渗等级,应符合表 6.16 的规定。

表6.16 防水混凝土的设计抗渗等级

工程埋置深度 H/m	设计抗渗等级
H < 10	P6
10 ≤ H < 20	P8
20 ≤ H < 30	P10
H ≥ 30	P12

注:1. 本表适用于Ⅰ、Ⅱ、Ⅲ类围岩。(土层及软弱围岩)
  2. 山岭隧道防水混凝土的抗渗等级可按国家现行有关标准执行。

由于建筑地下防水工程配筋较多,不允许渗漏,其防水要求一般高于水工混凝土,因此防水混凝土抗渗等级最低定为 P6,一般多使用 P8,水池的防水混凝土抗渗等级应不低于 P6,重要工程的防水混凝土的抗渗等级宜定为 P8~P20。

(2)防水混凝土最小抗压强度和结构厚度。

1)地下工程防水混凝土结构的混凝土垫层,其抗压强度等级不应低于 C15,厚度不应小于 100 mm。

2)在满足抗渗等级要求的同时,其抗压强度等级一般可控制在 C20~C30 范围内。

3)防水混凝土结构厚度须根据计算确定,但其最小厚度应根据部位、配筋情况及施工方便等因素按表 6.17 选定。

表6.17 结构厚度

结构类型	最小厚度/mm
无筋混凝土结构	>150
钢筋混凝土底板	>150
钢筋混凝土立墙:单排配筋	>200
双排配筋	>250

(3)防水混凝土的配筋及其保护层。

1)设计防水混凝土结构时,应优先采用变形钢筋,配置应细而密,直径宜用 8~25,中距 ≤200 mm,分布应尽可能均匀。

2)钢筋保护层厚度,处在迎水面应不小于 35 mm;当直接处于侵蚀性介质中时,保护层厚度不应小于 50 mm。

3)在防水混凝土结构设计中,应按照裂缝开展进行验算。一般处于淡水及地下水中的混凝土裂缝的允许厚度,其上限可定为 0.2 mm;在特殊重要工程、薄壁构件或处于侵蚀性水中,裂缝允许宽度应控制在 0.1~0.15 mm;当混凝土在海水中并经受反复冻融循环时,控制应更严,可参照有关规定执行。

2. 防水混凝土施工

(1)防水混凝土搅拌。

1)准确计算、称量用料量。严格按选定的施工配合比,准确计算并称量每种用料,外加剂的掺加方法遵从所选外加剂的使用要求。

2)控制搅拌时间。防水混凝土应采用机械搅拌,搅拌时间一般不少于2 min,掺入引气型外加剂,则搅拌时间约为2~3 min,掺入其他外加剂应根据相应的技术要求确定搅拌时间。掺入 UEA 膨胀剂防水混凝土搅拌的最短时间,可按表4.45采用。

(2)防水混凝土浇筑。

1)浇筑前,应将模板内部清理干净,木模用水湿润模板。浇筑时,如果入模自由高度超过1.5 m,则必须用串筒、溜管或溜槽等辅助工具将混凝土送入,以防离析和造成石子滚落堆积,影响质量。

2)在防水混凝土结构中有密集管群穿过处、预埋件或钢筋稠密处、浇筑混凝土有困难时,应采用相同抗渗等级的细石混凝土浇筑;预埋大管径的套管或面积较大的金属板时,应在其底部开设浇筑振捣孔,以利排气、浇筑和振捣,如图6.3所示。

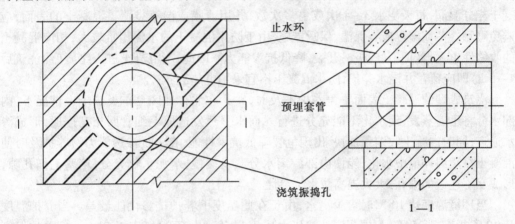

图6.3 浇筑振捣孔示意图

3)随着混凝土龄期的延长,水泥继续水化,内部可冻结水大量减少,同时水中溶解盐的浓度增加,因此冰点也会随龄期的增加而降低,逐渐提高抗渗性能。为了保证早期免遭冻害,应选择气温在15 ℃以上环境中施工,不宜在冬期施工。因为气温在4 ℃时强度增长速度仅为15 ℃时的50%,而混凝土表面温度降到 -4 ℃时,水泥水化作用停止,强度也停止增长。如果此时混凝土强度低于设计强度的50%时,冻胀破坏内部结构,造成强度、抗渗性急剧下降。为防止混凝土早期受冻,北方地区对于施工季节选择安排十分重要。

(3)防水混凝土振捣。防水混凝土应采用混凝土振动器进行振捣。当用插入式混凝土振动器时,插点间距不宜大于振动棒作用半径的1.5倍,振动棒与模板的距离,不应大于其作用半径的0.5倍。振动棒插入下层混凝土内的深度应不小于50 mm,每一振点应快插慢拔,拔出振动棒后,混凝土自然地填满插孔。当采用表面式混凝土振动器时,其移动间距应保证振动器的平板能覆盖已振实部分的边缘。混凝土必须振捣密实,每一振点的振捣延续时间,应使混凝土表面呈现浮浆和不再沉落。

施工时的振捣是保证混凝土密实性的关键,浇筑时,必须分层进行,按顺序振捣。采用平板振捣器时,分层厚度不宜超过20 cm;用插入式振捣器时,分层厚度不宜超过

30 cm。一般应在下层混凝土初凝前接着浇筑上一层混凝土。通常分层浇筑的时间间隔不超过2 h;气温在30 ℃以上时,不超过1 h。防水混凝土浇筑高度一般不超过1.5 m,否则应用串筒和溜槽,或侧壁开孔的办法浇捣。振捣时,必须采用机械振捣,不允许用人工振捣,做到不漏振、欠振,又不重振、多振,防水混凝土密实度要求较高,振捣时间宜为10~30 s,以混凝土开始泛浆和不冒气泡为止。掺引气剂减水剂时应采用高频插入式振捣器振捣。振捣器的插入间距不得大于500 mm,并贯入下层不小于50 mm,更有利于保证防水混凝土的抗冻性和抗渗性。

(4)防水混凝土养护。防水混凝土养护比普通混凝土更为严格,必须充分重视,由于混凝土早期脱水或养护过程缺水,抗渗性将大幅度降低。尤其是7 d前的养护更为重要,养护期不少于14 d,对火山灰硅酸盐水泥养护期不少于21 d。浇水养护次数应能保持混凝土充分湿润,每天浇水3~4次或更多次数,并用薄膜或湿草袋覆盖混凝土的表面,应避免曝晒。冬期施工应有保温、保暖措施,由于防水混凝土的水泥用量较大,相应混凝土的收缩性也大,养护不好,极易开裂,降低抗渗能力。因此,当混凝土进入终凝(约浇筑后4~6 h)即应覆盖并浇水养护,防水混凝土不宜采用电热法养护。

浇筑成型的混凝土表面覆盖养护不及时,尤其在北方地区夏季炎热干燥情况下,内部水分将迅速蒸发,使水化不能充分进行。而水分蒸发造成毛细管网相互连通,形成渗水通道;同时混凝土收缩量加快,出现龟裂降低抗渗性能,丧失抗渗透能力。养护及时使混凝土在潮湿环境中水化,能使内部游离水分蒸发缓慢,水泥水化充分,堵塞毛细孔隙,形成互不连通的细孔,大大提高防水抗渗性。

当环境温度达10 ℃时可少浇水,由于在此温度下养护抗渗性能最差。当养护温度从10 ℃提高到25 ℃时,混凝土抗渗压力从0.1 MPa提高到1.5 MPa以上。但养护温度过高也会降低抗渗性能。当冬期采用蒸汽养护时最高温度不超过50 ℃,养护时间必须达到14 d。

采用蒸汽养护时,不宜直接向混凝土喷射蒸汽,但应保持混凝土结构有一定的湿度,防止混凝土早期脱水,并应采取措施排除冷凝水和防止结冰。蒸汽养护应按下列规定控制升温与降温速度:

1)升温速度。对表面系数[指结构的冷却表面积(m^2)与结构全部体积(m^3)的比值]小于6的结构,不宜超过6 ℃/h;对表面系数为等于或大于6的结构,不宜超过8 ℃/h;恒温温度不得高于50 ℃。

2)降温速度,不宜超过5 ℃/h。

3. 防水混凝土施工缝处理

(1)施工缝留置要求。防水混凝土应连续浇筑,宜少留施工缝。顶板、底板不宜留施工缝,顶拱、底拱不宜留纵向施工缝。当留设施工缝时,应遵守下列规定。

1)墙体水平施工缝不应留在剪力最大处或底板与侧墙的交接处,应留在高出底板表面不小于300 mm的墙体上。拱(板)墙结合的水平施工缝,宜留在拱(板)墙接缝线以下150~300 mm处。墙体有预留孔洞时,施工缝距孔洞边缘不应小于300 mm。

2)垂直施工缝应避开地下水和裂隙水较多的地段,并宜与变形缝相结合。

(2)施工缝防水构造形式。施工缝防水的构造形式如图6.4所示。

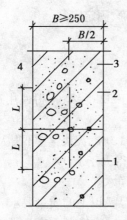 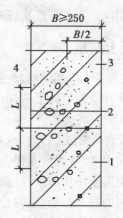

钢板止水带L≥150；橡胶止水带L≥200；　　　外贴止水带L≥150；外涂防水涂料L=200；
钢边橡胶止水带L≥120　　　　　　　　　　　　外抹防水砂浆L=120
1—先浇混凝土；2—中埋止水带；　　　　　　　1—先浇混凝土；2—中埋止水带；
3—后浇混凝土；4—结构迎水面　　　　　　　　3—后浇混凝土；4—结构迎水面

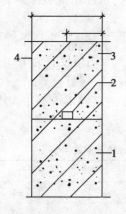 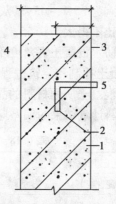

1—先浇混凝土；2—遇水膨胀止水条(胶)　　　1—先浇混凝土；2—预埋注浆管
3—后浇混凝土；4—结构迎水面　　　　　　　3—后浇混凝土；4—结构迎水面；5—注浆导管

续图6.4　施工缝防水构造

(3)施工缝施工要求。

1)水平施工缝浇筑混凝土前,应将其表面浮浆和杂物清除,然后铺设净浆或涂刷混凝土界面处理剂、水泥基渗透结晶型防水涂料等材料,再铺 30~50 mm 厚的1:1水泥砂浆,并应及时浇筑混凝土。

2)垂直施工缝浇筑混凝土前,应将其表面清理干净,再涂刷混凝土界面处理剂或水泥基渗透结晶型防水涂料,并应及时浇筑混凝土。

3)遇水膨胀止水条(胶)应与接触表面密贴。

4)选用的遇水膨胀止水条(胶)应具有缓胀性能,7 d 的净膨胀率不宜大于最终膨胀率的60%,最终膨胀率宜大于220%。

5)采用中埋式止水带或预埋式注浆管时,应定位准确、固定牢靠。

◆防水混凝土质量要求

(1)防水混凝土所用的材料应符合下列规定。

1)水泥品种应按设计要求选用,其强度等级不应低于32.5级,不得使用过期或受潮结块水泥。

2)碎石或卵石的粒径宜为5~40 mm,含泥量不得大于1.0%,泥块含量不得大于0.5%。

3)砂宜用中砂,含泥量不得大于3.0%,泥块含量不得大于1.0%。

4)拌制混凝土所用的水,应采用不含有害物质的洁净水。

5)外加剂的技术性能,应符合国家或行业标准一等品及以上的质量要求。

6)粉煤灰的级别不应低于二级,掺量不宜大于20%,硅粉掺量不应大于3%,其他掺和料的掺量应通过试验确定。

(2)防水混凝土的配合比应符合下列规定。

1)试配要求的抗渗水压值应比设计值提高0.2 MPa。

2)水泥用量不得少于300 kg/m^3,掺有活性掺和料时,水泥用量不得少于280 kg/m^3。

3)砂率宜为35%~45%,灰砂比宜为1:2~1:2.5。

4)水灰比不得大于0.55。

5)普通防水混凝土坍落度不宜大于50 mm,泵送时入泵坍落度宜为100~140 mm。

(3)混凝土拌制和浇筑过程控制应符合下列规定。

1)拌制混凝土所用材料的品种、规格和用量,每工作班检查不应少于两次,每盘混凝土各组成材料计量结果的偏差应符合表6.18的规定。

表6.18 混凝土组成材料计量结果的允许偏差

混凝土组成材料	每盘计量/%	累计计量/%
水泥、掺和料	±2	±1
粗、细集料	±3	±2
水、外加剂	±2	±4

注:累计计量仅适用于微机控制计量的搅拌站。

2)混凝土在浇筑地点的坍落度,每工件班至少检查两次。混凝土的坍落度试验应符合现行《普通混凝土拌和物性能试验方法标准》(GB/T 50080—2002)的有关规定,混凝土实测的坍落度与要求坍落度之间的偏差应符合表6.19的规定。

表6.19 混凝土坍落度允许偏差

要求坍落度/mm	允许偏差/mm
≤40	±10
50~90	±15
≥100	±20

(4)防水混凝土抗渗性能,应采用标准条件下养护混凝土抗渗试件的试验结果评定,试件应在浇筑地点制作。

连续浇筑混凝土每 500 m³ 应留置一组抗渗试件(一组为 6 个抗渗试件),且每项工程不得少于两组。采用预拌混凝土的抗渗试件,留置组数应视结构的规模和要求而定。

抗渗性能试验应符合现行《普通混凝土长期性能和耐久性能试验方法标准》(GB/T 50082—2009)的有关规定。

(5)防水混凝土的施工质量检验数量,应按混凝土外露面积每 100 m² 抽查 1 处,每处 10 m²,且不得少于 3 处,细部构造应按全数检查。

1. 主控项目

防水混凝土主控项目质量标准及检验方法应符合表 6.20 的规定。

表 6.20 防水混凝土主控项目质量标准及检验方法

检查项目	质量标准	检验方法	检验数量
原材料配合比、坍落度	防水混凝土的原材料、配合比及坍落度必须符合设计要求	检查出厂合格证、质量检验报告、计量措施和现场抽样试验报告	按混凝土外露面积每 100 m² 抽查一处,每处 10 m²,且不得少于 3 处
抗压强度、抗渗压力	防水混凝土的抗压强度和抗渗压力必须符合设计要求	检查混凝土抗压、抗渗试验报告	
细部做法	防水混凝土的变形缝、施工缝、后浇带、穿墙管道、埋设件等设置和构造,均须符合设计要求,严禁有渗漏	观察检查和检查隐蔽工程验收记录	全数检查

2. 一般项目

防水混凝土一般项目质量标准及检验方法应符合表 6.21 的规定。

表 6.21 防水混凝土一般项目质量标准及检验方法

检查项目	质量标准	检验方法	检验数量
表面质量	防水混凝土结构表面应坚实、平整,不得有露筋、蜂窝等缺陷;埋设件位置应正确	观察和尺量检查	按混凝土外露面积每 100 m² 抽查一处,每处 10 m²,且不得少于 3 处
裂缝宽度	防水混凝土结构表面的裂缝宽度不应大 0.2 mm,并不得贯通	用刻度放大镜检查	全数检查
防水混凝土结构厚度及迎水面钢筋保护层厚度	防水混凝土结构厚度不应小于 250 mm,其允许偏差为 + 15 mm、−10 mm;迎水面钢筋保护层厚度不应小于 50 mm,其允许偏差为 ± 10 mm	尺量检查和检查隐蔽工程验收记录	按混凝土外露面积每 100 m² 抽查一处,每处 10 m²,且不得少于 3 处

第7章 装饰装修工程

7.1 抹灰工程

【基　础】

◆ **抹灰施工的条件**

抹灰施工的条件是：
(1) 主体结构验收合格。
(2) 水电预埋管线、配电箱外壳等安装正确，水暖管道做过压力试验。
(3) 门窗框已安装和安装牢固，并预留有间隙以及进行保护。
(4) 其他相关设施已安装和保护。

◆ **一般抹灰的砂浆配合比**

一般抹灰的砂浆配合比见表7.1。

表7.1 一般抹灰的砂浆配合比

材料	配合比(体积比)	应用范围
石灰:砂	1:2～1:3	用于砖石墙(檐口、勒脚、女儿墙及潮湿房间的墙除外)面层
水泥:石灰:砂	1:0.3:3～1:1:6	墙面混合砂浆打底
水泥:石灰:砂	1:0.5:2～1:1:4	混凝土顶棚抹混合砂浆打底
水泥:石灰:砂	1:0.5:4～1:3:9	板条顶棚抹灰
水泥:石灰:砂	1:0.5:4.5～1:1:6	用于檐口、勒脚、女儿墙外角以及比较潮湿处墙面抹混合砂浆打底
水泥:砂	1:3～1:2.5	用于预示、潮湿车间等墙裙、勒脚等或地面基层抹水泥砂浆打底
水泥:砂	1:2～2:1.5	用于地面、顶棚或墙面面层
水泥:砂	1:0.5～1:1	用于混凝土地面压光
水泥:石灰:砂:锯末	1:1:3:5	用于吸声粉刷
白灰:麻筋	100:2.5(质量比)	用于木板条顶棚底层
石灰膏:麻筋	100:1.3(质量比)	用于木板条顶棚底层(或100 kg石膏加3.8 kg纸筋)
纸筋:白灰膏	3.6 kg:0.1 m³	用于较高级墙面或顶棚

◆墙面一般抹灰操作工序

墙面一般抹灰操作工序见表7.2。

表7.2 墙面一般抹灰操作工序

工序名称	一般抹灰质量等级		
	普通抹灰	中级抹灰	高级抹灰
基体清理	+	+	+
湿润墙面	+	+	+
阴角找方		+	+
阳角找方			+
涂刷108号胶水泥浆	+	+	+
抹踢脚板、墙裙及护角底层灰		+	+
抹墙面底层灰	+	+	+
设置标筋		+	+
抹踢脚板、墙裙及护角中层灰		+	+
抹墙面中层灰(高级抹灰墙面中层灰应分遍找平)		+	+
检查修整		+	+
抹踢脚板、墙裙面层灰	+	+	+
抹墙面面层灰并修整	+	+	+
表面压光		+	+

注:表中"+"号表示应进行的工序。

◆不同基层一般抹灰的施工要点

不同基层一般抹灰的施工要点见表7.3。

表7.3 不同基层一般抹灰的施工要点

名称	分层做法	厚度/mm	操作要点
普通砖墙抹石灰砂浆	1)1:3 石灰砂浆打底找平 2)纸筋灰、麻刀灰或玻璃丝灰罩面	10~15 2	1)底子灰先由上往下抹一遍,接着抹第二遍,由下往上刮平,用木抹子搓平 2)底子灰五六成干时抹罩面灰,用铁抹子先竖着刮一遍,再横抹找平,最后压一遍
普通砖墙抹水泥砂浆	1)1:3 水泥砂浆打底找平 2)1:2.5 水泥砂浆罩面	10~15 5	1)同上1),表面需划痕 2)隔一天罩面,分两遍抹,先用木抹子搓平,再用铁抹子揉实压光,24h后洒水养护 3)基层为混凝土时,先刷水泥浆一遍
墙面抹混合砂浆	1)1:0.3:3(或1:1:6)水泥石灰砂浆打底找平 2)1:0.3:3 水泥石灰砂浆罩面	13 5	基层为混凝土时,先洒水湿润,再刷水泥浆一遍,随即抹底子灰

续表7.3

名称	分层做法	厚度/mm	操作要点
混凝土墙、石墙抹纸筋灰	1)1:3:9水泥石灰砂浆打底找平 2)纸筋灰、麻刀灰或玻璃丝灰罩面	13 2	基层为混凝土时,先洒水湿润,再刷水泥浆一遍,随即抹底子灰
加气混凝土墙抹石灰砂浆	1)1:3:9水泥石灰砂浆打底 2)1:3石灰砂浆找平 3)纸筋灰、麻刀灰或玻璃丝灰罩面	3 13 2	抹灰前先洒水湿透,再刷水泥浆一遍,随即抹底子灰
混凝土顶棚抹混合砂浆	1)1:0.5:1(或1:1:4)水泥石灰砂浆打底 2)1:3:9(或1:0.5:4)水泥石灰砂浆找平 3)纸筋灰、麻刀灰或玻璃丝灰罩面	2 6 2	1)底子灰垂直模板方向薄抹 2)随即顺着模板方向抹第二遍,用刮尺顺平,木抹子搓平 3)第二遍灰六七成干时,抹罩面灰。两遍成活时,待第二遍灰稍干,即顺抹纹压实抹光 4)当为预制板时,第一遍用1:2水泥砂浆勾缝,再用1:1水泥砂浆加水泥质量2%的乳胶抹2~3mm厚,并随手带毛

【实 务】

◆一般抹灰施工

1.基层处理

抹灰施工的基层主要有砖墙面、混凝土面、板条面、轻质隔墙材料面等,在抹灰前应对不同的基层进行适当的处理以保证抹灰层与基层黏结牢固。

(1)应清除基层表面的灰尘、油渍、污垢、碱膜等。

(2)凡室内管道穿越的墙洞和楼板洞、凿剔墙后安装的管道周边应用1:3水泥砂浆填嵌密实。

(3)墙面上的脚手眼应填补好。

(4)浇水湿润。

(5)表面凹凸明显的部位,应事先剔平或用1:3水泥砂浆补平。对平整光滑混凝土表面,可以有以下三种方法。

1)凿毛或划毛处理。

2)刷界面处理剂。

3)喷1:1水泥细砂浆进行毛化。

(6)门窗周边的缝隙应用水泥砂浆分层嵌塞密实。

(7)不同材料基体的交接处应采取加强措施,如铺钉金属网,金属网与各基体的搭接宽度不应小于100 mm。

2. 弹准线

将房间用角尺规方,在距墙阴角 100 mm 处用线锤吊直,弹出竖线后,再按规方的线及抹灰层厚度向里反弹出墙角准线,挂上白线。

3. 抹灰饼、冲筋(标筋、灰筋)

做灰饼是在墙面的一定位置上抹上砂浆团,以控制抹灰层的平整度、垂直度和厚度,具体做法是:从阴角处开始,在距顶棚约 200 mm 处先做两个灰饼(上灰饼),然后对应在踢脚线上方 200~250 mm 处做两个下灰饼,再在中间按 1 200~1 500 mm 间距做中间灰饼。灰饼大小一般以 40~50 mm 为宜,灰饼的厚度为抹灰层厚度减去面层灰厚度。

标筋(也称冲筋)是在上下灰饼之间抹上砂浆带,同样起控制抹灰层平整度和垂直度的作用。标筋宽度一般为 80~100 mm,厚度同灰饼,标筋应抹成八字形。(底宽面窄)要检查标筋的平整度和垂直度。

4. 抹底层灰

标筋有一定的强度后,在两标筋之间用力抹上底灰,用抹子压实搓毛。

抹底层灰可用托灰板盛砂浆,用力将砂浆推抹到墙面上,一般应从上而下进行。在两标筋之间抹满后,即用刮尺从下而上进行刮灰,使底灰层刮平刮实并与标筋面相平。操作中用木抹子配合去高补低,最后用铁抹子压平。

5. 抹中层灰

中层灰应在底层灰干至 6~7 成后进行,抹灰厚度以垫平标筋为准,并使其稍高于标筋。操作时一般按自上而下、从左向右的顺序进行。先在底层灰上洒水,待其收水后在标筋之间装满砂浆,用刮尺刮平,并用木抹子来回搓抹,去高补低。搓平后用 2 m 靠尺检查,超过质量标准允许偏差时应修整至合格。

6. 抹面层灰

待中层灰 6~7 成干时,即可用纸筋石灰或麻刀石灰抹灰层。先在中层灰上洒水,然后将面层砂浆分遍均匀抹涂上去。一般也应按从上而下、从左向右的顺序,抹满后用铁抹子分遍压实压光。铁抹子各遍的运行方向应相互垂直,最后一遍宜垂直方向。

(1)阴阳角抹灰时应注意。

1)用阴阳角方尺检查阴阳角的直角度,并检查垂直度,然后确定其抹灰厚度。

2)用木制阴角器和阳角器分别进行阴阳角处抹灰,先抹底层灰,使其基本达到直角,再抹中层灰,使阴阳角方正。

3)阴阳角找方应与墙面抹灰同时进行。

(2)顶棚抹灰时应注意。顶棚抹灰可不做灰饼和标筋,只需在四周墙上弹出抹灰层的标高线(一般从 500mm 线向上控制),顶棚抹灰的顺序宜从房间向门口进行。

抹底层灰前,应清扫干净楼板底的浮灰、砂浆残渣,清洗掉油污以及模板隔离剂,并浇水湿润。为使抹灰层和基层黏结牢固,可刷水泥胶浆一道。

抹底层灰时,抹压方向应与楼板接缝及木模板木纹方向相垂直,应用力将砂浆挤入板条缝或网眼内。

抹中层灰时,抹压方向应与底层灰抹压方向垂直。抹灰应平整。

经调研发现,混凝土(包括预制混凝土)顶棚基体抹灰,由于各种因素的影响,抹灰层脱落的质量事故时有发生,严重危及人身安全。如要求施工单位不得在混凝土顶棚基体表面抹灰而只用腻子找平应能取得良好的效果。

7. 质量要求

本部分适用于石灰砂浆、水泥砂浆、水泥混合砂浆、聚合物水泥砂浆和麻刀石灰、纸筋石灰、石膏灰等一般抹灰工程的质量验收。一般抹灰工程分为普通抹灰和高级抹灰,当设计无要求时,按普通抹灰验收。

由于普通抹灰和中级抹灰的主要工序和表面质量基本相同,故将原中级抹灰的主要工序和表面质量作为普通抹灰的要求。抹灰等级应由设计单位按照国家有关规定,根据技术、经济条件和装饰美观的需要来确定,并在施工图中注明。

(1)主控项目,一般抹灰工程主控项目质量标准及检验方法应符合表7.4 的规定。

表7.4　一般抹灰工程主控项目质量标准及检验方法

项目	质量标准	检验方法
基层表面	抹灰前基层表面的尘土、污垢、油渍等应清除干净,并应洒水润湿	检查施工记录
材料品种、性能、砂浆配合比	一般抹灰所用材料的品种和性能应符合设计要求。水泥的凝结时间和安定性复验应合格。砂浆的配合比应符合设计要求	检查产品合格证书、进场验收记录、复验报告和施工记录
抹灰层加强措施	抹灰工程应分层进行。当抹灰总厚度大于或等于35 mm时,应采取加强措施。不同材料基体交接处表面的抹灰,应采取防止开裂的加强措施,当采用加强网时,加强网与各基体的搭接宽度应不小于100 mm	检查隐蔽工程验收记录和施工记录
抹灰层	抹灰层与基层之间及各抹灰层之间必须黏结牢固,抹灰层应无脱层、空鼓,面层应无爆灰和裂缝	观察;用小锤轻击检查;检查施工记录

(2)一般项目,一般抹灰工程一般项目质量标准及检验方法应符合表7.5 的规定。

表7.5　一般抹灰工程一般项目质量标准及检验方法

项目	质量标准	检验方法
表面质量	一般抹灰工程的表面质量应符合以下要求:普通抹灰表面应光滑、洁净、接槎平整,分格缝应清晰;高级抹灰表面应光滑、洁净、颜色均匀、无抹纹,分格缝和灰线应清晰美观	观察;手摸检查
护角、孔洞、槽、盒周围的抹灰表面	护角、孔洞、槽、盒周围的抹灰表面应整齐、光滑;管道后面的抹灰表面应平整	观察
抹灰层的总厚度	抹灰层的总厚度应符合设计要求;水泥砂浆不得抹在石灰砂浆上;罩面石膏灰不得抹在水泥砂浆层上	检查施工记录
分格缝的设置	抹灰分格缝的设置应符合设计要求,宽度和深度应均匀,表面应光滑,棱角应整齐	观察;尺量检查
滴水线(槽)	有排水要求的部位应做滴水线(槽),滴水线(槽)应整齐顺直,滴水线应内高、外低,滴水槽的宽度和深度均应不小于10 mm	观察;尺量检查
允许偏差	一般抹灰工程质量的允许偏差和检验方法应符合表7.6 的规定	—

表7.6 一般抹灰的允许偏差和检验方法

项次	项目	允许偏差/mm		检验方法
		普通抹灰	高级抹灰	
1	立面垂直度	4	3	用2 m垂直检测尺检查
2	表面平整度	4	3	用2 m靠尺和塞尺检查
3	阴阳角方正	4	3	用直角检测尺检查
4	分格条(缝)直线度	4	3	拉5 m线,不足5 m拉通线,用钢直尺检查
5	墙裙、勒脚上口直线度	4	3	拉5 m线,不足5 m拉通线,用钢直尺检查

注:1. 普通抹灰,本表第3项阴角方正可不检查。
2. 顶棚抹灰,本表第2项表面平整度可不检查,但应平顺。

◆装饰抹灰施工

装饰抹灰的做法很多,下面介绍一些常用的装饰抹灰做法。

1. 水刷石施工

(1)弹线、粘分格条。中层砂浆6～7成干时,按设计要求和施工分段位置弹出分格线,并贴好分格条。

(2)抹水泥石子浆。根据中层抹灰的干燥程度浇水湿润,接着刮水灰比为0.37～0.40的水泥浆一道,随即抹水泥石子浆。配合水泥石子浆时应注意使石粒颗粒均匀、洁净、色泽一致,水泥石子浆稠度以50～70 mm为宜。抹水泥石浆应一次成活,用铁抹子压紧揉平,但不应压得过死。抹石子浆时,每个分格自下而上用铁抹子一次抹完揉平,注意石粒不要压得过于紧固,阳角处应保证线条垂直、挺拔。

(3)冲洗。冲洗是确保水刷石施工质量的重要环节,冲洗可分两遍进行:第一遍先用软毛刷刷掉面层水泥浆露出石粒;第二遍用喷雾器从上往下喷水,冲去水泥浆使石粒露出1/3～1/2粒径,达到显露清晰的效果。

开始冲洗的时间与气温和水泥品种有关,应根据具体情况去掌握。一般以能刷洗掉水泥浆而又不掉石粒为宜,冲洗应快慢适度,冲洗按照自上而下的顺序,冲洗中还应做好排水工作。

(4)起分格条、修整。冲洗后随即起出分格条,起条应小心仔细。对局部可用水泥素浆修补,要及时对面层进行养护。

对外墙窗台、窗楣、雨篷、阳台、压顶、檐口及突出的腰线等部位,应做出泄水坡度并做滴水槽或滴水线。

2. 干黏石施工

(1)抹黏结层砂浆。按中层砂浆的干湿程度洒水湿润,再用水泥净浆满刮一道。随后抹聚合物水泥砂浆层,用靠尺测试,严格执行高刮底填。

(2)撒石粒、拍平。在黏结层砂浆干湿情况适宜时可以用手甩石粒,然后用铁抹子将石粒均匀拍入砂浆中。甩石粒顺序宜为先边角后中间,先上面后下面。在阳角处应同时进行,甩石粒应尽量使石粒分布均匀,当出现过稀或过密处一般不宜补甩,应直接补粘或剔除。拍石粒时也应用力合适,一般以石粒嵌入砂浆的深度不小于1/2粒径。

(3)修整。如果局部有石粒不均匀、表面不平、石粒下坠或石粒外露太多等情况,应及时进行修整。起分格条时如果局部出现破损也应用水泥浆修补,要使整个墙面平整、色泽均匀、线条顺直清晰。

3. 质量要求

本部分适用于水刷石、斩假石、干黏石、假面砖等装饰抹灰工程的质量验收。

(1)主控项目。装饰抹灰主控项目质量标准及检验方法应符合表7.7的规定。

表7.7 装饰抹灰主控项目质量标准及检验方法

项目	质量标准	检验方法
基层表面	抹灰前基层表面的尘土、污垢、油渍等应清除干净,并应洒水润湿	检查施工记录
材料品种、性能、砂浆配合比	装饰抹灰工程所用材料的品种和性能应符合设计要求。水泥的凝结时间和安定性复验应合格。砂浆的配合比应符合设计要求	检查产品合格证书、进场验收记录、复验报告和施工记录
抹灰层加强措施	抹灰工程应分层进行。当抹灰总厚度大于或等于35 mm时,应采取加强措施。不同材料基体交接处表面的抹灰,应采取防止开裂的加强措施,当采用加强网时,加强网与各基体的搭接宽度应不小于100 mm	检查隐蔽工程验收记录和施工记录
抹灰层	各抹灰层之间及抹灰层与基层之间必须黏结牢固,抹灰层应无脱层、空鼓和裂缝	观察;用小锤轻击检查;检查施工记录

(2)一般项目。装饰抹灰一般项目质量标准及检验方法应符合表7.8的规定。

表7.8 装饰抹灰一般项目质量标准及检验方法

项目	质量标准	检验方法
表面质量	装饰抹灰工程的表面质量应符合下列规定: 1)水刷石表面应石粒清晰、分布均匀、紧密平整、色泽一致,应无掉粒和接槎痕迹 2)斩假石表面剁纹应均匀顺直、深浅一致,应无漏剁处;阳角处应横剁并留出宽窄一致的不剁边条,棱角应无损坏 3)干粘石表面应色泽一致、不露浆、不漏粘,石粒应黏结牢固、分布均匀,阳角处应无明显黑边 4)假面砖表面应平整、沟纹清晰、留缝整齐、色泽一致,应无掉角、脱皮、起砂等缺陷	观察;手摸检查
分格条(缝)	装饰抹灰的分格条(缝)的设置应符合设计要求,宽度和深度应均匀,表面应平整光滑,棱角应整齐	观察
滴水线(槽)	有排水要求的部位应做滴水线(槽),滴水线(槽)应整齐顺直,滴水线应内高外低,滴水槽的宽度和深度均应不小于10 mm	观察;尺量检查
允许偏差	装饰抹灰工程质量的允许偏差和检验方法应符合表7.9的规定	—

表7.9 装饰抹灰的允许偏差和检验方法

项目	允许偏差/mm				检验方法
	水刷石	斩假石	干粘石	假面砖	
立面垂直度	5	4	5	5	用2 m垂直检测尺检查
表面平整度	3	3	5	4	用2 m靠尺和塞尺检查
阴阳角方正	3	3	4	4	用直角检测尺检查
分格条(缝)直线度	3	3	3	3	拉5 m线,不足5 m拉通线,用钢直尺检查
墙裙、勒脚上口直线度	3	3	—	—	拉5 m线,不足5 m拉通线,用钢直尺检查

◆冬、雨期抹灰

(1)冬期施工,抹灰砂浆应采取保温措施。涂抹时,砂浆的温度不宜低于5 ℃。

砂浆抹灰层硬化初期不得受冻,气温低于5 ℃时,室外抹灰砂浆内应掺入能降低冰点的防冻剂,其掺量应由试验确定。

做涂料墙面的抹灰砂浆,不得掺入含氯盐的防冻剂。

(2)用冻结法砌筑的墙,室外抹灰应待其完全解冻后施工;室内抹灰应待抹灰的一面解冻深度不小于墙厚的一半时,方可施工,不得采用热水冲刷冻结的墙面或用热水消除墙面的冰霜。

(3)冬期施工,抹灰层可采用热空气或带烟囱的火炉加速干燥。如采用热空气时,应设通风设备,排除湿气。

(4)雨期抹灰应采取防雨措施,防止终凝前的抹灰层受雨淋而损坏。

(5)在高温、多风、空气干燥的季节抹灰时,应封闭门窗,然后进行。

7.2 门窗工程

【基 础】

◆建筑外窗的选择要求

本部分内容结合北方地区的环境气候条件,从外窗适应环境性能等方面简要说明外窗的选择要求和适用条件。

外窗的适用性主要从抗风压、保温性、隔声性和渗透性等几方面考虑。

环境条件是考虑的主要因素。北方春夏季干旱、炎热、多风,冬季寒冷,渗透性大;市镇区域车辆较多,有一定噪声影响,因此,应主要从抗风压、气密性、保温性、隔声性方面加以考虑。

1. 抗风压要求

北方干旱多风,对建筑外窗主要承受的荷载按照《建筑结构荷载规范》(GB 50009—2001)有关内容的规定,垂直于建筑物表面上风荷载标准值的计算公式

$$\omega_k = \beta_z \cdot \mu_s \cdot \mu_z \cdot \omega_0 \tag{7.1}$$

式中:ω_k——风荷载标准值(kN/m^2);

β_z——z 高度风振系数;

μ_s——风荷载体型系数;

μ_z——风压高度变化系数;

ω_0——基本风压(kN/m^2)。

高层建筑基本风压可按《全国基本风压分布图》规定的风压值乘以系数 1.1 进行再计算。

建筑外窗抗风压性能取值为建筑荷载规范中设计荷载值的 2.25 倍,为安全起见,取设计荷载 1.1 倍的风荷载标准值 ω_k,其式如(7.2)所示。

$$W_G \geqslant 2.25 \times 1.1\omega_k = 2.25 \times 1.1 \times 1 \approx 2.5 \text{ kPa} \tag{7.2}$$

该建筑外窗的抗风压性能 W_G 必须大于或等于 2.5 kPa,才可以满足住宅安全性需要。

2. 气密性要求

空气气密性是指空气在关闭外窗时的密闭程度,主要应按照环境气候条件确定。一般来说,风沙、气候寒冷及干旱炎热地区都应取较小的空气渗透性指标;在我国北方及沙漠地带、南方地区,应取 $q_0 \leqslant 1.5 \text{ m}^3/(\text{m} \cdot \text{h})$;其他环境较好地区,取 $q_0 = 2.0 \sim 3.0 \text{ m}^3/(\text{m} \cdot \text{h})$ 就可满足要求。目前,PVC 塑料窗和彩板窗容易达到空气的渗透要求,而木制窗、空实腹钢窗及铝合金窗均不易达到,但外窗取值 $q_0 \leqslant 2.0 \text{ m}^3/(\text{m} \cdot \text{h})$。

3. 保温性要求

保温性在寒冷地区极其重要,当外窗两侧存在温差时,外窗抵抗高温向低温一侧传热。保温性只与外窗的传热系数有关,而与外窗的密闭程度关系不大。因此,对寒冷和炎热地区及有恒温要求的建筑,不但要求外窗有较好的保温性,还要求具有良好的空气渗透性,这样才能起到节约能源的作用。

4. 隔声性要求

在车流频繁的闹市区或主干道两侧的建筑,要求具有良好的隔声效果,隔声性是阻止外窗声波垂直传播能力的指标,与窗的材质和密闭性有关。目前,隔声性一般是通过材料品质和空气渗透性指标反映的。

5. 雨水渗透性

北方雨量较南方少,但有时也会出现强降雨天气,雨水会随风渗透进外窗雨量较大且多,伴随风向外窗进水机会很多。规范中对雨水渗透性取值主要受在下雨时的风力和建筑物高度的影响。在此,以 7 级风力中值作为检验外窗是否可阻止雨水渗透的标准,同时还应考虑建筑物高度的影响,按式(7.3)计算

$$\Delta P \geqslant \omega_x \cdot \mu_z \tag{7.3}$$

式中:ΔP——外窗的雨水渗透性检验结果(Pa);

ω_x——7 级风力时相当风压中值(N/m^2);

μ_z——风压高度变化系数。

核查蒲福风力等级表后,得 $\omega_x = (121+183)/2 = 152(\text{N/m}^2)$,由此可得 $\omega_x \cdot \mu_z = 152 \times 2.09 = 317.7(\text{N/m}^2)$。即可认为该建筑外窗的雨水渗透性指标 $\triangle P$ 必须大于或等于 318 Pa,才可满足该住宅外窗阻止雨水渗透的要求。在具体应用中,有时风力将大于7级,高档对较次及多雨地区建筑外窗的 $\triangle P$ 值,还应选大些为好。

选用时,抗风压及雨水渗透性两项指标与住户关系密切,应特别注意,但其他性能也应同时达到。

【实　务】

◆木门窗

1. 木门窗制作质量要求

(1)木门窗应采用窑干法干燥的木材,含水率不应大于12%,当受条件限制时,除东北落叶松、马尾松、云南松、桦木等易变形的树种外,可采用气干木材,其制作时的含水率不应大于当地的平衡含水率。

(2)胶合板门必须胶结牢固,不允许脱胶。

(3)门窗框、扇的榫槽必须嵌合严密,以胶料胶结,并用胶楔塞紧。

(4)门窗框、扇形式符合设计要求,其割角、裁口、拼缝应严实平整。

(5)门窗表面光洁,不得有刨痕、毛刺、锤印、戗槎等。

(6)纱门窗应与木门窗配套,符合设计要求;纱门窗纱网应绷紧,压条平直光滑,裁口齐平。

(7)门窗制成后,其与砖石砌体、混凝土或抹灰层的接触面应涂防腐油。

(8)为防止受潮变形,门窗制成后应立即刷一层干性油。

(9)木门窗框、扇制作尺寸允许偏差见表7.10。

表7.10　木门窗框、扇制作尺寸允许偏差

项次	项目	构件名称	允许偏差/mm 普通	允许偏差/mm 高级	检验方法
1	翘曲	框	3	2	将框、扇平放在检查平台上,用塞尺检查
		扇	2	2	
2	对角线长度差	框、扇	3	2	用钢尺检查,框量裁口里角,扇量外角
3	表面平整度	扇	2	2	用1 m靠尺和塞尺检查
4	高度、宽度	框	0;-2	0;-1	用钢尺检查,框量裁口里角,扇量外角
		扇	+2;0	+1;0	
5	裁口、线条结合处高低差	框、扇	1	0.5	用钢直尺和塞尺检查
6	相邻棂子两端间距	扇	2	1	用钢直尺检查

2. 木门窗安装技术要求

(1)安装前,应检查门窗的尺寸、标高、开启方向,在门窗洞口处弹位置线及定位中心线。

(2)用塞口法安装门窗时,是先砌墙,留墙洞,再装门窗。采用此方法时,墙洞的宽高均应比门窗框尺寸大20 mm,如果门窗框留有走头,则在砌墙时,留出走头空位。砌墙中应预埋防腐木砖,每侧不少于3块,间距不大于1.2 m,最上一块离门窗框上口不大于250 mm,最下一块离门窗下口不大于250 mm。墙砌完且凝固后,将门窗框装入墙洞内。四周用木楔临时固定,并校正其横平竖直,校正无误后,用铁钉将门窗钉牢于木砖上,钉牢后拔去木楔。

(3)采用立口方法安装门窗时,应当墙体砌至地面时立门框,墙砌至窗台时立窗框。门窗框立直后,应校正其横平竖直,校正无误,用临时支撑将其稳住。砌门窗框两侧砖时,应在墙体预埋防腐木砖,木砖间距不大于1.2 m,每侧至少两处。门窗框的上下框应留走头,走头长度至少120 mm。砌墙时,走头部分砌入墙内,待墙体凝固后,用铁钉将门窗框钉牢在木砖上。

(4)注意门窗框与墙面的相对位置。外开门、外开窗的门窗框一般安装在墙厚中间;双层门、窗也多居墙厚中间安装;内开门、内开窗的门窗框一般安装在与内墙面相平的位置;推拉门、窗以及带纱扇门、窗的门窗框应安装在墙厚中间位置。当墙面有抹灰层时,门窗框应突出墙面15~18 mm。

(5)同一墙面的门窗框安装应统一、整齐,进出一致,标高相同的门窗框应先立两头的,然后拉通线,再立中间的。上下对应的窗框,应对齐。

(6)门窗扇安装时,应试装,按规定的留缝宽度决定门窗扇修刨尺寸。对门窗扇宽度的修刨,应同时修刨两侧边框,对门窗扇高度方向的修刨,不修刨上冒头,只修刨下冒头。

(7)安装合页时,应将合页的一页先装于门窗扇上。注意,合页上的螺钉安装,要求打入1/3,拧进2/3,严禁一打到底。检查时,可反拧螺钉,能反拧出为合格。

(8)合页距门窗上、下端的距离,宜取边梃高度的1/10,并避开上、下冒头。

◆铝合金门窗

1. 铝合金门窗制作质量要求

(1)铝合金门窗尺寸、类型应符合设计要求。

(2)门窗表面不应有明显损伤。每樘门窗局部擦伤、划伤深度应不大于氧化膜厚度的3倍;每樘门窗擦伤或划伤处数应不大于6处;每樘门窗划伤总长度应不大于200 mm。

(3)门窗表面不应有铝屑、油斑、毛刺或其他污迹,装配连接处不应有外溢的胶粘剂。

(4)门窗相邻构件上的着色表面不应有明显的色差。

(5)门框、扇四周搭接的宽度应均匀,窗框、扇配合要严密,间隙均匀,框与扇的搭接宽度允许偏差为±1 mm。

(6)门窗用五金、玻璃、密封等附件,其质量应与门窗的质量等级相适应。

(7)门窗不应有妨碍插销、启闭、上锁下垂、翘曲、扭曲变形等现象。

2. 铝合金门窗安装技术要求

(1)铝合金门窗安装必须是先留门窗洞口后装门窗,不允许先立框后砌墙。

(2)安装前,应检查预留洞口,水平、垂直度应达到设计要求,不合格,应采取修整措施。

(3)门窗与墙体的连接,可采用焊接、射钉或膨胀螺栓等方法,严禁在砖墙上用射钉连接,连接节点如图7.1所示。

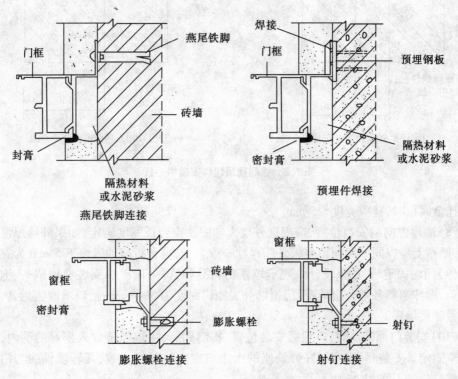

图7.1　门、窗框与墙体连接的四种方法

(4)铝门窗洞口预埋铁件的间距,必须与门窗框设置的连接件配套。铁脚至窗角的距离不应大于180 mm,铁脚间距应小于600 mm。

(5)预埋件的中心线控制:距内墙面距离38~60系列为100 mm,90~100系列为150 mm,安装中心线距离如图7.2所示。

(6)门窗连接件与固定件的尺寸应符合下列规定。

焊接件不小于80 mm×80 mm×5 mm。

连接件不小于140 mm×20 mm×1.5 mm。

射钉直径不小于3.7 mm,长度不小于42 mm。

预埋件钢筋直径不小于8 mm,长度不小于60 mm。

膨胀螺栓直径不小于8 mm,长度不小于65 mm。

(7)门窗框与洞口应采用弹性连接牢固,严禁将门窗框直接埋入墙体,洞口与门窗框缝隙的宽度随饰面材料的不同而不同。

挂石板时,缝隙宽度≤50 mm。

贴面砖时,缝隙宽度≤25 mm。

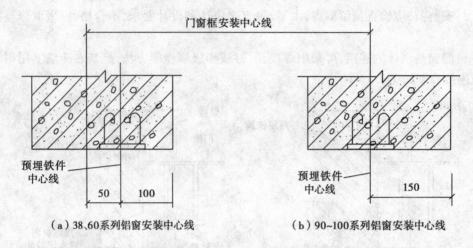

图7.2 铝门窗预埋件安装中心线

挂金属板时,缝隙宽度≤5 mm。

(8)墙厚方向的安装位置,应根据外墙大样图及窗台板宽度确定,如果外墙厚度有偏差时,原则上应以同一房间窗台板外露尺寸一致为准,窗台板应伸入窗下5 mm为宜。

(9)门窗固定后,如果设计未规定填塞材料品种,可采用矿棉或玻璃棉毡条、泡沫聚氨酯条、泡沫塑料条等分层填塞,门窗框外表面留深度为5~8 mm槽口填嵌密封膏,不可用水泥砂浆填塞。

(10)安装门弹簧座时,应根据安装位置,提前剔洞,将地弹簧放入剔好的洞内,用水泥砂浆固定。安装时,应控制好弹簧座的上皮与室内地坪相一致,其转轴轴线与门框横料的定位销轴心线相一致。

3.铝合金门窗安装质量控制

铝合金门窗安装允许偏差见表7.11。

表7.11 铝合金门窗安装允许偏差

项次	项目		允许偏差/mm	检验方法
1	门窗槽口宽度、高度	≤1 500 mm	1.5	用钢尺检查
		>1 500 mm	2	
2	门窗槽口对角线长度差	≤2 000 mm	3	用钢尺检查
		>2 000 mm	4	
3	门窗框的正、侧面垂直度		2.5	用垂直检测尺检查
4	门窗横框的水平度		2	用1 m水平尺和塞尺检查
5	门窗横框标高		5	用钢尺检查
6	门窗竖向偏离中心		5	用钢尺检查
7	双层门窗内外框间距		4	用钢尺检查
8	推拉门窗扇与框搭接量		1.5	用钢直尺检查

◆ 塑钢门窗

塑钢门窗由于其造型美观、线条挺拔清晰、密封、防腐、隔热及不需进行涂漆维护等特点而受到用户的青睐,在建筑上得到广泛的应用。

1. 塑钢门窗技术指标

(1)塑钢门窗系列见表7.12。

表7.12 塑钢门窗系列

项目	类别	系列
门	平开门	50、58
	推拉门	80、85、85A、95
窗	固定窗	45、50、58
	平开窗	45、45A、50、58
	滑撑平开窗	45、50、58
	上悬窗	50、58
	中悬窗	50、58
	推拉窗	75、80、85、95

(2)塑钢窗力学性能见表7.13。

表7.13 塑钢窗力学性能

项目		技术要求
窗开关过程中移动窗扇的力		不大于50 N
悬端吊重		在500 N力作用下,残余变形应不大于3 mm,试件应不损坏,仍保持使用功能
翘曲或弯曲		在300 N力作用下,允许有不影响使用的残余变形,试件不允许破裂,仍保持使用功能
扭曲		在200 N力作用下,试件不允许损坏,不允许有影响使用功能的残余变形
对角线变形		
开关疲劳	平开窗	开关速度为10~20次/min,经不少于一万次的开关,试件及五金不应损坏,其固定处及玻璃压条不应松脱
	推拉窗	开关速度为15 m/min,开关不应少于一万次,试件及五金不应损坏
大力开关		经模拟7级风连续开关10次,试件不损坏,仍保持原有开关功能
窗撑试验		能支持200 N力,不允许移位,连接处型材不应破裂
开启限位器		10 N10次,试件不应损坏
角强度		平均值不低于3000 N,最小值不低于平均值的70%

(3)塑钢窗的老化技术要求,有人工加速和自然老化两种方法,其老化后的外观、退

色及冲击强度应符合以下要求。

外观——无气泡、裂纹等。

变退色——不应超过3级灰度。

冲击强度保留率——简支梁冲击强度保留率不低于70%。

2. 塑钢门窗制作质量

(1)塑钢门窗用型材应符合设计要求和现行塑钢门窗用料的规定。

(2)塑钢门窗表面应光洁,无气泡和裂缝,颜色均匀,门窗框装饰表面不应有明显损伤。

(3)门窗不得有开焊、断裂等现象。

(4)门窗及附件、玻璃的质量,应符合设计要求和有关标准的规定。

(5)门窗的规格、尺寸、开启方向应符合设计要求。

(6)门窗无变形、倒翘,无阻滞回弹现象。

(7)密封条装配应均匀、牢固,接口粘接严密,无脱槽现象。

(8)玻璃垫块应用硬橡胶或塑料,长为80~150 mm,厚按框、扇与玻璃的间隙大小而定,一般为2~6 mm。

(9)塑钢门窗成品尺寸允许偏差见表7.14。

表7.14 塑钢门窗成品尺寸允许偏差

项目	允许偏差	检测方法
高、宽	±1.5%	用钢卷尺检查
对角线长度差	≤4 mm	用钢卷尺检查
平面翘曲	≤4 mm	用钢板尺量对角线中点
门窗分格尺寸	±2 mm	用钢卷尺检查
色泽	单件均匀一致,一批基本一致	目测

(10)塑钢门窗搬运应轻拿轻放,堆放时,应垫木板,且与地面呈70°角以上堆放,要求与热源距离1 m以上。

3. 塑钢门窗安装

(1)塑钢门窗框与墙体的连接方式。

1)连接件法。该法通过一种专门制作的铁件将门窗框与墙体相连接。图7.3是安装节点示意图,图中的连接件(地脚)预先用自攻螺钉固定在框上,将框放入洞口定位后,用木螺钉固定在墙体的预埋木砖上,或用胀管螺栓固定。

2)直接固定法。直接固定法是在砌筑墙体时先将木砖预埋入门窗洞口内,当塑料门窗安入洞口并定位后,用木螺钉直接穿过窗框与预埋木砖连接,从而将门窗框直接固定在墙体上,也可以采用在墙体上钻孔,用尼龙胀管螺钉直接将窗框固定在墙体上。

(2)框墙间隙的处理。门窗框放入洞口定位后,用木楔子临时加固,注意不要塞得过紧,以免外框变形。然后用螺钉将墙体与固定件连接牢固,或直接用螺钉固定在墙体后,用软质保温材料(如泡沫聚氨酯条、泡沫塑料条、油毡卷条等)填充饱满。填充的松紧程度要适当,过紧会使外框受压变形;过松则密封不严,影响门窗的防风、防寒功能。填充完毕后,在框四周的内外接缝处用密封膏嵌缝严密。

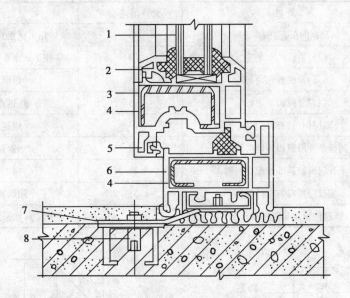

1—玻璃;2—玻璃压条;3—内扇;4—内钢衬;5—密封条;6—外框;7—地脚;8—膨胀螺栓

图 7.3 塑钢门窗安装节点示意图

(3)塑钢门窗安装技术要点。

1)塑钢门窗安装必须是先留洞口后安门窗。洞口尺寸一般比门窗框大 30 mm。

2)门窗与墙体连接:当墙体为墙时,可用膨胀螺栓固定连接;当墙体为钢筋混凝土时,可采用射钉方法连接或预埋铁件焊接门窗与墙体连接接点如图 7.4 所示。

3)铁脚边距一般为 18 mm,中距一般不超过 500 mm,门窗每侧铁脚不少于 2 个。

4)按图样放门窗安装位置线及立口的标高控制线。

5)门窗框按线就位,用木楔临时固定,检查正侧面垂直度及对角线。合格后,用设计的连接方式连接固定。

6)门窗框与墙体的缝隙应按设计要求的材料嵌缝,如设计无要求,可用沥青麻丝、泡沫塑料填塞,用密封封闭。

7)安装门窗五金配件,应先钻空,后用自攻螺钉。

8)塑钢门窗安装质量控制。塑钢门窗安装质量允许偏差见表 7.15。

表 7.15 塑钢门窗安装质量允许偏差

项次	项目		允许偏差/mm	检验方法
1	门窗槽口宽度、高度	≤1 500 mm	2	用钢尺检查
		>1 500 mm	3	
2	门窗槽口对角线长度差	≤2 000 mm	3	用钢尺检查
		>2 000 mm	5	

续表 7.15

项次	项 目	允许偏差/mm	检验方法
3	门窗框的正、侧面垂直度	3	用 1 m 垂直检测尺检查
4	门窗横框的水平度	3	用 1 m 水平尺和塞尺检查
5	门窗横框标高	5	用钢尺检查
6	门窗竖向偏离中心	5	用钢直尺检查
7	双层门窗内外框间距	4	用钢尺检查
8	同樘平开门窗相邻扇高度差	2	用钢直尺检查
9	平开门窗铰链部位配合间隙	+2；-1	用塞尺检查
10	推拉门窗扇与框搭接量	+1.5；-2.5	用钢直尺检查
11	推拉门窗扇与竖框平行度	2	用 1 m 水平尺和塞尺检查

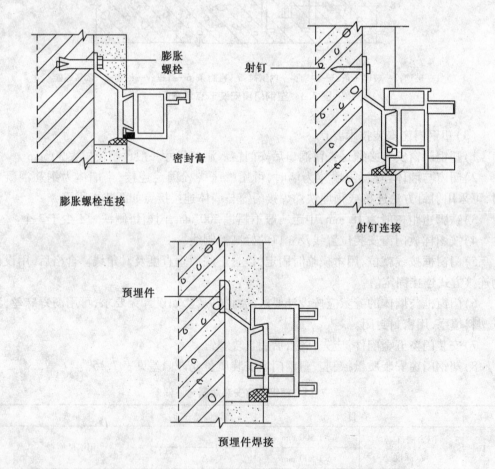

图 7.4　塑钢门窗与墙体连接

第7章 装饰装修工程

◆门窗工程质量验收

1. 木门窗工程主控项目

木门窗工程主控项目质量标准及检验方法应符合表7.16的规定。

表7.16 木门窗工程主控项目质量标准及检验方法

工程	项目	质量标准	检验方法
木门窗制作	材料质量	木门窗的木材品种、材质等级、规格、尺寸、框扇的线型及人造木板的甲醛含量应符合设计要求。设计未规定材质等级时,所用木材的质量应符合表7.17和表7.18的规定	观察;检查材料进场验收记录和复验报告
木门窗制作	木材含水率	木门窗应采用烘干的木材,含水率应符合《建筑木门、木窗》(JG/T 122—2000)的规定	检查材料进场验收记录
木门窗制作	木材防护	木门窗的防火、防腐、防虫处理应符合设计要求	观察;检查材料进场验收记录
木门窗制作	木节及虫眼	木门窗的结合处和安装配件处不得有木节或已填补的木节。木门窗如有允许限值以内的死节及直径较大的虫眼时,应用同一材质的木塞加胶填补。对于清漆制品,木塞的木纹和色泽应与制品一致	观察
木门窗制作	榫槽连接	门窗框和厚度大于50mm的门窗扇应用双榫连接。榫槽应采用胶料严密嵌合,并应用胶楔加紧	观察;手扳检查
木门窗制作	胶合板门、纤维板门、压模门	胶合板门、纤维板门和模压门不得脱胶。胶合板不得刨透表层单板,不得戗槎。制作胶合板门、纤维板门时,边框和横楞应在同一平面上,面层、边框及横楞应加压胶结。横楞和上、下冒头应各钻两个以上的透气孔,透气孔应通畅	观察
木门窗安装	木门窗品种、规格、安装方向位置	木门窗的品种、类型、规格、开启方向、安装位置及连接方式应符合设计要求	观察;尺量检查;检查成品门的产品合格证书
木门窗安装	木门窗框安装	木门窗框的安装必须牢固。预埋木砖的防腐处理、木门窗框固定点的数量、位置及固定方法应符合设计要求	观察;手扳检查;检查隐蔽工程验收记录和施工记录
木门窗安装	木门窗扇安装	木门窗扇必须安装牢固,并应开关灵活,关闭严密,无倒翘	观察;开启和关闭检查;手扳检查
木门窗安装	木门窗配件安装	木门窗配件的型号、规格、数量应符合设计要求,安装应牢固,位置应正确,功能应满足使用要求	观察;开启和关闭检查;手扳检查

表7.17　普通木门窗用木材的质量要求

木材缺陷		门窗扇的立梃、冒头、中冒头	窗棂、压条、门窗及气窗的线脚、通风窗立梃	门心板	门窗框
活节	不计个数，直径/mm	<15	<5	<15	<15
	计个数，直径	≤材宽的1/3	≤材宽的1/3	≤30 mm	≤材宽的1/3
	任一延长米，个数≤3	≤2	≤3		≤5
死节		允许,计入活节总数	不允许	允许,计入活节总数	
髓心		不露出表面的,允许	不允许		不露出表面的,允许
裂缝		深度及长度≤厚度及材长的1/5	不允许	允许可见裂缝	深度及长度≤厚度及材长的1/4
斜纹的斜率/%		≤7	≤5	不限	≤12
油眼		非正面,允许			
其他		浪形纹理、圆形纹理、偏心及化学变色,允许			

表7.18　高级木门窗用木材的质量要求

木材缺陷		门窗扇的立梃、冒头、中冒头	窗棂、压条、门窗及气窗的线脚、通风窗立梃	门心板	门窗框
活节	不计个数，直径/mm	<10	<5	<10	<10
	计个数，直径	≤材宽的1/4	≤材宽的1/4	≤20 mm	≤材宽的1/3
	任一延长米，个数≤2	0	≤2	≤3	
死节		允许,包括在活节总数中	不允许	允许,包括在活节总数中	不允许
髓心		不露出表面的,允许	不允许		不露出表面的,允许
裂缝		深度及长度≤厚度及材长的1/6	不允许	允许可见裂缝	深度及长度≤厚度及材长的1/5
斜纹的斜率/%		≤6	≤4	≤15	≤10
油眼		非正面,允许			
其他		浪形纹理、圆形纹理、偏心及化学变色,允许			

2. 木门窗工程一般项目

木门窗工程一般项目质量标准及检验方法应符合表7.19的规定。

表7.19 木门窗工程一般项目质量标准及检验方法

工程	项目	质量标准	检验方法
木门窗制作	木门窗表面质量	木门窗表面应洁净,不得有刨痕、锤印	观察
	木门窗割角、拼缝	木门窗的割角、拼缝应严密平整。门窗框、扇裁口应顺直,刨面应平整	观察
	木门窗槽、孔	木门窗上的槽、孔应边缘整齐,无毛刺	观察
	制作允许偏差	木门窗制作的允许偏差和检验方法应符合表7.10的规定	—
木门窗安装	缝隙填嵌材料	木门窗与墙体间缝隙的填嵌材料应符合设计要求,填嵌应饱满。寒冷地区外门窗(或门窗框)与砌体间的空隙应填充保温材料	轻敲门窗框检查;检查隐蔽工程验收记录和施工记录
	批水、盖口条等细部	木门窗批水、盖口条、压缝条、密封条的安装应顺直,与门窗结合应牢固、严密	观察;手扳检查
	安装留缝隙值及允许偏差	木门窗安装的留缝限值、允许偏差和检验方法应符合表7.20的规定	—

表7.20 木门窗安装的留缝限值、允许偏差和检验方法

项次	项目		留缝限值/mm		允许偏差/mm		检验方法
			普通	高级	普通	高级	
1	门窗槽口对角线长度差		—	—	3	2	用钢尺检查
2	门窗框的正、侧面垂直度		—	—	2	1	用1 m垂直检测尺检查
3	框与扇、扇与扇接缝高低差		—	—	2	1	用钢直尺和塞尺检查
4	门窗扇对口缝		1~2.5	1.5~2	—	—	用塞尺检查
5	工业厂房双扇大门对口缝		2~5		—	—	
6	门窗扇与上框间留缝		1~2	1~1.5	—	—	
7	门窗扇与侧框间留缝		1~2.5	1~15	—	—	
8	窗扇与下框间留缝		2~3	2~2.5	—	—	
9	门扇与下框间留缝		3~5	3~4	—	—	
10	双层门窗内外框间距		—	—	4	3	用钢尺检查
11	无下框时门扇与地面间留缝	外门	4~7	5~6	—	—	用塞尺检查
		内门	5~8	6~7	—	—	
		卫生间门	8~12	8~10	—	—	
		厂房大门	10~20	—	—	—	

7.3 饰面工程

【基 础】

◆饰面工程的材料要求

饰面板(砖)工程的一般材料及质量要求有如下内容。

1. 天然大理石、花岗石饰面板

表面应平整,边缘整齐,棱角未损坏,无隐伤、风化等缺陷。

2. 人造石饰面板

表面应平整,几何尺寸准确,面层石粒均匀、洁净,颜色一致,边角整齐。

3. 塑料饰面板

表面应平整,颜色一致,边角整齐,表面无皱折。

4. 金属装饰板

表面应平整、光滑、无皱折,颜色一致,边角整齐,涂膜厚度均匀。

5. 饰面砖

表面应光洁,质地坚固,尺寸准确,颜色一致,无暗痕和裂纹,吸水率不大于10%。

6. 陶瓷锦砖、玻璃锦砖

质地应坚硬,边棱整齐,尺寸正确,无翘曲、变形,无锦砖脱落,颜色一致。

【实 务】

◆天然石材施工

大理石、花岗石镶贴墙面有粘贴法和干挂法两种。

1. 粘贴法

对于边长小于400 mm 的小规格的石材(或厚度小于10 mm 的薄板),可采用粘贴方法安装。用12 mm 厚1:2.5 水泥砂浆打底,然后刮平,按中级抹灰标准检查验收。待底层灰结硬后,用线锤在墙柱面和门窗边吊垂线,确定出饰面板与基层的距离(一般为30~40 mm)。再根据垂线在地面上顺墙柱面弹出饰面板外轮廓线作为安装的基准线。然后在饰面板材背面均匀抹上2~3 mm 素水泥浆,按弹的准线粘贴于墙柱面上,并用木锤轻轻敲击,使其粘牢,用靠尺找平找直。

2. 干挂法

用连接件将薄型石材面板直接或间接挂在建筑结构表面称为干挂法。常见的干挂法有钢针式干挂法和金属夹干挂法。

钢针式干挂法是利用高强度螺栓和耐腐蚀强度高的柔性连接件将薄型饰面板挂在

建筑物结构的外表面,板材与结构表面之间留出40~50 mm的空腔,钢针式干挂法工艺流程如下:

板材钻孔→石材背面刷胶贴玻璃纤维网格布增强→墙面挂控制线→底层板材固定在托架上→基层结构钻孔→用膨胀螺栓安装L形不锈钢固定件→下层板材上部孔眼中灌专用的石材干挂胶,插入连接钢针→上层板材下部孔眼中灌专用的石材干挂胶→上层板材插入钢针就位→校正、临时固定板材

钻孔前应在板材侧面按要求定位后,用电钻钻出直径为5 mm,孔深12~15 mm的圆孔,然后将直径为5 mm的销钉插入孔内。

用膨胀螺栓将固定和支承板块的连接件固定在墙面上,如图7.5所示。连接件是根据墙面与板块销孔的距离,用不锈钢加工成L形。为便于安装板块时调节销孔和膨胀螺栓的位置,在L形连接件上留槽型孔眼,待板块调整到正确位置时,随即拧紧膨胀螺栓螺帽进行固定,并用环氧树脂将销钉固定,或用麻丝粘上快干水泥将其固定,使之形成刚性节点。

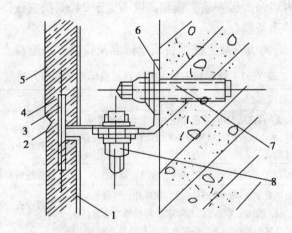

1—玻纤布增强层;2—嵌封;3—钢针;4—长孔(充填环氧树脂胶粘剂);5—石衫薄板;
6—L型不锈钢固定件;7—膨胀螺钉;8—紧固螺栓

图7.5 干挂安装示意图

另外也可参考金属饰面板安装工艺中固定骨架的方法,来进行大理石、花岗石的干挂施工。

◆室内镶贴釉面砖施工

1.抹灰层检查
应刮平抹实、搓毛。

2.排砖、弹线
底层灰六七成干时,根据大样图及墙面尺寸进行横竖向排砖,以保证面砖缝隙均匀,符合设计图纸要求,注意大面墙、柱子和垛子要排整砖,及在同一墙面上的横竖排列,均不得有小于1/4砖的非整砖。

3. 贴标准点

可用瓷砖贴标准点,控制贴釉面砖的平整度。

4. 浸泡面砖

应按颜色、规格挑选,将面砖清扫干净,放入水中浸泡,取出晾干。

5. 粘贴

粘贴应自下而上进行。要求灰浆饱满,要随时用靠尺检查平整度,要保证缝隙宽度一致。

6. 勾缝

及时清理墙面,用勾缝胶、白水泥勾缝。

另外也可用瓷砖胶或胶粉来粘贴釉面砖。

◆ 质量要求

1. 饰面板安装工程

本部分适用于内墙饰面板安装工程和高度不大于 24 m、抗震设防烈度不大于 7°的外墙饰面板安装工程的质量验收。

(1)主控项目。饰面板安装主控项目质量标准及检验方法应符合表 7.21 的规定。

表 7.21 饰面板安装主控项目质量标准及检验方法

项目	质量标准	检验方法
材料质量	饰面板的品种、规格、颜色和性能应符合设计要求,木龙骨、木饰面板和塑料饰面板的燃烧性能等级应符合设计要求	观察;检查产品合格证书、进场验收记录和性能检测报告
饰面板孔、槽	饰面板孔、槽的数量、位置和尺寸应符合设计要求	检查进场验收记录和施工记录
饰面板安装	饰面板安装工程的预埋件(或后置埋件)、连接件的数量、规格、位置、连接方法和防腐处理必须符合设计要求。后置埋件的现场拉拔强度必须符合设计要求。饰面板安装必须牢固	手扳检查;检查进场验收记录、现场拉拔检测报告、隐蔽工程验收记录和施工记录

(2)一般项目。饰面板安装一般项目质量标准及检验方法应符合表 7.22 的规定。

表 7.22 饰面板安装一般项目质量标准及检验方法

项目	质量标准	检验方法
表面质量	饰面板表面应平整、洁净、色泽一致,无裂痕和缺损。石材表面应无泛碱等污染	观察
饰面板嵌缝	饰面板嵌缝应密实、平直,宽度和深度应符合设计要求,嵌填材料色泽应一致	观察;尺量检查
湿作业法施工	采用湿作业法施工的饰面板工程,石材应进行防碱背涂处理。饰面板与基体之间的灌注材料应饱满、密实	用小锤轻击检查;检查施工记录
饰面板孔洞套割	饰面板上的孔洞应套割吻合,边缘应整齐	观察
安装允许偏差	饰面板安装的允许偏差和检验方法应符合表 7.23 的规定	—

表7.23 饰面板安装的允许偏差和检验方法

项目	允许偏差/mm							检验方法
	石材			瓷板	木材	塑料	金属	
	光面	剁斧石	蘑菇石					
立面垂直度	2	3	3	2	1.5	2	2	用2 m垂直检测尺检查
表面平整度	2	3	—	1.5	1	3	3	用2 m靠尺和塞尺检查
阴阳角方正	2	4	4	2	1.5	3	3	用直角检测尺检查
接缝直线度	2	4	4	2	1	1	1	拉5 m线,不足5 m拉通线,用钢直尺检查
墙裙、勒脚上口直线度	2	3	3	2	2	2	2	拉5 m线,不足5 m拉通线,用钢直尺检查
接缝高低差	0.5	3	—	0.5	0.5	1	1	用钢直尺和塞尺检查
接缝宽度	1	2	2	1	1	1	1	用钢直尺检查

2. 饰面砖粘贴工程

本部分适用于风墙饰面砖粘贴工程和高度不大于100 m、抗震设防烈度不大于8°、采用满粘法施工的外墙饰面砖粘贴工程的质量验收。

(1)主控项目,饰面砖粘贴主控项目质量标准及检验方法应符合表7.24的规定。

表7.24 饰面砖粘贴主控项目质量标准及检验方法

项目	质量标准	检验方法
饰面砖质量	饰面砖的品种、规格、图案、颜色和性能应符合设计要求	观察;检查产品合格证书、进场验收记录、性能检测报告和复验报告
饰面砖粘贴材料	饰面砖粘贴工程的找平、防水、黏结和勾缝材料及施工方法应符合设计要求及国家现行产品标准和工程技术标准的规定	检查产品合格证书、复验报告和隐蔽工程验收记录
饰面砖黏贴	饰面砖黏贴必须牢固	检查样板件黏结强度检测报告和施工记录
满粘法施工	满粘法施工的饰面砖工程应无空鼓、裂缝	观察;用小锤轻击检查

(2)一般项目,饰面砖粘贴一般项目质量标准及检验方法应符合表7.25的规定。

表7.25 饰面砖粘贴一般项目质量标准及检验方法

项目	质量标准	检验方法
饰面砖表面质量	饰面砖表面应平整、洁净、色泽一致,无裂缝和缺损	观察
阴阳角及非整砖	阴阳角处搭接方式、非整砖使用部位应符合设计要求	观察
墙面突出物	墙面突出物周围的饰面砖应整砖套割吻合,边缘应整齐。墙裙、贴脸突出墙面的厚度应一致	观察;尺量检查

续表 7.25

项目	质量标准	检验方法
饰面砖接缝、填嵌、宽深	饰面砖接缝应平直、光滑,填嵌应连续、密实;宽度和深度应符合设计要求	观察;尺量检查
滴水线(槽)	有排水要求的部位应做滴水线(槽)。滴水线(槽)应顺直,流水坡向应正确,坡度应符合设计要求	观察;用水平尺检查
允许偏差	饰面砖粘贴的允许偏差和检验方法应符合表 7.26 的规定	—

表 7.26 饰面砖粘贴的允许偏差和检验方法

项目	允许偏差/mm		检验方法
	外墙面砖	内墙面砖	
立面垂直度	3	2	用 2 m 垂直检测尺检查
表面平整度	4	3	用 2 m 靠尺和塞尺检查
阴阳角方正	3	3	用直角检测尺检查
接缝直线度	3	2	拉 5 m 线,不足 5 m 拉通线,用钢直尺检查
接缝高低差	1	0.5	用钢直尺和塞尺检查
接缝宽度	1	1	用钢直尺检查

7.4 吊顶工程

【基 础】

◆吊顶的类型

1. 活动式吊顶

活动式吊顶一般和轻钢龙骨或铝合金龙骨配套使用,是将新型的轻质装饰板明摆浮搁在龙骨上,便于更换(又称明龙骨吊顶)。龙骨可以是半露的、也可以是外露的。

2. 隐蔽式吊顶

隐蔽式吊顶是指龙骨不外露罩面板表面呈整体的形式(又称为暗龙骨吊顶)。罩面板与龙骨的固定有三种方式:用胶粘剂粘在龙骨上;用螺钉拧在龙骨上;将罩面板加工成企口形式,用龙骨将罩面板连接成一整体,通常使用较多的是第二种。

这种吊顶的龙骨,一般采用轻钢或镀锌铁片挤压成型,吊杆可选用型钢或钢筋,规格和连接构件均应经计算确定。吊杆一般应吊在主龙骨上,如果龙骨无主、次之分,则吊杆应吊在通长的龙骨上。

3. 金属装饰板吊顶

金属装饰板吊顶包括各种金属方板、金属条板和金属格栅安装的吊顶,它是以加工好的金属条板卡在铝合金龙骨上,或是将金属方板、条板、格栅用螺钉或自攻螺钉固定在龙骨上。这种金属板安装完毕,不需要在其表面再做其他装饰。

4. 开敞式吊顶

开敞式吊顶的饰面是敞开的。吊顶的单体构件,一般同室内灯光照明的布置结合起来,有的甚至全部用灯具组成吊顶,并突出艺术造型,使其变成装饰品。

◆轻钢龙骨吊顶

轻钢龙骨吊顶分为轻型、中型、重型三类,轻型吊顶不能承受上人荷载;中型吊顶能承受偶然上人荷载;重型吊顶能承受上人检修重约 80 kg 的集中活荷载。

轻钢龙骨吊顶有单层和双层之分。大、中龙骨底面在同一水平面上,或不设大龙骨直接挂中龙骨称为单层构造;中、小龙骨紧贴大龙骨底面吊顶(不在同一水平面上)称为双层构造。

(1)U 型轻钢吊顶龙骨如图 7.6 所示。

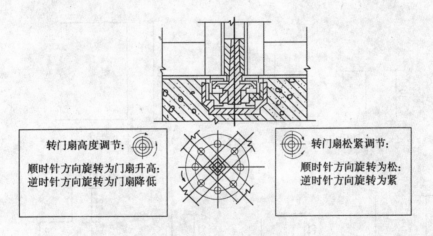

图 7.6　U 型轻钢吊顶龙骨

(2)T 型轻钢吊顶龙骨如图 7.7 所示。

龙骨配件:有各种形式,主要有吊挂件、平面连接件、纵向连接件等。

钢筋吊杆、吊钩。

罩面板:品种众多,常用的有纸面石膏板、吸声石棉板、石膏吸声板、钙塑泡沫吸声板、聚氯乙烯塑料板等。

◆铝合金龙骨吊顶

(1)铝合金龙骨材料及配件如图 7.8 所示。

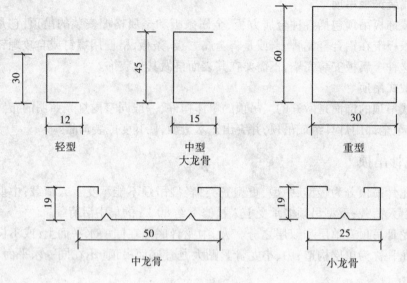

图 7.7 T 型轻钢吊顶龙骨

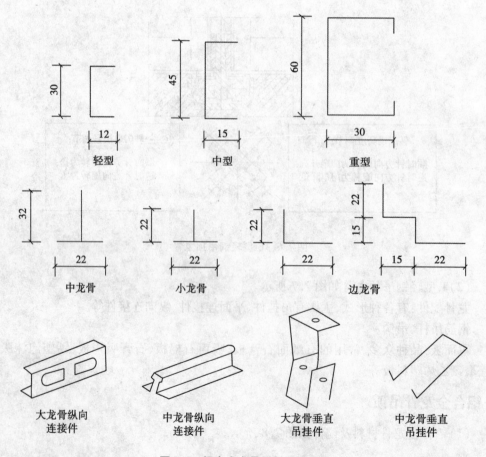

图 7.8 铝合金龙骨材料及配件

(2)铝合金吊顶板材料如图7.9所示。

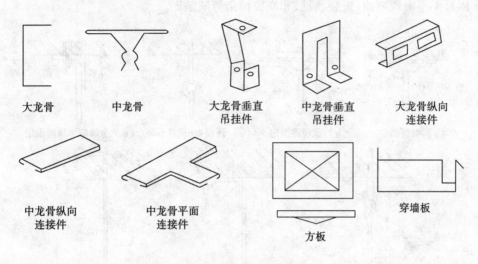

图7.9 铝合金吊顶板材

◆ 吊顶施工工艺流程

吊顶施工工艺流程一般是:弹线→检查大龙骨吊杆→安装大龙骨→安装小龙骨→安罩面板。

【实 务】

◆ 木吊顶施工

1. 弹水平线
根据楼层+500 mm标高水平线,顺墙高量至顶棚设计标高,沿墙和柱的四周弹顶棚标高水平线。根据吊顶标高线,检查吊顶以上部位的设备、管道、灯具对吊顶是否有影响。

2. 主龙骨的安装
主龙骨与屋顶结构或楼板结构连接主要有三种方式:用射钉将角铁等固定于楼底面固定吊杆;用屋面结构或楼板内预埋铁件固定吊杆;用金属膨胀螺栓固定铁件再与吊杆连接,如图7.10所示。

主龙骨安装后,沿吊顶标高线固定沿墙木龙骨,木龙骨的底边与吊顶标高线齐平。一般是用冲击电钻在标高线以上10 mm处墙面打孔,孔内塞入木楔,将沿墙龙骨钉固在墙内木楔上。然后将拼接组合好的木龙骨架托到吊顶标高位置,整片调正调平后,将其与沿墙龙骨和吊杆连接,如图7.11所示。

3. 罩面板的铺钉
罩面板多采用人造板,应按设计要求切成方形、长方形等。板材安装前,按分块尺寸弹线,安装时由中间向四周呈对称排列,顶棚的接缝与墙面交圈应保持一致。面板应安装牢固且不得出现翘曲、折裂、脱层和缺棱掉角等缺陷。

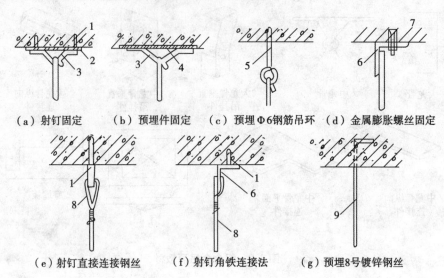

1—射钉;2—焊板;3—10钢筋吊环;4—预埋钢板;5—6钢筋;
6—角钢;7—金属膨胀螺丝;8—铝合金丝;9—8号镀锌钢丝
图7.10 吊杆固定

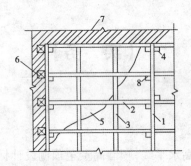

1—吊筋;2—罩面板;3—横撑龙骨;4—吊筋;
5—罩面板;6—木砖;7—砖墙;8—吊木
图7.11 木龙骨吊顶

◆轻金属龙骨吊顶施工

轻金属龙骨按材料分为轻钢龙骨和铝合金龙骨。

1.轻钢龙骨装配式吊顶施工

利用薄壁镀锌钢板带经机械冲压而成的轻钢龙骨即为吊顶的骨架型材,轻钢吊顶龙骨有U形和T形两种。

U形上人轻钢龙骨安装方法如图7.12所示。

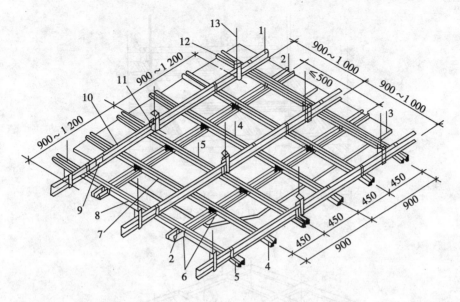

1—BD 大龙骨;2—UZ 横撑龙骨;3—吊顶板;4—UZ 龙骨;5—UX 龙骨;6—UZ3 支托连接;7—UZ2 连接件;
8—UX2 连接件;9—BD2 连接件;10—UX1 吊挂;11—UX2 吊件;12—BD1 吊件;13—UX3 吊杆 6~10

图 7.12　U 形龙骨吊顶示意图

施工前,先按龙骨的标高沿房间四周的墙上弹出水平线,再按龙骨的间距弹出龙骨的中心线,找出吊点中心,将吊杆焊接固定在预埋件上(不设埋件的则按吊点中心用射钉枪射钉固定吊杆或铁丝)。计算好吊杆的尺寸,注意与吊挂件连接的一端套丝长度应留有余地以备紧固,并配好螺帽。

主龙骨的吊顶挂件连在吊杆上校平调正后,拧紧固定螺母,然后根据设计和饰面板尺寸要求确定的间距,将次龙骨用吊挂件固定在主龙骨上,调平调正后安装饰面板。

饰面板的安装方法有:

(1)搁置法。将饰面板直接放在 T 型龙骨组成的格栅框内,即完成吊顶安装。有些轻质饰面板考虑刮风时会被掀起(包括空调风口附近)应有防散落措施,宜用卡子、木条等固定。

(2)嵌入法。将饰面板事先加工成企口暗缝,安装时将 T 形龙骨两肋插入企口缝内。

(3)粘贴法。将饰面板用胶粘剂直接粘贴在龙骨上。

(4)卡固法。饰面板与龙骨采用配套卡具卡接固定,多用于金属饰面板安装。

(5)钉固法。将饰面板用钉、螺丝、自攻螺丝等固定在龙骨上。

2.铝合金龙骨装配式吊顶施工

铝合金龙骨吊顶按罩面板的要求不同分龙骨底面外露和龙骨底面不外露两种形式;按龙骨结构形式不同分 T 形和 TL 形,TL 形龙骨属于安装饰面板后龙骨底面外露的一种(图 7.13、图 7.14)。

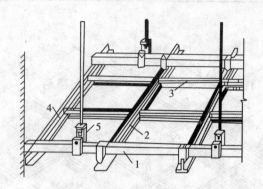

1—大龙骨;2—大T;3—小T;4—角条;5—大吊挂件
图7.13 TL形铝合金吊顶

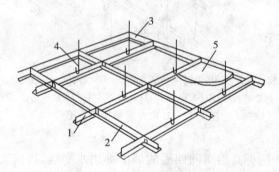

1—大T;2—小T;3—吊件;4—角条;5—饰面板
图7.14 TL形铝合金不上人吊顶

铝合金吊顶龙骨的安装方法与轻钢龙骨吊顶基本相同。

3. 常见饰面板的安装

铝合金龙骨吊顶与轻钢龙骨吊顶饰面板安装方法基本相同。石膏饰面板的安装可采用粘贴法、钉固法和暗式企口胶接法。U形轻钢龙骨采用钉固法安装石膏板时,使用镀锌自攻螺钉与龙骨固定。钉头要求嵌入石膏板内0.5~1 mm,钉眼用腻子刮平,并用石膏板与同色的色浆腻子涂刷一遍。螺钉规格为M5×25或M5×35,螺钉与板边距离应不大于15 mm,螺钉间距以150~170 mm为宜,均匀布置,并垂直于板面,石膏板之间应留出8~10 mm的安装缝。

待石膏板全部固定好后,用铝压缝条或塑料压缝条压缝,钙塑泡沫板的主要安装方法有钉固和粘贴两种。钉固法即用木螺丝或圆钉,将面板钉在顶棚的龙骨上,要求钉距不大于150 mm,钉帽应与板面齐平,排列整齐,并用与板面颜色相同的涂料装饰。钙塑板的交角处,用木螺丝将塑料小花固定,并在小花之间沿板边按等距离加钉固定。用压条固定时,压条应平直,接口严密,不得翘曲。钙塑泡沫板用粘贴法安装时,胶粘剂可用401胶或氯丁胶浆聚异氧酸脂胶(10:1),涂胶后应待稍干,方可把板材粘贴压紧。胶合板、纤维板安装应用钉固法:要求胶合板钉长25~35 mm,钉距80~150 mm,钉帽应打扁,并进入板面0.5~1 mm,钉眼用油性腻子抹平;纤维板钉长20~30 mm,钉距80~

120 mm,钉帽进入板面0.5 mm,钉眼用油性腻子抹平;硬质纤维板应用水浸透,自然阴干后安装。矿棉板安装的方法主要有搁置法、粘贴法和钉固法,顶棚为轻金属T形龙骨吊顶时,在顶棚龙骨安装放平后,将矿棉板直接平放在龙骨上,矿棉板每边应留有板材安装缝,缝宽不宜大于1 mm。顶棚为木龙骨吊顶时,可在矿棉板每四块的交角处和板的中心用专门的塑料花托脚,用木螺丝固定在木龙骨上;混凝土顶面可按装饰尺寸做出平顶木条,然后再选用适宜的粘胶剂将矿棉板粘贴在平顶木条上。金属饰面板主要有金属方板、金属条板和金属格栅,板材安装方法有钉固法和卡固法。钉固法采用螺钉固定时,后安装的板块压住前安装的板块,将螺钉遮盖,拼缝严密;卡固法要求龙骨形式与条板配套。方形板可用搁置法和钉固法,也可用铜丝绑扎固定。格栅安装方法有两种,一种是用带卡口的吊管将单体物体卡住,然后将吊管用吊杆悬吊;另一种是将单体构件先用卡具连成整体,然后通过钢管与吊杆相连接。金属板吊顶与四周墙面空隙,应用同材质的金属压缝条找齐。

◆质量要求

1. 暗龙骨吊顶工程

本部分适用于以轻钢龙骨、铝合金龙骨、木龙骨等为骨架,以石膏板、金属板、矿棉板、木板、塑料板或格栅等为饰面材料的暗龙骨吊顶工程的质量验收。

(1)主控项目。暗龙骨吊顶工程主控项目质量标准及检验方法应符合表7.27的规定。

表7.27 暗龙骨吊顶工程主控项目质量标准及检验方法

项目	质量标准	检验方法
标高、尺寸、起拱、造型	吊顶标高、尺寸、起拱和造型就符合设计的要求	观察;尺量检查
材料质量	饰面材料的材质、品种、规格、图案和颜色应符合设计要求	观察;检查产品合格证书、性能检测报告、进场验收记录和复验报告
吊杆、龙骨、饰面材料安装	暗龙骨吊顶工程的吊杆、龙骨和饰面材料的安装必须牢固	观察;手扳检查;检查隐蔽工程验收记录和施工记录
吊杆、龙骨材质	吊杆、龙骨的材质、规格、安装间距及连接方式应符合设计要求。金属吊杆、龙骨应经过表面防腐处理;木吊杆、龙骨应进行防腐、防火处理	观察;尺量检查;检查产品合格证、性能检测报告、进场验收记录和隐蔽工程验收记录
石膏板接缝	石膏板的接缝应按其施工工艺标准进行板缝防裂处理。安装双层石膏板时,面层板与基层板的接缝应错开,并不得在同一根龙骨上接缝	观察

(2)一般项目,暗龙骨吊顶工程一般项目质量标准及检验方法应符合表7.28的规定。

表7.28 暗龙骨吊顶工程一般项目质量标准及检验方法

项目	质量标准	检验方法
表面质量	饰面材料表面应洁净、色泽一致,不得有翘曲、裂缝及缺损。压条应平直、宽窄一致	观察;尺量检查
灯具等设备	饰面板上的灯具、烟感器、喷淋头、风口篦子等设备的位置应合理、美观,与饰面板的交接应吻合、严密	观察
龙骨、吊杆接缝	金属吊杆、龙骨的接缝应均匀一致,角缝应吻合,表面应平整,无翘曲、锤印,木质吊杆、龙骨应顺直,无劈裂、变形	检查隐蔽工程验收记录和施工记录
填充材料	吊顶内填充吸声材料的品种和铺设厚度应符合设计要求,并应有防散落措施	检查隐蔽工程验收记录和施工记录
允许偏差	暗龙骨吊顶工程安装的允许偏差和检验方法应符合表7.29的规定。	—

表7.29 暗龙骨吊顶工程安装的允许偏差和检验方法

项目	允许偏差/mm				检验方法
	纸面石膏板	金属板	矿棉板	木板、塑料板、格栅	
表面平整度	3	2	2	2	用2m靠尺和塞尺检查
接缝直线度	3	1.5	3	3	拉5m线,不足5m拉通线,用钢直尺检查
接缝高低差	1	1	1.5	1	用钢直尺和塞尺检查

2. 明龙骨吊顶工程

本部分适用于以轻钢龙骨、铝合金龙骨、木龙骨等为骨架,以石膏板、金属板、矿棉板、塑料板、玻璃板或格栅等饰面材料的明龙骨吊顶工程的质量验收。

(1)主控项目。明龙骨吊顶工程主控项目质量标准及检验方法应符合表7.30的规定。

表7.30 明龙骨吊顶工程主控项目质量标准及检验方法

项目	质量标准	检验方法
吊顶标高、尺寸、起拱和造型	吊顶标高、尺寸、起拱和造型应符合设计要求	观察;尺量检查
材料质量	饰面材料的材质、品种规格、图案和颜色应符合设计要求。当饰面材料为玻璃板时,应使用安全玻璃或采取可靠的安全措施	观察;检查产品合格证书、性能检测报告和进场验收记录
饰面材料安装	饰面材料的安装应稳固严密;饰面材料与龙骨的搭接宽度应大于龙骨受力面宽度的2/3	观察;手扳检查;尺量检查

续表7.30

项目	质量标准	检验方法
吊杆、龙骨材质	吊杆、龙骨的材质、规格、安装间距及连接方式应符合设计要求，金属吊杆、龙骨应进行表面防腐处理；木龙骨应进行防腐、防火处理	观察；尺量检查；检查产品合格证书、进场验收记录和隐蔽工程验收记录
吊杆、龙骨安装	明龙骨吊顶工程的吊杆和龙骨安装必须牢固	手扳检查；检查隐蔽工程验收记录和施工记录

（2）一般项目，明龙骨吊顶工程一般项目质量标准及检验方法应符合表7.31的规定。

表7.31 明龙骨吊顶工程一般项目质量标准及检验方法

项目	质量标准	检验方法
表面材料	饰面材料表面应洁净、色泽一致，不得有翘曲、裂缝及缺损，饰面板与明龙骨的搭接应平整、吻合，压条应平直、宽窄一致	观察；尺量检查
灯具等设备	饰面板上的灯具、烟感器、喷淋头、风口篦子等设备的位置应合理、美观，与饰面板的交接应吻合、严密	观察
龙骨接缝	金属龙骨的接缝应平整、吻合、颜色一致，不得有划伤、擦伤等表面缺陷。木质龙骨应平整、顺直，无劈裂	观察
填充材料	吊顶内填充吸声材料的品种和铺设厚度应符合设计要求，并应有防散落措施	检查隐蔽工程验收记录和施工记录
允许偏差	明龙骨吊顶工程安装的允许偏差和检验方法应符合表7.32的规定	—

表7.32 明龙骨吊顶工程安装的允许偏差和检验方法

项目	允许偏差/mm				检验方法
	石膏板	金属板	矿棉板	塑料板、玻璃板	
表面平整度	3	2	3	2	用2m靠尺和塞尺检查
接缝直线度	3	2	3	3	拉5m线，不足5m拉通线，用钢直尺检查
接缝高低差	1	1	2	1	用钢直尺和塞尺检查

7.5 隔断工程

【基 础】

◆ **轻质隔墙条板**

轻质隔墙条板是指用轻质集料、胶凝性材料及其他材料,经装料振动或挤压成型,并经养护而制成的一种墙体材料。

我国目前可用于墙体的轻质隔墙条板品种较多,各种墙板都各具特色。一般的形式可分为条板、薄板、轻质复合板等,每类板中又有许多品种,如条板类有石膏空心板、加气混凝土空心条板、玻璃纤维增强水泥空心条板、预应力混凝土空心墙板等;薄板类有石膏板、蒸压硅酸钙板、纤维水泥板、ALC 板、GRC 板等;轻质复合板类有钢丝网架水泥加锌板及其他芯板等。

轻质隔墙条板按用途分为分户隔断用条板和分室隔断用条板;按所用胶凝性材料不同分为石膏、水泥等类别,不同类别的轻质隔墙条板的技术性能差异较大,并具有不同的特点,见表 7.33。

表 7.33 各种轻质隔墙条板的特点比较

墙板类别	胶凝材料	墙板名称	优点	缺点
普通建筑石膏类	普通建筑石膏	普通石膏珍珠岩空心隔墙条板、石膏纤维空心隔墙条板	(1)质轻、保温、耐热、防火性好 (2)可加工性好 (3)使用性能好	(1)强度较低 (2)耐水性较差
	普通建筑石膏、耐水粉	耐水增强石膏隔墙条板、耐水石膏陶粒混凝土实心隔墙条板	(1)质轻、保温、防水性能好 (2)可加工性好 (3)使用性能好 (4)强度较高 (5)耐水性较好	(1)成本较高 (2)实心板稍重
水泥类	普通水泥	无砂陶粒混凝土实心隔墙条板	(1)耐水性好 (2)隔声性好	(1)双面抹灰量大 (2)生产效率低 (3)可加工性差
	硫铝酸盐或铁铝酸盐水泥	GRC 珍珠岩空心隔墙条板	(1)强度调节幅度大 (2)耐水性好	(1)原材料质量要求较高 (2)成本较高
	菱镁水泥	菱苦土珍珠岩空心隔墙条板		(1)耐水性差 (2)长期使用变形较大

【实 务】

◆隔断工程的材料要求

隔断工程所用材料的品种、规格、颜色及隔断的构造、固定方法,应符合下列设计要求:

(1)木龙骨、石膏龙骨、轻钢龙骨及其配件应符合现行国家标准和行业标准。

(2)石膏条板的质量应符合设计要求及产品质量的有关规定。

(3)罩面板(胶合板、石膏板等)应表面平整、边缘整齐,不应有污垢、裂纹、翘角、缺角、起皮、色差和图案不完整等缺陷,胶合板、木质纤维板不应脱胶、腐朽和变色。

(4)胶粘剂应按罩面板的品种而定,现场配制胶粘剂,其配合比应由试验确定。

(5)接触砖石、混凝土的木龙骨和预埋的木砖应做防腐处理。

(6)龙骨宜存放在地面平整的室内,并应采取措施,阻止龙骨变形、生锈。

罩面板应按品种、规格分类存放于地面平整、干燥、通风处,并根据其性质不同分别采取措施,防止受潮变形。

石膏条板的堆放场地应干燥、平整、清洁,并应采取措施,防止石膏条板浸水损坏,受潮变形。

安装罩面板宜使用镀锌螺钉、钉子。

◆骨架隔断、板材隔断施工

1.轻钢龙骨石膏板隔断安装

以 LL 体系轻钢龙骨石膏板隔断为例,其安装顺序如下:

隔断位置放线→墙垫施工→安装沿地、沿顶龙骨→安装竖向龙骨→安装门框,安装隔断的一侧石膏板→安装隔断的另一侧石膏板→接缝处理→隔断表面装饰

(1)隔断位置放线。按设计要求确定隔断位置,在地面放出隔断中心线及边线(龙骨边线),并将线引至顶棚及侧墙上。

(2)墙垫施工。先对墙垫与地面接触部位进行清理,涂刷界面处理剂,随即支模,浇筑 C20 混凝土墙垫,墙垫上表面应平整,侧面应垂直。

(3)安装沿地、沿顶龙骨。在墙垫上用射钉固定沿地龙骨,在顶棚下用射钉固定沿顶龙骨,射钉间距为 900 mm。

(4)安装竖向龙骨。按已确定的竖向龙骨间距,在沿地、沿顶龙骨上分档画线,竖向龙骨应由隔断的一端开始排列,当隔断上设有门窗时,应从门窗口向一侧或两侧排列。当最后一根竖向龙骨距墙边的尺寸大于确定的竖向龙骨间距时,必须增设一根竖向龙骨。竖向龙骨的上下端除有规定外,应与沿地、沿顶龙骨用铆钉或自攻螺丝固定。

(5)安装门框,将木门框与门边竖向龙骨用木螺丝固定。

(6)安装石膏板。石膏板应竖向排列,隔断两石膏板应错缝排列。双层石膏板的第一层板与第二层板也应错缝排列。石膏板与龙骨固定,应采用自攻螺丝(带有钻头,螺帽

呈喇叭形)。螺丝长度:用于单层 12 mm 厚石膏板的长度为 25 mm;用于双层 12 mm 厚石膏板的长度为 35 mm,螺丝距石膏板边缘至少 10 mm(在切割的边缘至少 15 mm)。螺丝中距:在板的四周为 250 mm;在板的中部为 300 mm。螺距帽应埋入板内,但不应损坏纸面。双层石膏板的第一层板与第二层板的连接,也可用胶粘剂粘贴,胶粘剂的厚度以 2～3 mm 为宜。为了避免门口上角的石膏板在接缝处出现开裂,其两侧应采用刀把形板。隔断的阳角和门窗口边应选用边角方整无损的石膏板。

(7)接缝处理。隔断安装完毕,首先扫除其表面浮灰。如果隔断表面有损坏和暴露石膏部分,应用 107 胶水(107 胶:水 = 1:9)涂刷一遍,待胶层干燥后进行修补嵌缝。除明缝以外的石膏板接缝(包括石膏板之间、石膏板与顶棚、侧墙的接缝),必须嵌缝并粘贴接缝带。暗接缝处理程序是:嵌接缝腻子→底层腻子并粘贴接缝带→中层腻子将接缝带埋入腻子层中→石膏板的楔形棱边填满找平。

2. 增强石膏空心条板隔断安装

(1)以增强石膏空心条板一般隔断为例,其安装顺序如下:

隔断定位放线→墙垫施工→定位粘板→填板下缝隙

1)隔断定位放线。按设计要求在地面上定出隔断的边线,并将此线引到顶棚及侧墙上。

2)定位粘板。从隔断的一侧开始粘板,每块的顶面及侧面(粘接面)上刷胶液及石膏胶泥,每块板竖起后,先对准线顶住顶棚,其侧面拼紧侧墙或前一块条板,随即校正其位置的准确性及垂直度是否在允许偏差范围内,在底板下打入两对木楔,使条板顶紧,有门框的应将门框随同条板一起安装,木门框应用木螺纹固定于木门框条板上。

3)填板下缝隙。隔断的条板全部安装完成,经校核无误后,用 C20 混凝土填塞板下缝隙,要充分填实,待细石混凝土达到设计强度后拔出木楔,木楔空隙再用 C20 细石混凝土填塞。

(2)增强石膏空心条板隔断安装质量要求。

1)石膏条板表面不得有污物、缺棱、掉角、折裂、锤伤等缺陷。

2)石膏条板铺设方向应正确、安装牢固、板材垂直和板面平整。

3)石膏条板与条板之间及板与主体结构之间应黏接密实、牢固,接缝平整。

4)增强石膏空心条板隔断安装质量的允许偏差应符合表 7.34 的规定。

表 7.34 增强石膏空心条板隔断安装质量允许偏差

项次	项目	允许偏差/mm	检验方法
1	表面平整	4	用 2 m 直尺和楔形尺检查
2	立面垂直	5	用 2 m 托线板检查

◆隔断工程的质量验收

1. 骨架隔墙工程

(1)主控项目。骨架隔墙工程主控项目质量标准及检验方法应符合表 7.35 的规定。

第7章 装饰装修工程

表 7.35 骨架隔墙工程主控项目质量标准及检验方法

项目	质量标准	检验方法
材料质量	骨架隔墙所用龙骨、配件、墙面板、填充材料及嵌缝材料的品种、规格、性能和木材的含水率应符合设计要求，有隔声、隔热、阻燃、防潮等特殊要求的工程，材料应有相应性能等级的检测报告	观察；检查产品合格证书、进场验收记录、性能检测报告和复验报告
龙骨连接	骨架隔墙工程边框龙骨必须与基体结构连接牢固，并应平整、垂直、位置正确	手扳检查；尺量检查；检查隐蔽工程验收记录
龙骨间距及构造连接	骨架隔墙中龙骨间距的构造连接方法应符合设计要求。骨架内设备管线的安装、门窗洞口等部位加强龙骨应安装牢固、位置正确，填充材料的设置应符合设计要求	检查隐蔽工程验收记录
防火、防腐	木龙骨及木墙面板的防火和防腐处理必须符合设计要求	检查隐蔽工程验收记录
墙面板安装	骨架隔墙的墙面板应安装牢固，无脱层、翘曲、折裂及缺损	观察；手扳检查
墙面板接缝材料及方法	墙面板所用接缝材料的接缝方法应符合设计要求	观察

（2）一般项目，骨架隔墙工程一般项目质量标准及检验方法应符合表 7.36 的规定。

表 7.36 骨架隔墙工程一般项目质量标准及检验方法

项目	质量标准	检验方法
表面质量	骨架隔墙表面应平整光滑、色泽一致、洁净、无裂缝，接缝应均匀、顺直	观察；手摸检查
孔洞、槽、盒要求	骨架隔墙上的孔洞、槽、盒应位置正确、套割吻合、边缘整齐	观察
填充材料要求	骨架隔墙内的填充材料应干燥，填充应密实、均匀、无下坠	轻敲检查；检查隐蔽工程验收记录
安装允许偏差	骨架隔墙安装的允许偏差和检验方法应符合表 7.37 的规定	—

表 7.37 骨架隔墙安装的允许偏差和检验方法

项目	允许偏差/mm		检验方法
	纸面石膏板	人造木板、水泥纤维板	
立面垂直度	3	4	用 2 m 垂直检测尺检查
表面平整度	3	3	用 2 m 靠尺和塞尺检查
阴阳角方正	3	3	用直角检测尺检查
接缝直线度	—	3	拉 5 m 线，不足 5 m 拉通线，用钢直尺检查
压条直线度	—	3	拉 5 m 线，不足 5 m 拉通线，用钢直尺检查
接缝高低差	1	1	用钢直尺和塞尺检查

2. 板材隔墙工程

(1)主控项目,板材隔墙工程主控项目质量标准及检验方法应符合表 7.38 的规定。

表 7.38　板材隔墙工程主控项目质量标准及检验方法

项目	质量标准	检验方法
板材质量	隔墙板材的品种、规格、性能、颜色应符合设计要求,有隔声、隔热、阻燃、防潮等特殊要求的工程,板材应有相应性能等级的检测报告	观察;检查产品合格证书、进场验收记录和性能检测报告
预埋件、连接件	安装隔墙板材所需预埋件、连接件的位置、数量及连接方法应符合设计要求	观察;尺量检查;检查隐蔽工程验收记录
安装质量	隔墙板材的安装必须牢固,现制钢丝网水泥隔墙与周边墙体的连接方法应符合设计要求,并应连接牢固	观察;手扳检查
接缝材料、方法	隔墙板材所用接缝材料的品种及接缝方法应符合设计要求	观察;检查产品合格证书和施工记录

(2)一般项目,板材隔墙工程一般项目质量标准及检验方法应符合表 7.39 的规定。

表 7.39　板材隔墙工程一般项目质量标准及检验方法

项目	质量标准	检验方法
安装位置	隔墙板材安装应垂直、平整、位置正确,板材不应有裂缝或缺损	观察;尺量检查
表面质量	板材隔墙表面应平整光滑、色泽一致、洁净;接缝应均匀、顺直	观察;手摸检查
孔洞、槽、盒	隔墙上的孔洞、槽、盒应位置正确、套割方正、边缘整齐	观察
允许偏差	板材隔墙安装的允许偏差和检验方法应符合表 7.40 的规定	—

表 7.40　板材隔墙安装的允许偏差和检验方法

项目	允许偏差/mm				检验方法
	复合轻质墙板		石膏空心板	钢丝网水泥板	
	金属夹芯板	其他复合板			
立面垂直度	2	3	3	3	用 2 m 垂直检测尺检查
表面平整度	2	3	3	3	用 2 m 靠尺和塞尺检查
阴阳角方正	3	3	3	4	用直角检测尺检查
接缝高低差	1	2	2	3	用钢直尺和塞尺检查

7.6　涂料工程

【基　础】

◆材料要求

混凝土表面和抹灰表面可施涂薄涂料、厚涂料和覆层建筑涂料等。

薄涂料有水性薄涂料、溶剂型（包括油性）薄涂料、合成树脂乳液薄涂料等。

厚涂料有合成树脂乳液厚涂料、合成树脂乳液轻质厚涂料、合成树脂乳液砂壁状涂料和无机厚涂料等，其中合成树脂乳液轻质厚涂料有蛭石厚涂料、珍珠岩粉厚涂料和聚苯乙烯泡沫塑料粒子厚涂料等。

覆层建筑涂料有水泥系覆层涂料、合成树脂乳液系覆层涂料、硅溶胶系覆层涂料、反应固化型合成树脂乳液系覆层涂料。

木料表面可施涂溶剂型混色涂料和清漆。

金属表面可施涂防锈涂料和溶剂型混色涂料。

涂料工程所用的涂料和半成品（包括施涂现场配制的涂料）均应有品名、种类、颜色、制作时间、贮存有效期、使用说明书及产品合格证。

外墙涂料应使用具有耐碱和耐光性能的颜料。

涂料工程所用腻子的塑性和易涂性应满足施工要求，干燥后应坚固，并按基层、底涂料和面涂料的性能配套使用，腻子的配方如下：

1. 混凝土表面、抹灰表面用腻子

（1）适用于室内的腻子配方：聚醋酸乙烯乳液（即白乳胶）、滑石粉或大白粉、2%羧甲基纤维素溶液。

（2）适用于外墙、厨房、厕所、浴室的腻子配方：聚醋酸乙烯乳液、水泥、水。

2. 木材表面的石膏腻子

木材表面的石膏腻子配方：石膏粉、熟桐油、水。

3. 木材表面清漆的润油粉

木材表面清漆的润油粉配方：大白粉、松香水、熟桐油。

4. 木材表面清漆的润水粉

木材表面清漆的润水粉配方：大白粉、骨胶、土黄或其他颜料、水。

5. 金属表面的腻子

金属表面的腻子配方：石膏粉、熟桐油、油性腻子或醇酸腻子、底漆、水。

【实　务】

◆涂料工程施工

建筑装饰涂料一般适用于混凝土基层、水泥砂浆或混合砂浆抹面、加气混凝土、水泥石棉板、石膏板砖墙等各种基层面，一般采用刷、喷、滚、弹涂施工。

1. 基层处理和要求

（1）新抹砂浆常温要求 7 d 以上，现浇混凝土常温要求 28 d 以上，方可涂饰建筑涂料，否则会出现粉化或色泽不均匀等现象。

（2）基层要求平整，但又不应太光滑。孔洞和不必要的沟槽应提前进行修补，修补材料可采用 108 胶加水泥和适量水调成的腻子。太光滑的表面对涂料黏结性能有影响；太粗糙的表面，涂料消耗量大。

(3)在喷、刷涂料前,一般要先喷、刷一道与涂料体系相适应的冲稀了的乳液,稀释了的乳液渗透能力强,可使基层坚实、干净,黏结性好并节省涂料。如果在旧涂层上刷新涂料,应除去粉化、破碎、生锈、变脆、起鼓等部分,否则刷上的新涂料就不会牢固。

2. 涂饰程序

外墙面涂饰时,不论采取什么工艺,一般均应由上而下,分段分部进行涂饰,分段分片的部位应选择在门、窗、拐角、水落管等处,因为这些部位易于掩盖。内墙面涂饰时,应在顶棚涂饰完毕后进行,由上而下分段涂饰。涂饰分段的宽度要根据刷具的宽度及涂料稠度决定:快干涂料慢涂宽度 15~25 cm;慢干涂料快涂宽度为 45cm 左右。

3. 刷、喷、滚、弹涂施工要点

(1)刷涂。涂刷时,其涂刷方向和行程长短均应一致。涂刷层次,一般不少于两度,在前一度涂层表干后才能进行后一度涂刷。前后两次涂刷的相隔时间与施工现场的温度、湿度有密切关系,通常不少于 2~4 h。

(2)喷涂。

1)在喷涂施工中,涂料稠度、空气压力、喷射距离、喷枪运行中的角度和速度等方面均有一定要求。

2)施工时,应连续作业,一气呵成,争取到分格缝处再停歇。室内喷涂一般先喷顶后喷墙,两遍成活,间隔时间为 2 h;外墙喷涂一般为两遍,较好的饰面为三遍。罩面喷涂时,喷离脚手架 10~20 cm 处,往下另行再喷。作业段分割线应设在接缝、水落管、雨罩等处。

3)灰浆管道产生堵塞而又不能马上排除故障时,要迅速改用喷斗上料继续喷涂,不留接搓,直至喷完为止,以免影响质量。

4)要注意基层干湿度,尽可能使其干湿度一致。

5)颜料一次不要拌的太多,避免变稠再加水。

(3)滚涂施工。

1)施工时在辊子上蘸少量涂料后再在被滚墙面上轻缓平稳地来回滚动,直上直下,避免歪扭蛇行,以保证涂层色泽一致、厚度一致、质感一致。

2)滚涂分为湿滚法和干滚法两种。湿滚法要求辊子蘸水上墙,或向墙面洒少量的水,滚到花纹均匀为止;干滚法辊子上下一个来回,再向下走一遍,表面均匀拉毛即可。

3)横滚的花纹容易积尘污染,不宜采用。

4)如果产生翻砂现象,应再薄抹一层砂浆重新滚涂,不得事后修补。

5)由于罩面层较薄,因此要求底层顺直平整,避免面层做后产生露底现象。

6)滚涂应按分格缝或分段进行,不得任意甩搓。

(4)弹涂施工。(宜用云母片状和细料状涂料)

1)彩弹饰面施工的全过程都必须根据事先所设计的样板上的色泽和涂层表面形状的要求进行。

2)在基层表面先刷 1~2 度涂料,作为底色涂层。待底色涂层干燥后,才能进行弹涂,门窗等不必进行弹涂的部位应予遮挡。

3)弹涂时,手提彩弹机,先调整和控制好浆门、浆量和弹棒,然后开动电机,使机口垂直对准墙面,保持适当距离(一般为 30~50 cm),按一定手势和速度,自上而下,自右

(左)至左(右),循序渐进,要注意弹点密度均匀适当,上下左右接头不明显。

4)大面积弹涂后,如果出现局部弹点不均匀或压花不合要求影响装饰效果时,应进行修补,修补方法有笔绘和补弹两种。修补所用的涂料,应该与刷底或弹涂同一颜色的涂料。

◆质量要求

1.水性涂料涂饰工程

本部分适用于乳液型涂料、无机涂料、水溶性涂料等水性涂料涂饰工程的质量验收。

(1)主控项目。水性涂料涂饰工程主控项目质量标准及检验方法应符合表7.41的规定。

表7.41 水性涂料涂饰工程主控项目质量标准及检验方法

项目	质量标准	检验方法
涂料控制	水性涂料涂饰工程所用涂料的品种、型号和性能应符合设计要求	检查产品合格证书、性能检测报告和进场验收记录
颜色图案要求	水性涂料涂饰工程的颜色、图案应符合设计要求	观察
涂饰质量要求	水性涂料涂饰工程应涂饰均匀、黏结牢固,不得漏涂透底、起皮和掉粉	观察;手摸检查
基层要求	水性涂料涂饰工程的基层处理应符合《建筑装饰装修工程质量验收规范》(GB 50210—2001)第10.1.5条的要求	观察;手摸检查;检查施工记录

(2)一般项目。水性涂料涂饰工程一般项目质量标准及检验方法应符合表7.42的规定。

表7.42 水性涂料涂饰工程一般项目质量标准及检验方法

项目	质量标准	检验方法
薄涂料	薄涂料的质量和检验方法应符合表7.43的规定	—
厚涂料	厚涂料的质量和检验方法应符合表7.44的规定	—
复合涂料	复合涂料的质量和检验方法应符合表7.45的规定	—
衔接处要求	涂层与其他装修材料和设备衔接处应吻合,界面应清晰	观察

表7.43 薄涂料的质量和检验方法

项目	普通涂饰	高级涂饰	检验方法
颜色	均匀一致	均匀一致	观察
泛碱、咬色	允许少量轻微	不允许	观察
流坠、疙瘩	允许少量轻微	不允许	观察
砂眼、刷纹	允许少量轻微砂眼,刷纹通顺	无砂眼,无刷纹	观察
装饰线、分色线直线度允许偏差/mm	2	1	拉5 m拉线,不足5 m拉通线,用钢直尺检查

表7.44 厚涂料的质量和检验方法

项目	普通涂饰	高级涂饰	检验方法
颜色	均匀一致	均匀一致	观察
泛碱、咬色	允许少量轻微	不允许	
点状分布	—	疏密均匀	

表7.45 复合涂料的涂饰质量和检验方法

项目	质量要求	检验方法
颜色	均匀一致	观察
泛碱、咬色	允许少量轻微	
喷点疏密程度	均匀,不允许连片	

2. 溶剂型涂料涂饰工程

本部分适用于丙烯酸酯涂料、聚氨酯丙烯酸涂料、有机硅丙烯酸涂料等溶剂型涂料涂饰工程的质量验收。

(1)主控项目。溶剂型涂料涂饰工程主控项目质量标准及检验方法应符合表7.46的规定。

表7.46 溶剂型涂料涂饰工程主控项目质量标准及检验方法

项目	质量标准	检验方法
涂料控制	溶剂型涂料涂饰工程所选用涂料的品种、型号和性能应符合设计要求	检查产品合格证书、性能检测报告和进场验收记录
颜色图案要求	溶剂型涂料涂饰工程的颜色、光泽、图案应符合设计要求	观察
涂饰质量要求	溶剂型涂料涂饰工程应涂饰均匀、黏结牢固,不得漏涂、透底、起皮和反锈	观察;手摸检查
基层要求	溶剂型涂料涂饰工程的基层处理应符合《建筑装饰装修工程质量验收规范》(GB 50210—2001)第10.1.5条的要求	观察;手摸检查;检查施工记录

(2)一般项目。溶剂型涂料涂饰工程一般项目质量标准及检验方法应符合表7.47的规定。

表7.47 溶剂型涂料涂饰工程一般项目质量标准及检验方法

项目	质量标准	检验方法
色漆	色漆的涂饰质量和检验方法应符合表7.48的规定	—
清漆	清漆的涂饰质量和检验方法应符合表7.49的规定	—
衔接处要求	涂层与其他装修材料和设备衔接处应吻合,界面应清晰	观察

表7.48 色漆的涂饰质量和检验方法

项目	普通涂饰	高级涂饰	检验方法
颜色	均匀一致	均匀一致	观察
光泽、光滑	光泽基本均匀光滑无挡手感	光泽均匀一致光滑	观察、手摸检查
刷纹	刷纹通顺	无刷纹	观察
裹棱、流坠、皱皮	明显处不允许	不允许	观察
装饰线、分色线直线度允许偏差/mm	2	1	拉5 m拉线,不足5 m拉通线,用钢直尺检查

表7.49 清漆的涂饰质量和检验方法

项目	普通涂饰	高级涂饰	检验方法
颜色	基本一致	均匀一致	观察
木纹	棕眼刮平、木纹清楚	棕眼刮平、木纹清楚	观察
光泽、光滑	光泽基本均匀光滑无挡手感	光泽均匀一致光滑	观察、手摸检查
刷纹	无刷纹	无刷纹	观察
裹棱、流坠、皱皮	明显处不允许	不允许	观察

3.美术涂饰工程

本部分适用于套色涂饰、滚花涂饰、仿花纹涂饰等室内外美术涂饰工程的质量验收。
(1)主控项目。美术涂饰工程主控项目质量标准及检验方法应符合表7.50的规定。

表7.50 美术涂饰工程主控项目质量标准及检验方法

项目	质量标准	检验方法
涂料控制	美术涂饰所用材料的品种、型号和性能应符合设计要求	观察;检查产品合格证书、性能检测报告和进场验收记录
涂饰质量要求	美术涂饰工程应涂饰均匀、黏结牢固,不得漏涂、透底、起皮、掉粉和反锈	观察、手摸检查
基层要求	美术涂饰工程的基层处理应符合《建筑装饰装修工程质量验收规范》(GB 50210—2001)第10.1.5条的要求	观察、手摸检查;检查施工记录
花色要求	美术涂饰的套色、花纹和图案应符合设计要求	观察

(2)一般项目,美术涂饰工程一般项目质量标准及检验方法应符合表7.51的规定。

表7.51 美术涂饰工程一般项目质量标准及检验方法

项目	质量标准	检验方法
表面要求	美术涂饰表面应洁净,不得有流坠现象	观察
纹理要求	仿花纹涂饰的饰面应具有被模仿材料的纹理	观察
套色要求	套色涂饰的图案不得移位,纹理和轮廓应清晰	观察

◆涂料工程冬期施工

1. 水溶性涂料涂饰工程

(1)水溶性涂料涂饰施工时,应注意通风换气和防尘。

(2)冬期施工时墙面要求保持干燥,涂刷时先刷一遍底漆,待底漆干透后,再涂刷施工。涂料施工时严禁加水,如果涂料太稠,可加入稀释剂调释。

(3)水溶性涂料在使用前应搅拌均匀,并应在产品说明书规定时间内用完,如果超过规定时间不得使用。

2. 溶剂型涂料涂饰工程

(1)冬期室内施工时,现浇混凝土墙面龄期不少于1个月,水泥砂浆抹面龄期不少于7 d,涂刷溶剂型涂料时基层含水率不大于8%。

(2)施工基面要求平整,没有蜂窝麻面,清扫干净,不能有严重灰尘或油污现象,处理干净后再涂刷。混凝土或抹灰基层在涂饰涂料前,应涂刷抗碱封闭底漆,以免墙面易泛碱。如果泛碱时,需用5%~10%的磷酸溶液处理,待酸性泛后1 h,用清水冲洗墙面,干燥后在进行施工。

(3)涂料太稠时,可用稀释剂调释。

3. 油漆工程冬期施工

(1)油漆工程冬期施工时,木料制品含水率不得大于12%,涂料施工环境温度不宜低于3 ℃,并应按产品说明书所要求的温度进行控制。-10 ℃时各种油漆不得操作,-15 ℃时清油也不易干燥,-3 ℃时腻子结冰。

(2)为了使油漆易于干燥,冬期施工时油漆需加催干剂。

(3)油漆应搅拌均匀,加盖,调配量恰好是一天使用的量。

(4)油漆在低温下易于稠化,应适当加热,但不得直接在火源上加热(如火炉、电炉),应放在热水器中用水间接加热,以防着火。

(5)腻子在制配时可在加入的水中掺加1/4的酒精,调腻子的水需用热水。

(6)油漆工程冬期施工应选择晴天干燥无风(最好在下午)天气施工。禁止热风吹油漆面,以免漆面上凝结水珠。油漆层基层应干燥,湿度应小于等于5%,不得有冰霜。受冻的木材如湿度不大于15%时,则应先涂干性油并满刮腻子。

(7)油漆工程冬期施工时,气温不能有急剧的变化,施工完毕后至少养护两昼夜以上,直至油膜和涂层干透为止。

7.7 楼地面工程

【基 础】

◆楼地面分类

楼地面按面层材料分有:土、灰土、三合土、菱苦土、混凝土、水泥砂浆、水磨石、马赛克、木、砖和塑料地面等;按面层结构分有:整体地面(如灰土、三合土、菱苦土、混凝土、水泥砂浆、现浇水磨石等)、块料地面(如缸砖、拼花木板、大理石板材、预制水磨石块等)和涂布地面。

【实 务】

◆基层施工

(1)抄平弹线,统一标高。
(2)楼板基层,应做好板缝灌浆和板面清理工作。
(3)地面的基层多为土。填土应分层夯实。每层夯实后的干密度应符合设计要求。用卵石、碎石或碎砖等作地基表面处理时,直径应为 40~60 mm,夯实后的土基层表面应平整。

◆垫层施工

1. 刚性垫层施工要点

(1)清理基层,检查弹线。
(2)基层应洒水湿润。
(3)浇筑大面积混凝土垫层时,应纵横每 6~10 m 设中间水平桩,以控制厚度。
(4)大面积浇筑宜采用分仓浇筑的方法,要根据变形缝位置、不同材料面层的连接部位或设备基础位置情况进行分仓,分仓距离一般为 3~4 m。

2. 半刚性垫层、柔性垫层

半刚性垫层一般有灰土垫层、碎砖三合土垫层和石灰炉渣垫层,柔性垫层是指用土、石、砂、炉渣等散状材料压实的垫层,半刚性垫层、柔性垫层目前已使用不多。

◆水泥类楼地面施工

1. 水泥砂浆地面施工要点

(1)弹面层标高位置线。
(2)将垫层清扫干净并洒水湿润,刷素水泥浆一道。
(3)铺水泥砂浆,用刮尺赶平、木抹子压实,在砂浆初凝后终凝前,用铁抹子反复压光三遍,不允许撒干灰浆收水抹压。
(4)视情况铺盖草袋、锯末等进行浇水养护。
当施工大面积水泥砂浆面层时,应按要求留设分格缝。

2. 细石混凝土地面施工要点

混凝土铺设前,预先在地坪四周弹出水平线,以控制面层的厚度,并用木板隔成宽小于 3 m 的条形区段,先刷以水灰比为 0.4~0.5 的水泥浆,随刷随铺混凝土,用刮尺找平,用表面振动器振捣密实或采用滚筒交叉来回滚压 3~5 遍,至表面泛浆为止,然后进行抹平和压光。混凝土面层应在初凝前完成抹平工作,终凝前完成压光工作。

3. 水磨石地面施工要点

（1）镶条。在找平层上按设计要求的图案设置分格条，嵌条时，水泥浆应抹成八字角，涂抹的高度应比分格条低。嵌条应平直，交接处要平整、方正、牢固，接头应严密。

（2）铺水泥石子浆。刷素水泥浆，随刷随铺水泥石子浆。水泥石子浆的虚铺厚度应高出分格条1～2 mm。要铺平整，用滚筒滚压密实。待表面出浆后，再用铁抹子抹平。在滚压过程中，如发现表面石子偏少，可在水泥浆较多的地方补撒石子并拍平。

在同一面层上采用几种颜色图案时，先做深色后做浅色，先做大面后做镶边。

（3）磨平、磨光。开磨时间应以石粒不松动为准，开磨过早易造成石粒松动，开磨过迟则造成磨光困难。所以大面积开磨前应进行试磨，以面层不掉石粒、水泥浆面基本平齐为准，一般开磨时间见表7.52。

表7.52 开磨时间表

平均温度/℃	开磨时间/d	
	机磨	人工磨
20～30	3～4	1～2
10～20	4～5	1.5～2.5
5～10	6～7	2～3

（4）水磨石面层应使用磨光机分次磨光。各遍应选用不同的磨石，见表7.53。

表7.53 磨石选用与要求

遍数	选用磨石	要求及说明
1	60～80号	1）磨匀磨平，使全部分格条外露 2）磨石要将泥浆冲洗干净，稍干后即涂擦一道同色水泥浆填补砂眼，个别凋落的石粒要补好 3）不同颜色的磨面，应先涂深色浆，后涂浅色浆 4）涂擦色浆后养护4～7 d
2	120～180号金刚石	磨至石粒显露，表面平整，其他同第一遍2、3、4条
3	180～240号油石	1）磨至表面平整光滑，无砂眼细孔 2）用水冲洗后涂草酸溶液一遍 3）研磨至出白浆，表面光滑为止，用水冲洗干净，晾干

水磨石的磨光一般常用"二浆三磨"法，即整个磨光过程为磨光三遍，补浆二次。第一遍先用60～80号金刚石磨光，边磨边加水，要磨匀磨平，使全部分格条外露，磨后要将泥浆冲洗干净，稍干后用同配合比水泥浆擦补一遍，用以填补砂眼，个别掉落石粒部位要补好，不同颜色的磨面应先补深色浆，后补浅色浆，浇水养护2～3 d。第二遍用120～180号金刚石磨至表面光滑，磨光后再补上一道水泥浆。第三遍用180～240号油磨石磨至表面石粒颗颗显露，平整光滑，无砂眼细孔。

（5）抛光、打蜡。抛光时常用10%的草酸（加入1%～2%的氧化铝）涂刷后再进行研磨，磨完后应清除污垢、擦干。

打蜡时先在面层上薄薄涂一层,待干后再用钉有细帆布(或麻布)的木块代替磨石,装在磨石机的磨盘上进行研磨,直到光滑洁亮为止。

◆地砖施工

地砖施工要点如下:

1. 基层处理

基层表面砂浆、油污和垃圾清除干净,用水冲洗、晾干。

2. 铺水泥砂浆找平层

浇水湿润,刷素水泥浆一道,随刷随铺1∶3(体积比)干硬性水泥砂浆,拍实刮平。

3. 弹线

水泥砂浆找平层强度达到1.2 MPa后,在房间中心弹出"十"字中心线,然后由中央向四周弹分块线(小房间可不进行),同时在四周墙壁弹出水平控制线。

4. 铺地砖

按设计要求预先排列块材,并在块材背后编号,以便安装时对号入座。铺设时需按两个方向拉水平线,先铺中间块材,后向房间两侧退铺,以控制板面平整。对较大房间,应分区铺设。

5. 勾缝、清理

应及时清理表面污物,用颜色相近的水泥浆做勾缝处理。

参考文献

[1] 国家标准.(GB 50010—2002)混凝土结构设计规范[S].北京:中国建筑工业出版社,2002.
[2] 国家标准.(GB 50108—2008)地下工程防水技术规范[S].北京:中国计划出版社,2009.
[3] 国家标准.(GB 50202—2002)建筑地基基础工程施工质量验收规范[S].北京:中国计划出版社,2002.
[4] 国家标准.(GB 50203—2002)砌体工程施工质量验收规范[S].北京:中国建筑工业出版社,2002.
[5] 国家标准.(GB 50204—2002)混凝土结构工程施工质量验收规范[S].北京:中国建筑工业出版社,2002.
[6] 国家标准.(GB 50205—2001)钢结构工程施工质量验收规范[S].北京:中国计划出版社,2001.
[7] 国家标准.(GB 50207—2002)屋面工程质量验收规范[S].北京:中国建筑工业出版社,2002.
[8] 国家标准.(GB 50208—2002)地下防水工程质量验收规范[S].北京:中国建筑工业出版社,2002.
[9] 国家标准.(GB 50210—2001)建筑装饰装修工程质量验收规范[S].北京:中国建筑工业出版社,2001.
[10] 行业标准.(JGJ 18—2003)钢筋焊接及验收规程[S].北京:中国建筑工业出版社,2003.
[11] 行业标准.(JGJ 104—1997)建筑工程冬期施工规程[S].北京:中国建筑工业出版社,1998.
[12] 行业标准.(JGJ 107—2010)钢筋机械连接技术规程[S].北京:中国建筑工业出版社,2010.
[13] 苏振民,周韬.施工员管理手册[M].北京:中国建筑工业出版社,1998.
[14] 毛鹤琴.建筑施工[M].北京:中国建筑工业出版社,2000.